Developing and Developing Stratigy Dialectics

发展与发展战略的辩证法

彭劲松◎著

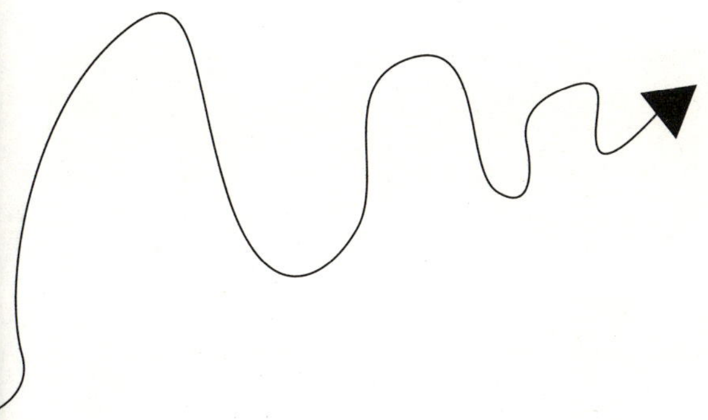

经济管理出版社
ECONOMY & MANAGEMENT PUBLISHING HOUSE

图书在版编目（CIP）数据

发展与发展战略的辩证法/彭劲松著. —北京：经济管理出版社，2017.9
ISBN 978-7-5096-5317-3

Ⅰ. ①发… Ⅱ. ①彭… Ⅲ. ①社会转型—研究 Ⅳ. ①D616

中国版本图书馆 CIP 数据核字（2017）第 209263 号

组稿编辑：宋 娜
责任编辑：赵喜勤
责任印制：黄章平
责任校对：雨 千

出版发行：经济管理出版社
（北京市海淀区北蜂窝 8 号中雅大厦 A 座 11 层 100038）
网　　址：www. E-mp. com. cn
电　　话：(010) 51915602
印　　刷：北京玺诚印务有限公司
经　　销：新华书店
开　　本：720mm×1000mm/16
印　　张：14. 5
字　　数：238 千字
版　　次：2017 年 11 月第 1 版　　2017 年 11 月第 1 次印刷
书　　号：ISBN 978-7-5096-5317-3
定　　价：88. 00 元

前　言

求解发展的方程式

20世纪后半叶以来，世界科技水平日新月异，综合国力的竞争日益加剧，贫富分化明显，使得发展问题越来越突出。一个国家、一个民族，只有紧跟时代的潮流，把发展社会生产力摆在中心位置，选择和实施科学的社会发展战略，才能在为人民谋福利的实践中巩固执政、赢得人心，才能在激烈的国际竞争中站稳脚跟、赢得生存。在社会发展进程中，会碰到大量的问题、矛盾乃至冲突，以积极而非消极的态度正视这些障碍，遵循应有的发展规律，采取正确的思路和可行的措施来克服障碍，才有可能避免不必要的挫折和损失，保证社会发展的顺利进行。

中国古代文明曾经长时间领先于世界各国。近代以来，随着持续几千年的中国封建社会制度走向衰败和帝国主义列强的入侵，中国落后了。此后，多少政党、多少人物纷纷登台，为实现中国的独立、自由和富强而设计和试验了多少种发展方案，进行了多少次不懈奋斗，但可以说都是不成功的。中国共产党领导人民取得新民主主义革命的胜利，走上社会主义改造和社会主义建设的道路，中国的面貌焕然一新。但是，由于发展战略选择上的曲折失误，在新兴工业化国家和地区利用世界产业结构调整的时机起飞之时，中国却处于停滞和徘徊的状态，贻误了发展的良机。十一届三中全会以来，我们及时地把工作重心转移到经济建设上来，并大力实行改革开放的方针政策，中国社会的发展进入了一个飞跃前进的历史时期，综合国力和人民生活水平显著提高，社会主义制度真正显示出了强大的生命力。回首百年，我们更加深刻地感悟到中国社会主义现代化建设事业的任务重大，更加深刻地感悟到重新走向强盛对于我们这样一个国家和民族具有特殊的深远意义。总结历史，在发展经验、发展规律上最重要的有两点值得铭记：其一是中国的出路在于发展，任何时候都要牢牢认准发展的硬道理；其二是一定要选择适宜的发展战略，少走弯路。当代中国开辟的是一条建设中国特色社会主义的崭新的非西方发展道路，这条道路已被改革开放40年来的实践证明是充满希望的道路。只要继续坚持解放思想、实事求是，在新的实践中不断开拓前进，就一定能够取得更大的成功。

“十三五”规划纲要明确指出，综合判断，我国发展仍处于可以大有作为的重要战略机遇期，也面临着诸多矛盾叠加、风险隐患增多的严峻挑战。必须准确把握战略机遇期内涵和条件的深刻变化，增强忧患意识、责任意识，强化底线思维，尊重规律与国情，积极适应把握引领新常态，坚持中国特色社会主义政治经济学的重要原则、坚持解放和发展社会生产力、坚持社会主义市场经济改革方向、坚持调动各方面积极性，坚定信心，迎难而上，继续集中力量办好自己的事情，着力在优化结构、增强动力、化解矛盾、补齐“短板”上取得突破，切实转变发展方式，提高发展质量和效益，努力跨越“中等收入陷阱”，不断开拓发展新境界。应该说，经过40年的快速增长，中国的发展已经具备了比较好的前提条件。当代中国的经济总体规模和主要工农业产品稳居世界前列，这是当代中国得以进一步发展的坚实物质基础。中国共产党积累革命、建设和改革的宝贵经验，确立起被实践证明为正确的建设中国特色社会主义的基本理论、路线、纲领、经验和要求，处理各种突发事件和复杂局面的能力大大增强，为顺利推进社会主义现代化建设事业提供了根本的政治保证。然而，当代中国依然面临着一些不可忽视、亟待解决的发展难题。从国内看，主要表现为经济结构不合理、科技教育相对落后、政治民主意识有待加强、重要资源短缺、生态环境恶化、市场体制尚不完善、收入差距拉大、腐败现象存在、局部冲突增多、社会心理复杂化等。这些问题涉及经济、政治、教育、科技、文化、心理、国防、外交、党建等方面，其中任何一个问题得不到妥善解决，都很有可能成为发展的“瓶颈”。从国际环境来看，发展所面临的挑战不是减弱了，而是更为严峻了。人类将迎来以信息爆炸、科技产品更新周期缩短、多学科技术领域相互渗透、高科技占主导、人工智能和大数据迅速发展等为主要特点的新科技革命，这无疑又一次给后发国家带来跨越式发展的难得机遇。中国将在紧密融入经济全球化潮流的进程中大大加快自己的发展步伐，坚定不移地构建全球共赢的生产交换体系和人类命运共同体；但全球化亦存在诸多负面效应和崭新挑战需要善加避免，高科技迅猛发展所引起的综合国力竞争更加激烈。霸权主义在当代世界表现出新的形式，局部战争不断，中国的国家安全需要采取有效的手段来维护巩固。在思想文化方面，随着国际商贸、人才、科技、文化等交流活动增多，不同类型的思想观念和文化传统在世界范围内激烈碰撞，不同的意识形态冲突依然存在，在东西文明的排斥与融合中，我们面临着巨大的思想冲击波。

以上这些问题，都迫切需要站在马克思主义的基本立场上给予科学解答。本书力求坚持辩证唯物主义和历史唯物主义的基本原则，深入思考发展本质、发展内容、发展方法、发展价值等一系列问题，从“发展与发展战略辩证法”这一特定视角来探讨当代中国发展问题的科学解决思路。全书坚持历史与现实相结合、抽象与具体相结合、方法与价值相结合等研究方法，总结发展的规律性、一般性、原则性，为读者理解发展问题和发展战略提供一些原则性、方法性、价值性立场，对如何用辩证法原理分析解决发展问题提供借鉴。发展成效最终取决于对于发展客观规律的把握和运用，取决于发展思维方式的科学变革。希望本书力图在一些方面求新的结论能为人们思维方式及与之相适应的发展战略的完善提供催化剂。

目录

第一章 马克思主义的全面辩证发展观

发展是社会进步的基本样式，是人的发展与社会发展的有机统一。把握发展的价值、内容、动力、途径、归宿等，用马克思主义哲学基本观点来认识“什么是发展、发展为什么、如何发展”等基本问题，是理解、确立和践行科学发展辩证法的理论前提。马克思主义唯物辩证法来自并体现于经济社会发展过程，是最为全面、彻底、有效的发展科学。马克思主义哲学在一定意义上可以称为发展哲学，发展辩证法是马克思主义哲学的重要内容。恩格斯指出：“要精确地描述宇宙、宇宙的发展和人类的发展，以及这种发展在人们头脑中的反映，就只有用辩证的方法，只有不断地注意生成和消逝之间、前进的变化和后退的变化之间的普遍相互作用才能做到。”① 列宁指出：马克思主义的发展观，把发展提到了宇宙观这样最根本的理论高度，是“最完备最深刻最无片面性的关于发展的学说，这种学说认为反映永恒发展的物质的人类知识是相对的”②。马克思主义的发展哲学区别于其他哲学的特点，在于它是一种以实践为核心、以唯物辩证法为基础的全面辩证的发展观。马克思主义的全面辩证发展观与马克思主义的三个组成部分都有十分紧密的联系，在哲学、政治经济学和科学社会主义中都有重要依据。马克思主义的全面辩证发展观对发展做了最为科学系统的说明，是全面的而非简单、片面的发展观，是进步论而非退步论的发展观。它阐述了物质生产力的发展与其他方面发展、主体发展和客体发展、个人

---

① 《马克思恩格斯选集》第 3 卷，人民出版社 2012 年版，第 398 页。

② 《列宁选集》第 2 卷，人民出版社 2012 年版，第 310 页。

的全面发展与社会的全面发展等之间的辩证关系，阐述了发展的基本原理、基本原则和基本规律。马克思主义全面辩证发展观是指导现实社会发展的理论基础。

第一节 马克思主义全面辩证发展观的理论渊源

为了正确理解发展和发展战略，首先要对发展和发展观的概念做一个简要分析和定位。什么是发展？一般公认的解释是：发展是指事物由小到大、由简到繁、由低级到高级、由旧质到新质的运动变化过程。发展是人类社会生产、生活的重要基础，是贯穿人类社会历史进程的重要诉求。发展的含义包括一般意义上的社会变迁和哲学意义上的变化，两种含义是相互联系、相互结合、相互渗透的，从某种意义上说，哲学意义上的发展是更为本源性、基础性的，是把握社会生活和社会进步的基础。发展作为哲学术语，是指事物由小到大，由简到繁，由低级到高级，由旧质到新质的运动变化过程。事物发展的原因是事物联系的普遍性，事物发展的根源是事物自我的内部矛盾，即事物的内因。发展经济学意义上的发展，主要是发展中国家和社会的发展问题。从哲学意义上考察发展，不同于具体意义上的发展，当然也包含具体意义上的发展。

什么是发展观？发展观是人们对万事万物发展变化的根本观点。发展观是关于发展的系统看法，是对发展辩证性质的理性认识。发展观经历了从萌芽到丰富、从零散到系统、从表层到深层、从朴素到科学的过程。马克思主义全面辩证发展观实现了思想史上的重要变革，是在充分吸收前人丰富营养的基础上而逐步形成的。

一、古代的循环论和神学发展观

古代社会发展极其缓慢，人们只能敬畏以至服从自然。马克思在谈到原始人类与自然界的关系时指出："自然界起初是作为一种完全异己的、有无限威力的和不可制服的力量与人们对立的，人们同自然界的关系完全像动物同自然界的关系一样，人们就像牲畜一样慑服于自然界，因而，这是对自然界的一种纯粹动物式的意识（自然宗教）。"① 老子在《道德经》里提出："人法地，地法天，天法道，道法自然。"正是在敬畏自然的基础上，人们逐渐想去征服自然，古人的"人定胜天"观念就是这种意图的反映。

循环论观念古已有之，中西都有表现。《易经·泰卦》的"无平不陂，无往不复"，《老子》的"大曰逝，逝曰远，远曰返"等都带有浓厚的循环论色彩。赫拉克利特的"火变金，金变水，水变土"而又"土变水，水变金，金变火"等都是循环论的典型。历史循环论是循环论在社会历史领域中的运用，它把社会看作一个封闭的循环圈，反对社会进步、社会革命。孟子的"五百年必有王者兴"，邹衍的"五德终始说"，就是这种历史循环论的典型代表。邹衍用五行的相生相克去附会人类社会，形成了"帝王递兴废"的五德终始说的历史观。董仲舒认为"三纲五常"的封建统治秩序是绝对不可改变的，能够变换的只是它的形式。因此，他提出神学唯心主义的"三统"循环的历史观。"三统"即黑统、白统和赤统。他认为在历史上夏王朝是黑统，商王朝是白统，周王朝是赤统。三者依次循环，改朝换代。这种观念在封建社会发展中影响深远。

古代人们在日常生活中看到自然界和社会中各种各样的现象，例如，自然界中春夏秋冬周而复始地更迭；动植物生长、发展、衰亡有秩序地进行……社会中，有些人飞黄腾达，有些人沉沦潦倒；有些人成了统治别人的奴隶主，有些人则成为受人剥削的奴隶。为什么不同的人有如此不同的遭遇呢？社会现象有秩序发展的原因又是什么呢？当时的哲学家不可能找出正确的原因，但是这些现象的有秩序发展，使他们形成一个概念，认为这一切都是由命运决定的。毕达哥拉斯认为"一切都服从命运，命运是宇宙秩序之源"。古希腊诗人赫西俄德（公元前8世纪）称他生活的时代为黑铁时代，是继黄金、白银、青铜、英雄各时代之后的第五个时代，也是最坏的时代。人们要夜以继日地劳动，父不父，子不子。宾客恨主人，朋友恨朋友，人们失去了羞耻之心，统治人间的不是法律，而是暴力。这是原始社会解体、奴隶社会开始形成时期的社会反映。苏格拉底以前的哲学家

---

① 《马克思恩格斯选集》第1卷，人民出版社2012年版，第160页。

主要探索世界本原以及自然界各种现象产生的必然性，我们称为自然哲学家。苏格拉底不同于那些自然哲学家，他侧重于社会伦理问题的研究，提出了认识自己的问题。他看到自然和社会现象的规律性，但是以目的论观点来解释这些现象，认为世界上一切事物和事物的各种秩序，都是神按一定目的安排的，例如神创造眼睛，使人能看东西，创造耳朵使人能听，创造鼻子使人能闻，神使人身体有灵魂，也是为了让人更好地了解神所安排的事物的秩序。总之，事物之所以是这个样子，并不是由于其内部原因，而在于神的安排。所以哲学不应该研究事物的原因，而要研究事物的目的，领会神的意志。苏格拉底认为，他有一种神托或“灵异”，使他能很好地了解神的意志，从而更好地为神服务。他说：“我相信国内从来没有出现过比我对神的服役更好的事了。”晚期希腊出现了以芝诺为代表的斯多葛派，他们把社会规律歪曲为宿命论，反映了贵族大奴隶主对奴隶制危机的悲观失望情绪。芝诺也讲必然性，但是他把必然性当作神意，认为世界是由必然性或神意所支配的，根据神意，世界发展到一定时期，发生一次世界大火，旧世界毁灭，新世界诞生，旧世界曾经发生过的事情又重新出现，一次大火到另一次大火之间称为大年。所以芝诺的社会必然性理论带有循环论的色彩。同时，芝诺还把必然性和命运等同起来，认为必然的规律、合理的秩序、自然的法则就是命运。但是芝诺所说的必然性，既排斥偶然性，又否定主观能动性，它是由神意预先安排好的，人们对自己的命运和遭遇，只能逆来顺受，没有偶然逃脱的机会，必然形成了一种宿命论。这种宿命论思想在罗马的新斯多葛派中表现得更加明显。新斯多葛派哲学家爱比克泰德认为，世界上的一切（包括人在内）都是神灵作用的结果，人对神、命运所给予的一切，哪怕是贫穷、疾病、苦难等都应服从。另一位新斯多葛主义者马可·奥勒留认为，神给宇宙安排了严格的必然的秩序，一切要发生的事情，如疾病、死亡、诽谤、叛逆……都像春天的玫瑰花和夏天的果实一样，是必然的，一定要发生的。所以，要人们服从命运。新斯多葛派的另一个哲学家塞涅卡认为，命运决定一切，应当服从命运，他的名言是：“愿意的人，命运领着走，不愿意的人，命运拖着走。”按照基督教教义，所谓发展不过是人自觉地反省自身的原罪，进而忍耐、节欲，以求上帝救赎，达到来世彼岸的过程。欧洲漫长的中世纪就是由这种宗教神学支配历史观，这种历史观认为，上帝是一切的创造者，人和社会的一切离不开上帝。奥古斯丁说：“无论是天上的或地上的、能见的或不能见的物体，都是因为创造主（他是唯一的神）的仁慈而受造……宇宙间除了上帝以外，没有任何存在者不是由上帝那里得到存在。”上帝不仅是自然界一切事物的原因，也是一切社会历史事件的原因。他们以天意解释一切历史事件。例如，为什么东方帝国经过长期繁荣兴盛之后逐渐没落，而西方帝国却日益强大起来？为什么第一个基督教皇帝康士坦丁帝能兴起？为什么某个战争要比另一个战争时间长？回答都是天意。神学历史观把天意作为社会历史现象的原因，完全否定了社会历史的客观规律性。有些哲学家先从上帝那里引出自然律，然后以自然律来解释社会历史现象。经院哲学认为，上帝创造宇宙万物有“高级”和“低级”之分，“低级的”受制于“高级的”；人也有“高级”和“低级”之分，高级的是灵魂，低级的是肉体；在人的灵魂里也有高级和低级之分，高级的是理性，低级的是情欲。他说，犹如一个人，灵魂是统治着肉体的，而在灵魂本身之内，冲动的和情欲的部分，则又受制于理性。阿奎那也从自然现象出发，推出君主制的合理性。

二、近代自然科学的发展与进化论兴起

到了近代，随着文艺复兴、启蒙运动的兴起以及科学技术的进步，许多社会学家开始用生物进化论的思维方式来解释社会，此时对发展的理解基本上是自然进化、机械进化的含义。马克思说：“先是马基雅维利、康帕内拉，后是霍布斯、斯宾诺莎、许霍·格劳秀斯，直至卢梭、费希特、黑格尔则已经开始用人的眼光来观察国家了，他们从理性和经验出发，而不是从神学出发来阐明国家的自然规律。”①

1859 年出版了震动当时学术界的《物种起源》，这本书认为生物之间存在着生存争斗，适应者生存下来，不适者则被淘汰，这就是自然的选择。生物正是通过遗传、变异和自然选择，从低级到高级，从简单到复杂，种类由少到多地进化着、发展着。这种对于生物界规律自然演变而产生人的观念对于宗教神创论观念的冲击是极其强烈的。

第一个以“人的眼光”来观察国家的是英国哲学家霍布斯。他认为，人类开始处在自然状态，由于人的自私的本性，必然引起人与人之间的冲突。他说：“在人的本性中，我们发现发生争执的三个原因。第一竞争，第

① 《马克思恩格斯全集》第 1 卷，人民出版社 1995 年版，第 227 页。

二猜疑，第三荣誉。竞争使人求利，猜疑使人求安，荣誉使人求名。”因此，人们之间必然发生冲突，“人对人像狼一样”。但是人是怕死而追求安乐的，霍布斯由此引出自然规律。例如，第一条，避免一切人反对一切人的战争，追求和平；第二条，为和平及自卫，人们愿意放弃对一切事物的普遍权利，由于这两条，人们订立契约；第三条，人类应服从其所订立的契约；等等。为了履行所订立的契约，不与自然规律相矛盾，必须有一个公共的权力机关，于是国家就这样产生了。霍布斯以人性论作为社会契约论的基础，从人性自私到“一切人反对一切人的战争”，从避免战争、求取和平到订立契约，从订立契约到建立国家，将这些说成是一个必然的过程。继霍布斯后，洛克、斯宾诺莎也主张社会契约论。斯宾诺莎认为“自我保存‘是人的本性’”，“两利相权取其大，两害相权取其轻”是人性的普遍规律。他说：人性的一条普遍规律是，凡人断为有利的，他必不会等闲视之，除非是希望获得更大的好处，或是出于害怕更大的祸患；人也不会忍受祸患，除非是为避免更大的祸患，或获得更大的好处。

16 世纪法国思想家 J. 博丹认为地理环境决定着民族性格、国家形式和社会进步。他认为，北方寒冷，使人们的体格强壮而缺少才智，南方炎热，使人们有才智而缺少精力。因此，统治国家的决定因素也应当有所不同：北方民族依靠权力，南方民族依靠宗教，中部民族依靠正义与公平。18 世纪，法国启蒙运动的代表人物孟德斯鸠在《论法的精神》一书中，系统地阐述了关于社会制度、国家法律、民族精神取决于“气候的本性”、“土地的本性”的观点，他认为，地理环境，特别是气候、土壤和居住地域的大小，对于一个民族的性格、风俗、道德、精神面貌、法律性质和政治制度，有着决定性的影响作用。

在卢梭看来，人类的发展经历了“自然状态”和“文明状态”两个过程。开始，人类处在“自然状态”，他们游荡在森林中，以果实充饥，以兽皮御寒，没有工农业，没有语言，没有住所。不论在本质上或智力上都与野兽没有多大差别。但与野兽不同的是，人具有自我完善化的能力。这个自我完善化的能力使人们发明耕作和冶金，这两样发明使私有制产生，使人们从“自然状态”进入“文明状态”，从平等进入不平等。卢梭认为，知识和技术的发展具有两重性，一方面是进步，另一方面却是“平等消灭”，又是退步。他说：“使人文明起来，而使人类没落下去的东西，在诗人看来是金和银，而在哲学家看来是铁和谷物。”恩格斯指出，在这里，卢梭猜测到这一发展是对抗的、包含着矛盾的过程。

18 世纪法国唯物主义者霍尔巴赫、爱尔维修等都企图解决社会历史发展的规律性问题，进行过种种研究。霍尔巴赫承认事物的必然性，他说："我们所看见的一切都是必然的，也就是说，都不能不是这样。"我们知道，规律是事物的一种本质的必然的联系。作为一个法国唯物主义者承认必然性、承认事物的规律性这是没有问题的。但是，毛病就出在霍尔巴赫把必然性和因果性等同起来，否定偶然性的存在。他说："偶然这个词是没有意义的空洞语词，我们总是把它拿来与理智相对，却并没有给予它确定的观念。事实上，我们是把一切看不出与原因有联系的结果归之于偶然。因此我们使用偶然一词，乃是为了掩盖自己的无知。"把这个否认偶然性的观点运用到社会，就把社会中的偶然性都当作必然的。例如，他曾说："说不定是在利比亚的荒原中积聚了一场暴风雨的最初因素，而这场暴风雨会卷到我们这里来，加大我们的大气压力，对一个人的气质和情绪发生影响，而他的处境又使他对许许多多别的人发生影响，其结果这个人将会凭着自己的意志决定许多民族的命运。"又说："一个迷信者的胆汁内过多的辛烈、一个征服者的心中过于灼热的血液、一个专制君主的胃里的消化不良、在某个妇人的精神中闪过的一个幻想，都是一些充分的原因，足以酿成战争、足以驱使千百万人去从事屠杀、足以倾覆城池、足以使城市化为灰烬、使国家陷于悲惨和贫困、使饥馑和传染病猖獗、使愁苦和天灾在若干世纪的长时期内在我们的地球表面上传播蔓延。"

英法一些唯物主义者提出了"世界是机器"、"人是机器"，认为社会现象、社会生活、社会发展都是像机械运动一样，是一个严格规定、可以精确描述的过程。恩格斯在《反杜林论》中评价道："把自然界中的各种事物和各种过程孤立起来，撇开宏大的总的联系去进行考察，因此，就不是从运动的状态，而是从静止的状态去考察；不是把它们看作本质上变化的东西，而是看作永恒不变的东西；不是从活的状态，而是从死的状态去考察。这种考察方法被培根和洛克从自然科学中移植到哲学中以后，就造成了最近几个世纪所特有的局限性，即形而上学的思维方式。"

随着关于社会历史的看法逐渐清晰，专门的历史哲学逐步得以形成。意大利维科在近代第一个阐述了关于社会发展一般理论的历史哲学，提出各民族历史发展具有重复性，构筑了一套文明史模式。他在 1725 年出版的《新科学》中指出，人类历史经历三个"时代"，"即神、英雄和人的衔接的三个时代”，“诸民族都是按照这三个时代的划分向前发展，根据每个民族所特有的因与果之间经常的不间断的交替前进”①。

基佐用公民日常生活，即民法解释政治制度，这与土地关系联系密切，“为了理解政治设施，应当研究社会中存在的各个不同阶层以及它们的相互关系。为了理解这些不同的社会阶层，应当知道土地关系的性质”。梯叶里、米涅都同意这个观点。

恩格斯指出：“古希腊的哲学家都是天生的自发的辩证论者，他们中最博学的人物亚里士多德就已经研究了辩证思维的最主要的形式。而近代哲学虽然也有辩证法的卓越代表（例如笛卡儿和斯宾诺莎），但是特别由于英国的影响却日益陷入所谓形而上学的思维方式；18世纪的法国人也几乎全都为这种思维方式所支配，至少在他们的专门哲学著作中是如此。可是，在本来意义的哲学之外，他们同样也能够写出辩证法的杰作；我们只要提一下狄德罗的《拉摩的侄子》和卢梭的《论人间不平等的起源》就够了。”②

康德深受牛顿自然法则思想的影响，并将其运用于理解社会历史，形成了人类历史受普遍规律支配这一历史哲学的基本信念。他认为，社会历史与自然史一样，亦遵循着某种自然法则，他称之为“大自然的隐蔽计划”。“无论人们根据形而上学的观点，对于意志自由可以形成怎么样的一种概念，然而它那表现，即人类的行为，却正如任何的自然事件一样，总是为普遍的自然规律所决定的……它们有一种合乎规律的进程。”“人类的历史大体上可以看作是大自然的一项隐蔽计划的实现，为的是要奠定一种对内的，并且为此目的同时也就是对外的完美的国家宪法，作为大自然得以在人类的身上充分发展其全部禀赋的唯一状态”。③ 康德提出一种先验的理性，作为整个认识论和社会历史的基础。康德认为，历史是发展的，从外表上看，历史发展过程中个别人物和整个民族的行动是由局部的、偶然的、相互对立的原因所决定的，似乎是由偶然性所支配的。但是，在这个偶然的混乱的现象中却可以发现一种规律和目的；在人的有意识的活动中，实现的却是一种他所没有意识到的目的。康德说：“个别的人，甚至整个民

---

① 维科：《新科学》下册，商务印书馆1989年版，第489页。

② 《马克思恩格斯选集》第3卷，人民出版社2012年版，第394-395页。

③ 康德：《历史理性批判文集》，商务印书馆1990年版，第1、15页。

族，并未想到，当他们在各自依照不同及矛盾的途径追求自己的目的时，在不知不觉中却正在依照他们所不知道的自然意图沿着一个方向前进。他们在无意识地促进一个目标。实现这个目标本来不会引起他们的兴趣的，即使他们知道的话。”在谢林看来，必然和自由是历史发展的两个规定。历史是有规律的，同时，在历史发展过程中也有人们的自由。没有规律，或者没有自由都不是历史。他说：“一系列绝对没有规律的事件与一系列绝对合乎规律的事件一样，都不配称为历史。”在自由之中又怎样有必然呢？他认为，在人类历史发展过程中，任何事情的发生都是有自觉意图、有预期目的的。但是预期目的往往不能实现，实现的却是人们没有预料到的结果，其原因就是有一种“隐蔽的必然性对人类自由的干预”。他说：“在一切行动中的客观东西都是某种共同的东西，它把人们的一切行动都引导到唯一的共同目标上。因此，人们不管怎么做，不管怎么任意放肆，都会不顾他们的意志，甚至于违背着他们的意志，而为他们看不到的必然性所控制，这种必然性预先决定了人们必然会恰好通过无规律的行动，引起他们预想不到的表演过程，达到他们不打算达到的境地，而且这种行动越无规律，便越确实会有这样的结果。”

黑格尔第一个全面叙述了辩证法的一般运动形式，阐述了辩证法的质量互变规律、对立统一规律、否定之否定规律以及本质与现象、原因与结果、同一与差别、可能与现实、必然与偶然、必然与自由等辩证法范畴，建立了庞大的唯心主义辩证法体系。他第一次把世界描写为一个充满矛盾的过程。自然、历史和精神的世界都因矛盾引起运动、变化和发展，矛盾是一切运动和生命力的根源。黑格尔认为一切现象都是对立物的统一，“两个对立面每一个都在自身那里包含着另一个，没有这一方也就不可能设想另一方”，且对立面因其内部矛盾运动而在一定条件下向相反的方向转化，标志着渐进过程的中断和新的质态的产生。黑格尔的哲学体系是“绝对观念”不断转化的进程，他所说的自然界或历史都是“绝对观念”的外化或异在。恩格斯认为，黑格尔是“第一个想证明历史有一种发展、有一种内在联系的人……这个划时代的历史观是新的唯物主义观点的直接的理论前提”。“在这个体系中，黑格尔第一次——这是他的伟大功绩——把整个自然的、历史的和精神的世界描写为一个过程，即把它描写为处在不断的运动、变化、转变和发展中，并企图揭示这种运动和发展的内在联系。从这个观点看来，人类的历史已经不再是乱七八糟的、统统应当被这时已经成熟了的哲学理性的法庭所唾弃并最好尽快被人遗忘的毫无意义的暴力行为，而是人类本身的发展过程，而思维的任务现在就是要透过一切迷乱现象探索这一过程的逐步发展的阶段，并且透过一切表面的偶然性揭示这一过程的内在规律性。”①黑格尔把绝对精神看作世界的本原和世界历史的终点。绝对精神并不是超越于世界之上的东西，自然、人类社会和人的精神现象都是它在不同发展阶段上的表现形式。因此，事物的更替、发展、永恒的生命过程，就是绝对精神本身。黑格尔哲学的任务和目的，就是要展示通过自然、社会和思维体现出来的绝对精神，揭示它的发展过程及其规律性，实际上是在探讨思维与存在的辩证关系，在唯心主义基础上揭示两者的辩证统一。黑格尔的历史哲学思想可以从如下五个方面来概括：

第一，坚持自然和历史之间的区分。按照黑格尔的看法，自然只有周而复始的循环，那里不会有新事物出现，“太阳下面没有新的东西”；历史就不同了，它不断有新东西出现，这种新东西是由精神创造的。或许，黑格尔这个思想是在康德关于人类社会和自然之间的区别的影响下形成的。按照康德的说法，自然世界遵循的是自然规律，而人的世界遵循的是自由规律。

第二，一切历史都是精神的历史。对黑格尔来说，自然界是没有历史的，而在历史中起决定作用的是精神。“‘精神’在本性上不是给偶然事故任意摆布的，它却是万物的绝对的决定者”。精神的特性是它依靠自我而存在，因而它是自由的，它意识到自己的存在，达到自我意识。精神可以自己创造自己，自己实现自己。历史的过程就是精神的展开过程：“世界历史可以说是‘精神’在继续作出它潜伏在自己本身‘精神’的表现。”黑格尔说：“理性就是实体……一方面，‘理性’，是宇宙的实体，就是说，由于‘理性’和在‘理性’之中，一切现实才能存在和生存。另一方面，‘理性’是宇宙无限的权力，就是说，‘理性’并不是毫无能为，并不是仅仅产生一个理想、一种责任，虚悬于现实的范围以外、无人知道的地方；并不是仅仅产生一种在某些人类的头脑中的单独的和抽象的东西。‘理性’是万物的无限的内容，是万物的精华和真相。它交给它自己的‘活力’去制造的东西，便是它自己的素质，它不像有限的行动那样，它并不需要求助于外来的素质，也不需要它活动的对象。它供给它自己的营养食物，它

① 《马克思恩格斯选集》第3卷，人民出版社2012年版，第398-399页。

便是它自己的工作对象：它既然是它自己的生存的唯一基础和它自己的绝对的最后的目标，同时它又是实现这个目标的有力的权力，它把这个目标不但展开在‘自然宇宙’的现象中，而且也展开在‘精神宇宙’——世界历史的现象中。”

第三，推动历史发展的力量是理性（个人意识的最高点）。按照黑格尔的看法，人的精神活动不是在真空中进行的，而是在个人的思想和行动中体现出来，个人的思想和行动中存在着热情、意志和欲望等“主观方面”。这些主观方面都是精神实现自身目的的手段：“这一大堆的欲望、兴趣和活动，便是‘世界精神’为完成它的目的——使这个目的具有意识，并实现这目的——所用的工具和手段……然而前面所述各个人和各民族的种种生活力的表现，一方面，固然是它们追求和满足它们自己的目的，同时又是一种更崇高、更广大的目的的手段和工具，关于这一种目的，各个人和各民族是无所知的，他们是无意识地或者不自觉地实现了它。”在历史中，各个民族或者个人为了自己的利益或目的而相互斗争，并由此受到损失，而理性的普遍东西却不会受到损失。理性就是通过热情、利益等主观方面的手段而达到自身的目的，这就是理性的狡计。他说：“发展的原则包含着一个更广阔的原则，就是有一个内在的决定、一个在本身存在的、自己实现自己的假定作为一切发展的基础。这一个形式上的决定，根本上就是‘精神’，它有世界历史做它的舞台、它的财产和它的实现的场合。‘精神’在本性上不是给偶然事故任意摆布的，它却是万物的绝对的决定者：它全然不被偶然事故所动摇，而且它还利用它们、支配它们。”黑格尔极力反对把重大历史事件看作偶然事件，反对有些思想家“把种种变化、革命、以及一切纯洁的理论和制度废除，完全说成是出于偶然性或疏忽所致——而尤其说成是由于人类的放辟邪侈和情欲作祟”。

第四，历史都是精神发展的历史，而精神的发展有其内在的逻辑。在这里，历史的转换就是逻辑的转换被置于一个时间的标尺上，历史只不过是一种逻辑关系在时间上的展示。因此，历史上所出现的各种事件不是偶然的，而是必然的，这种必然性是由逻辑的必然性决定的。对于黑格尔来说，在时间序列中出现的历史现象是由逻辑的必然性决定的。这种决定论思想也被称为现象和本质关系的决定论，黑格尔的逻辑学通过否定之否定所展示的正是这样一种抽象的思辨的历史。为此，马克思强调，黑格尔在《历史哲学》中把人类史描述成为概念运动的历史。

第五，历史的进程在理性国家中达到终结状态。黑格尔的这个观点受到人们的诟病，认为这是美化现代国家，特别是当时的德国。柯林伍德却为他辩护，认为历史研究只研究历史，而不研究未来，未来对于黑格尔来说，是一本永远没有打开的书，因此，历史必须在现在结束。但是，黑格尔所强调的达到历史终结状态的国家不是德意志王国，而是这样的国家："'国家'是道德的'全体'和'自由'的'现实'。"在这样的国家中，个人和社会达到了统一。《精神现象学》中关于"精神"部分所描述的就是社会历史。"在'精神'阶段里，意识则进一步表现为普遍意识，表现为社会。主体与客体、个体性与普遍性在这里得到了进一步的统一。"实际上，在"精神"这一部分，黑格尔所讲的是"伦理"和"道德"问题，因此，社会历史中如何实现个人和社会统一的问题，是其中的核心问题。这个问题也是黑格尔《法哲学原理》中所讨论的中心问题。对于黑格尔来说，"国家是伦理理念的现实"，在这里，个人和社会达到了真正的统一。世界精神通过所谓"世界历史民族"创造一种生活样式来实现它各个阶段目的。一旦这个民族的潜能在创造某种生活样式中全部实现后，它的历史作用就结束了。同时，创造的结果变成了桎梏，变成了导致该民族最终灭亡的毒药。"一个民族的生命结成一种果实，因为民族活动的目的在于贯彻它的原则。然而这一个果实并不回归到产生它的那个民族的怀中去；相反地，它却变成了那个民族的鸩毒，因为它对于这样的鸩毒具有无穷的渴望：这个鸩毒一经入口，那个民族也就灭亡，然而同时却又有一个新的原则发生"。

西方经济学集大成者斯密提出经济发展即生产增长，生产增长即国民财富。这不仅揭示了国民财富自然增长的内在机制，而且阐发了社会发展的自发秩序思想，强调社会发展本质上不是理性预先整体设计的结果，而是每个个体在"看不见的手"牵引下相互作用的自然结局。斯密理论通过其用 12 年心血才完成的《国富论》得到了系统的反映：自由贸易与细致的劳动分工对国家经济发展具有重要作用；政府对垄断的保护和征收关税对经济发展不利；利己主义较利他主义更能增进社会福利，促进经济发展。亚当·斯密指出："唯有为了利润的缘故，人们才会将其拥有的资本用来支持一个产业，而且他们总是会努力促使所支持的产业，能够生产出最大的价值……然而事实上，个人并不是自愿要增进公共利益，而且个人本身也不知道自己增进了多少公共利益……他原先只想到自己的利益，并以此种态度去指导产业，使其生产价值达到最大。如同许多其他的例子，基于利己之心，个人被一只看不见的手所引导，最后增进了全社会的福利，而这并非其本来的希望。即使这非个人当初所希望，但结果往往并不使社会变得更糟。在个人只顾自己追求利益下，最后所增进的社会利益往往比个人存心去增进社会福利的结果还来得大。我不明白政府干预贸易到底有什么好处。”大卫·李嘉图在研究经济增长问题时，吸收了马尔萨斯的思想。虽然土地不包括所有的自然资源，但大卫·李嘉图还是明确把农业土地放在了最为重要的位置。他的一整套理论也都是围绕农业土地而展开的。在他看来，随着产量的不断增加，无论是对现有农业土地的进一步密集利用，还是对农业生产向次等土地上的不断扩展，报酬递减现象都将会出现。假使农业生产的报酬既定，人口也呈几何级数增长，并且缺乏技术进步，这时，经济将会进入一种均衡状态：人口数量和总产量水平之间将维持一种比例关系，即人均收入等于人类的生存水平。尽管这种稳定状态或长期均衡能够通过技术进步去打破，但李嘉图仍然认为，技术进步的作用仅是暂时性的。总之，在李嘉图的发展理念中，经济发展即生产的增长，而生产的增长主要看经济剩余的多少。生产剩余越多，用到再生产上的资源就越多，生产能力扩大就越快，生产增长得也越快，强调储蓄增长和资本增长在经济发展中的作用。马克思谴责古典政治经济学家单一的违背历史的发展观，它“模糊全部历史差异，把资产阶级关系视为适用于一切社会”。马克思指出，政治经济学家们把资本主义生产方式看作自然的绝对的必然过程，他们不能解释作为过渡的资本主义的历史必然性，由此产生两个后果：第一，资产阶级经济学家把他们的经济范畴视为“外部法则，而不是仅在特定历史发展过程有效，在确定的生产力发展过程起作用的历史法则”；第二，他们不能理解任何可能反向影响生产力发展的矛盾、危机或障碍。早期无产阶级的苦难被解释为短暂的和偶然的；贫困被看作工业发展过程中的必然“阵痛”，正如“伴随每个儿童诞生的阵痛一样”。古典政治经济学不能理解资本主义局限的历史特点，企图回避矛盾，将矛盾视为自然过程的阵痛，古典政治经济学变成了歪曲资本主义真实性质和特点的意识形态理论。

应当指出，对于社会历史的认识本身是辩证的。康德提出，对抗对人的发展具有积极意义。它唤醒了人类的全部能力，因为对抗引起竞争，唤醒和激发人的能力，因而既促进对自然和社会的改造，又锻炼人的才智并发挥他们的禀赋。“正是这种阻力才唤起了人类的全部能力，推动着他去克服自己的懒惰倾向……于是人类全部的才智就逐渐地发展起来了”。他还形象地指出，人的发展“犹如森林里的树木，正是由于每一株都力求攫取别的树木的空气和阳光，于是就迫使得彼此双方都要超越对方去寻求，并获得美丽挺直的姿态那样；反之，那些在自由的状态之中彼此隔离而任意在滋蔓着自己枝叶的树木，便会生长得残缺、伛偻而又弯曲”。他提出恶是人的本性是历史发展的动力的观点，恶的本性从而引起的人类的不平等“是那么多的坏事的、但同时却又是一切好事的丰富的泉源”①。黑格尔在《历史哲学》等著作中以合规律性为尺度，充分肯定了恶是历史发展的动力，以此来分析理解历史事件和人物。

恩格斯指出：“现代社会主义，就其内容来说，首先是对现代社会中普遍存在的有财产者和无财产者之间、资本家和雇佣工人之间的阶级对立以及生产中普遍存在的无政府状态这两个方面进行考察的结果。但是，就其理论形式来说，它起初表现为 18 世纪法国伟大的启蒙学者们所提出的各种原则的进一步的、似乎更彻底的发展。”② 1839 年，法国经济学家日洛姆·布朗基在他的《政治经济学》中，首次将“乌托邦”一词同“社会主义”联系起来，用来泛指空想社会主义学派。《乌托邦》这部著作是莫尔作为伦敦商界的代表，于 1516 年出使荷兰佛兰德斯期间写成的。莫尔将自己对人类美好国家制度的憧憬投射在他所假想的乌托邦岛上。莫尔用了八个不太引人注目的标题，系统地为我们规划了理想社会乌托邦的政治、经济、科学文化、社会生活、宗教、对外关系等方面的主要特征。1622 年在狱中，康帕内拉写成了《太阳城》一书，以空想社会主义鼻祖 T. 莫尔的《乌托邦》为模本，以神圣化的太阳为膜拜对象，用对话形式，叙述了他的政治理想。闵采尔倡导一种原始的共产主义，要求平均分配财富（主张建立一个“千年太平天国”），他于 1521 年发表《布拉格宣言》，主张用暴力实现社会变革。18 世纪的直接共产主义理论主要代表是摩莱里的《自然法典》、马布利的《论公民的权利和义务》、巴贝夫的《平民宣言》等，主要特点在于用理性论批判资本主义制度、从法理的角度批判资本主义私有制。

恩格斯论述了三大空想社会主义者的学说产生的历史条件及其思想理论贡献。他们三个人的学说是在资本主义生产方式的矛盾、无产阶级与资产阶级的对立已有所暴露而又很不发展的历史条件下产生的。他们已经敏锐地觉察到了资本主义制度的严重弊病和不合理性，对人们深感失望的现

① 黑格尔：《历史理性批判文集》，商务印书馆 1990 年版，第 7、73 页。

② 《马克思恩格斯选集》第 3 卷，人民出版社 2012 年版，第 391 页。

实制度进行了猛烈的抨击，企图建立一个符合理性和正义要求的新社会。他们在社会主义思想发展史上做出的重要贡献，一是深刻揭露和无情批判了资本主义制度的弊端与罪恶，提供了启发工人阶级觉悟和研究资本主义的极为宝贵的材料；二是在他们的社会历史观中包含着唯物主义和辩证法因素，以及对未来社会的某些天才预测，为唯物史观的形成和科学社会主义的创立做好了准备。他们只是揭露和抨击资本主义社会的弊端，但没有能够进一步洞察资本主义的本质，把握社会发展的客观规律。“傅立叶最了不起的地方表现在他对社会历史的看法上。他把社会历史到目前为止的全部历程分为四个发展阶段：蒙昧、野蛮、宗法和文明”。“我们看到，傅立叶是和他的同时代人黑格尔一样熟练地掌握了辩证法的。他反对关于人类无限完善化的能力的空谈，而同样辩证地断言，每个历史阶段都有它的上升时期，但是也有它的下降时期，而且他还把这个看法运用于整个人类的未来。正如康德把地球将来要归于灭亡的思想引入自然科学一样，傅立叶把人类将来要归于灭亡的思想引入了历史研究”①。

三、现代发展观与发展哲学的兴起

第二次世界大战以后，各个国家都面临发展经济、重建家园的任务和挑战。为适应这一时代需要，西方经济学界为经济增长提出了一些操作性模式和政策性建议，形成了以经济增长为中心的发展理论。1956 年，美国经济学家刘易斯的《经济增长理论》成为发展经济学的开山之作。刘易斯将发展视同于增长，即“总人口人均产出的增长”。这种观点极具代表性，当时发展经济学家还没有把“发展”与“增长”两个概念区别开来。现代凯恩斯主义者提出哈罗德—多马的经济增长论、索洛—斯旺的新古典经济增长论和卡尔多—琼·罗宾逊的新剑桥经济增长论三种经济增长论。在非凯恩斯派经济学家中，出现熊彼特派的经济发展论、罗斯托的经济成长阶段论、缪尔达尔的经济增长论、库兹涅茨的经济增长因素论等。影响比较大的有索洛、斯旺等的经济增长理论，罗斯托的经济起飞理论等。在此理论模式中，发展即增长，甚至是不惜任何代价的增长，经济增长成为衡量发展的唯一标准，国民生产总值的增长成为唯一的发展目标。这在某种程

---

① 《马克思恩格斯选集》第 3 卷，人民出版社 2012 年版，第 648、649 页。

度上带来了世界经济的空前发展，一些发展中国家实现了经济起飞，以美、日、英、德、法为首的发达资本主义国家的经济总量也迅速增长。

但与此同时，世界发展中经济、社会、环境和生态等方面的矛盾也越来越突出，诸如经济结构不合理、社会分配不平等不公正、资源浪费短缺、环境遭受严重污染、生态系统失衡等难题日益明显，出现了有增长而无发展的尴尬局面。20 世纪 60 年代末以后，由于国际经济秩序和政治关系发生了重大变化，联合国倡导的“第一个发展十年”计划（1960~1970）遭到失败。人们普遍认识到，仅有经济发展理论的研究还远不能反映和解决发展中国家面临的一系列重要问题。严峻的现实迫使人们反思以经济增长为中心的发展观，重新认识和把握增长与发展之间的关系。1983 年以法国著名学者佩鲁的《新发展观》一书问世为标志，提出了综合发展观。新的发展观明确区分了增长与发展是两个不同的概念，其主要观点有“发展≠经济增长”、“发展是一个全面范畴”、“只有全面发展才是真正意义上的发展”、“发展=经济+社会+人”等；强调经济发展同社会发展的均衡与协调，强调社会发展的整体性、综合性、内生性，科技教育文化同经济发展的协调共进。针对单纯追求经济增长的发展观念和实践造成的社会畸形发展的恶果，新的发展观力主发展应该考虑人与人、人与社会、人与环境的多重关系，确立经济增长、政治民主、社会平等、文化变迁、人天协调、生态平衡等多元的、综合的指标系统，主张重视国际经济新秩序，在世界范围内实现公正而平等的发展。1968 年，瑞典发展经济学家缪尔达尔在对南亚和东南亚发展中国家考察的基础上，出版了被西方学术界誉为不朽之作的《亚洲的戏剧：对一些国家贫困问题的研究》。在此书中，他指出：“‘发展’意味着从‘不发达’中解脱出来，消除贫困的过程”，“发展意味着整个体系的向上运动”。这实质上是指出了发展是一个摆脱贫困、实现现代化的过程。缪尔达尔认为，发展不只是 GNP 的增长，还包括整个经济、文化和社会发展过程的上升运动；影响经济发展的有产量和收入、生产条件、生活水平、工作和生活的态度、制度、政策等因素，因而应从质和量上去把握发展问题，因此他提出了发展中国家实行社会改革的政策主张。20 世纪 80 年代后期，美国发展经济学家托达罗在《经济发展与第三世界》一书中也指出，每个国家都在为发展而奋斗。虽然经济进步是基本的组成部分，但它不是唯一的部分。他指出：“发展不纯粹是一个经济现象。从最终意义上说，发展不仅仅包括人民生活的物质和经济方面，还包括其他更广泛的方面。因此，应该把发展看为包括整个经济和社会体制的重组和重整在内的多维过程。”除收入和产量提高外，发展显然还囊括制度、社会和管理结构的基本变化，以及人们的态度，甚至还有人们的习惯和信仰的基本变化。托达罗还认为，虽然通常是从范围来看发展的，但发展的普遍实现也可能使得对国际经济和社会体系进行根本性修正成为必要。所以，必须把发展看作涉及社会结构、人的态度和国家制度以及加速经济增长、减少不平等和根除绝对贫困等主要变化的多方面过程。

1962 年，美国女生物学家莱切尔·卡逊（Rachel Carson）发表了一部引起很大轰动的环境科普著作《寂静的春天》。作者描绘了一幅由于农药污染所带来的可怕景象，惊呼人们将会失去“春光明媚的春天”，在世界范围内引发了关于发展观念的争论。10 年后，两位著名美国学者巴巴拉·沃德（Barbara Ward）和雷内·杜博斯（Rene Dubos）享誉颇高的《只有一个地球》一书问世。该书把人类对生存与环境的认识推向一个新境界——可持续发展的境界。同年，作为对以经济增长为中心的片面发展观的批判，以贝切伊为首的罗马俱乐部还提出了增长极限论的发展观念。这一观点反映在美国麻省理工学院梅多斯等提出的报告《增长的极限》中。该报告的基本论点如下：人口增长、粮食生产、投资增加、环境污染、资源消耗具有指数增长的性质，由于地球、空间、资源及地球吸纳污染的能力有限，未来一百年内经济增长将达到极限。增长极限论将当代全球性问题鲜明揭示出来，警示了世人，但它忽视了科学技术进步等因素对于人类社会进步的作用，其对于人类未来的悲观估计没有充分的根据。从 1978 年开始，世界银行开始出版《世界发展报告》，讨论与世界发展相关的广泛问题。1987 年，世界环境与发展委员会提出了可持续发展战略。1992 年，联合国在巴西里约热内卢召开“环境与发展大会”，签署了《21 世纪议程》等五个文件，把可持续发展正式确立为各国应遵循的发展道路。可持续发展观强调的是经济、社会和环境的协调发展，其核心思想是经济发展应当建立在社会公正和环境、生态可持续的前提下，既满足当代人的需要，又不对后代人满足其需要的能力构成危害。可持续发展包含以下内容：①可持续发展肯定需要发展，只有发展才能摆脱贫困，提高生活水平。特别是对于发展中国家，生态环境恶化的根源是贫困。只有发展才能为解决生态危机提供必要的物质基础，才能最终打破贫困加剧和环境破坏的恶性循环。因此，承认各国的发展权十分重要。② 可持续发展显示了环境与发展的辩证关系，即环境和发展两者密不可分，相辅相成。环境保护需要经济发展提供资金和技术，环境保护的好坏也是衡量发展质量的指标之一；经济发展离不开环境和资源的支持，发展的可持续性取决于环境和资源的可持续性。③可持续发展从伦理角度提出了代际公平的概念。人类历史是一个连续的过程，后代人拥有与当代人相同的生存权和发展权，当代人必须留给后代人生存和发展所需的必要资本，包括环境资本。虽然不能确切判定后代人需要什么，但后代人肯定还将生活在这个地球上。因此，保护和维持地球生态系统的生产力是当代人应尽的责任。④ 可持续发展还包括代内公平，这是在全球范围内实现向可持续发展转变的必要前提。发达国家在发展过程中已经消耗了地球上大量的资源和能源，对全球环境变化的贡献最大，并且至今仍然居于国际经济秩序中的有利地位，继续大量占有来自发展中国家的资源，继续大量排放污染物，造成一系列的环境问题。因此，发达国家应对全球环境问题承担主要责任，理应从技术和资金方面帮助发展中国家提高环境保护能力。⑤可持续发展要求人们改变“高投入、高消耗、高污染”的生产和消费模式，提高资源利用效率，从思想到行动要有改变。1995 年 3 月在哥本哈根召开的世界发展首脑会议，进一步阐发了一系列重要观点。2002 年约翰内斯堡可持续发展问题世界首脑会议，提出在经济增长和公平、保护自然资源和环境、社会发展三个关键领域统筹可持续发展行动。经过国际社会多年的共同努力，《联合国气候变化框架公约》缔约国签订的《京都议定书》，终于在 2005 年 2 月 16 日正式生效，是人类环境史以及可持续发展史上具有重要里程碑意义的大事。

第二节

唯物辩证法是马克思主义全面辩证发展观的理论基础

马克思主义的诞生，使辩证法成为更加系统科学的唯物辩证法，从而使人们能以科学的世界观和方法论来认识发展的基本规定性、发展的基本规律、发展动力、发展的动态演进，形成马克思主义关于发展的世界观、方法论和价值观。

一、发展的基本规定性

从哲学辩证法意义上来考察，发展是指事物的一种运动状态，但它不是一般的事物运动，而是向前的、向上的、推陈出新的、发生质的变化的、保持一定速度的运动，也就是说，发展是特指事物由小到大，由低级向高级，由旧质到新质，由落后到先进的运动变化过程。可见，合理的发展应当是事物内部矛盾不断产生、发展和解决的过程，是系统的、全面的、保持内在要素均衡的发展，是不间断的、连续的、匀速的发展。《资本论》第一卷第二版的跋中说："辩证法，在其神秘形式上，成了德国的时髦东西，因为它似乎使现在事物显得光彩。辩证法，在其合理形态上，引起资产阶级及其空论主义的代言人的恼怒和恐怖，因为辩证法在对现在事物的肯定的理解中同时包含对现在事物的否定的理解，即对现存事物的必然灭亡的理解；辩证法对每一种既成的形式都是从不断的运动中，因而也是从它的暂时性方面的理解；辩证法不崇拜任何东西，按其本质来说，它是批判的和革命的。"① 恩格斯进而指出："当我们通过思维来考察自然界或人类历史或我们自己的精神活动的时候，首先呈现在我们眼前的，是一幅由种种联系和相互作用无穷无尽地交织起来的画面，其中没有任何东西是不动的和不变的，而是一切都在运动、变化、生成和消逝。"② 马克思主义视野里的发展是辩证的不断自我否定自我实现的动态发展。

二、发展的基本规律

人类社会"历史的发展像自然的发展一样，有它自己的内在规律"。"正像达尔文发现有机界的发展规律一样，马克思发现了人类历史的发展规律"，形成了以社会生产力的发展作为根本基础、以社会基本矛盾运动作为根本动力、以社会形态的发展和更替作为历史演进过程的社会发展观。马

① 《马克思恩格斯选集》第 2 卷，人民出版社 2012 年版，第 94 页。
② 《马克思恩格斯选集》第 3 卷，人民出版社 2012 年版，第 395 页。

克思由于把现代唯物主义贯彻到底，即把它对自然界的认识推广到对人类社会的认识而创立的历史唯物主义，是“科学思想中的最大成果”，是揭示人类社会发展的一般规律和历史总趋势的科学辩证的发展观。列宁指出：发展的观念，“按马克思和恩格斯依据黑格尔哲学而作的表述，要比一般流行的进化观念全面得多、丰富得多。发展似乎是在重复以往的阶段，但它是以另一种方式重复，是在更高的基础上重复（‘否定之否定’），发展是按所谓螺旋式，而不是按直线进行的；发展是飞跃式的、剧变式的、革命的；‘渐进过程的中断’；量转化为质；发展的内因来自对某一物体、或在某一现象范围内或某一社会内发生作用的各种力量和趋势的矛盾或冲突；每种现象的一切方面（而且历史在不断地揭示出新的方面）相互依存，极其密切而不可分割地联系在一起，这种联系形成统一的、有规律的世界运动过程，——这就是辩证法这一内容更丰富的（与通常的相比）发展学说的若干特征。”①

在马克思主义经典理论体系中，以其辩证唯物主义、历史唯物主义作为哲学基础创立的政治经济学，所揭示的是“现代资本主义生产方式和它所产生的资产阶级社会的特殊的运动规律”，即主要是对资本运动规律的阐明和对“剩余价值的发现”，从而指明了资本主义社会必然灭亡、社会主义社会必然胜利的历史命运。

1913 年，列宁为纪念马克思逝世 30 周年，发表了《马克思主义的三个来源和三个组成部分》这篇著名论文，首次提出了马克思唯物辩证法就是发展学说的科学定义：辩证法“即最完整深刻而无片面弊病的关于发展的学说”。1914 年，列宁应邀为格拉纳特百科辞典写了一个长篇词条“卡尔·马克思（传略和马克思主义概述）”，他在介绍马克思哲学时，再次指出“马克思辩证法就是全面深刻的发展观”，这个定义成为“辩证法”一节的思想主线。他列出了辩证法发展观特有的六个要点：否定之否定，发展的飞跃式，渐进过程的中断，量转化为质，发展的内因是内在矛盾，发展过程的总体性与普遍联系。最后的结论是：“这就是辩证法这一内容更丰富的（与通常的相比）发展学说的若干特征。”1915 年在《谈谈辩证法问题》一文中，列宁提出了两种发展观的基本分野：“有两种基本的发展观点：认为发展是减少和增加，是重复；以及认为发展是对立面的统一（统

① 《列宁选集》第 2 卷，人民出版社 2012 年版，第 422-423 页。

一物之分为两个互相排斥的对立面以及它们之间的相互关系）。”

列宁对马克思新发展观的精辟阐述和深刻总结，为进一步丰富和落实发展理论以及破解发展难题，留下了极为珍贵的思想财富。他强调发展不是简单的重复，而是在更高基础上的重复；发展不是单纯的量变，而是包含着质变、革命和飞跃式的剧变；发展源于事物的内因或内部矛盾，而主要不是依靠外部力量；统一的有规律的世界运动发展过程是由现象的一切方面，其中也包括历史发展不断出现的新的方面，密切而不可分割地联系在一起的；等等。列宁从世界观和方法论的统一上阐明了发展的实质，阐明了两种发展观的根本对立。他还根据17世纪和18世纪出现的机械唯物论，19世纪末和20世纪初出现的庸俗进化论，揭露了形而上学发展观隐藏在“发展原则”背后的本质，提出了坚持马克思主义发展原则的基本要求。他认为，承认一切都在发展，就要承认一切都相互转化；承认一切都发展着，就要承认思维和存在的联系，承认具有客观意义的概念辩证法和认识辩证法。列宁在这里既一针见血地批判和揭露了形而上学发展观的实质，也在唯物主义辩证法和唯物主义反映论相统一的基础上，坚持客观辩证法和主观辩证法的统一，坚持事物本来的辩证法，促成矛盾的转化，实现发展和革命的目的。列宁的论断，既是对19世纪末和20世纪初分清两种发展观的经验总结，也是对20世纪全过程坚持马克思主义发展观的正确指引。

三、发展的基本动力

发展动力包括根本动力和直接动力；基本动力和非基本动力；主要动力和次要动力；等等。社会基本矛盾是社会发展的基本动力，阶级斗争是阶级社会发展的直接动力，科学技术是社会发展的关键动力。这些动力的作用相互交织、相互作用，往往整合在一起发生作用。恩格斯指出：“历史是这样创造的，最终的结果总是从许多单个的意志的相互冲突中产生出来的，而其中每一个意志，又是由于许多特殊的生活条件，才成为它所成为的那样。这样就有无数互相交错的力量，有无数个力的平行四边形，而由此产生出一个总的结果，即历史事变，这个结果就可以看作一个作为整体的、不自觉地和不自主地起着作用的产物。”①

四、发展的客观性与主观能动性

任何发展都是以一定的客体为基础和目标的。马克思主义自然观认为：“我们面对着的整个自然界形成一个体系，即各种物体相互联系的总体……这些物体是相互联系的，这就是说，它们是相互作用着的，并且正是这种相互作用成了运动。”或者说，“世界不是一成不变的事物的集合体，而是过程的集合体”。钱学森认为，恩格斯所讲的“集合体”就是我们讲的系统，所强调的“过程”就是我们讲的系统中各个组成部分的相互作用和整体的发展变化。

对客观规律的尊重和利用，并不是否认而是要时刻重视主观能动性的发挥。马克思1859年编写的《〈政治经济学批判〉序言》中有这样一段话：“无论哪一个社会形态在它所能容纳的全部生产力发挥出来以前，是决不会灭亡的；而新的更高的生产关系，在它的物质存在条件在旧社会的胎胞里成熟以前，是决不会出现的。”② 这是关于资本主义社会“两个决不会”的客观认识，与“两个必然”是同时起作用的。在《资本论》第一卷序言中马克思指出：“一个社会即使探索到了本身运动的自然规律……本书的最终目的就是揭示现代社会的经济运动规律……它还是既不能跳过也不能用法令取消自然的发展阶段。但是它能缩短和减轻分娩的痛苦。”“我的观点是把经济的社会形态的发展理解为一种自然史的过程。不管个人在主观上怎样超脱各种关系，他在社会意义上总是这些关系的产物。”③ 这充分表明，马克思主义关于社会发展的认识是对客观存在的规律的认识，并力求将这种科学的客观认识运用于丰富的社会实践以产生社会改造的实际效果。

发展受制于一定的客观条件和环境。“一个人的发展取决于和他直接或间接进行交往的其他一切人的发展；彼此发生关系的个人的世世代代是相互联系的，后代的肉体的存在是由他们的前代决定的，后代继承着前代积

① 《马克思恩格斯选集》第4卷，人民出版社2012年版，第605页。

② 《马克思恩格斯选集》第2卷，人民出版社2012年版，第3页。

③ 《马克思恩格斯选集》第2卷，人民出版社2012年版，第83、84页。

累起来的生产力和交往形式，这就决定了他们这一代的相互关系。总之，我们可以看到，发展不断地进行着，单个人的历史决不能脱离他以前或同时代的个人的历史，而是由这种历史决定的。”在承认发展环境的必然作用时，马克思主义也充分认识到作为社会主体的人在社会发展中的巨大能动性作用，认为主体本身的能力及发挥程度在一定程度上往往成为决定发展结果的重要因素。马克思说过：“极为相似的事情，但在不同的历史环境中出现就引起了完全不同的结果。如果把这些发展过程中的每一个都分别加以研究，然后再把它们加以比较，我们就会很容易地找到理解这种现象的钥匙。”

五、发展的重点论与两点论

唯物辩证法认为，任何事物作为矛盾系统都存在主要矛盾和非主要矛盾，主要矛盾的解决规定和制约着非主要矛盾的解决，但不能代替和自然而然地导致非主要矛盾的解决；反过来，非主要矛盾也对主要矛盾的解决具有制约作用，非主要矛盾解决得好又会促进主要矛盾的解决。因此，辩证法强调坚持全面论与重点论的统一，坚持通过解决主要矛盾为从根本上解决非主要矛盾创造条件，同时重视通过解决和缓解非主要矛盾来推进主要矛盾的解决。

在认识复杂事物的发展过程时，既要看到主要矛盾，又要看到次要矛盾；在认识某一矛盾时，既要看到矛盾的主要方面，又要看到矛盾的次要方面。只有将这两个相互区别、相互统一的方面都认识清楚，才能得到科学全面的认识，才能用这种科学全面的认识推动发展。

六、发展的平衡性与不平衡性

唯物辩证法认为，平衡是相对的，不平衡是绝对的，发展是一个由不平衡到平衡，然后打破平衡再达到新的平衡的一个不断循环往复的前进过程。学会运用发展的平衡性与非平衡性原理，善于促进发展的平衡目标，同时善于运用以非平衡求平衡的变通方法，是唯物辩证法的内在要求，往往也是符合现实发展要求的可行选择。

七、发展的普遍性与特殊性

《共产党宣言》中说："资产阶级……它迫使一切民族——如果它们不想灭亡的话——采用资产阶级的生产方式；它迫使它们在自己那里推行所谓的文明，即变成资产者。一句话，它按照自己的面貌为自己创造出一个世界。"《德意志意识形态》中深刻指出：共产主义的实现必须以生产力的普遍发展和与此有关的世界交往的普遍发展为前提，在世界历史的进程中，每一民族同其他民族的变革都有依存关系，而狭隘地域性的个人会为世界历史性的真正普遍的个人所代替。马克思说：在资本扩张的过程中，"各个相互影响的活动范围在这个发展进程中愈来愈扩大，各民族的原始闭关自守状态则由于日益完善的生产方式、交往以及因此自发地发展起来的各民族之间的分工而消灭得愈来愈彻底，历史就在愈来愈大的程度上成为全世界的历史。"这些说明，马克思主义创始人对于世界历史发展的总体趋势有着准确坚定的把握，对于人类社会发展的普遍必然趋势有着科学分析。但应该看到，马克思主义的基本原理本身承认事物发展的动态性，承认普遍性与特殊性的统一性，只看到普遍性而不承认特殊性就会违反辩证法。例如，马克思东方社会理论指出了另外一种可能性，即它也有可能跨越资本主义制度"卡夫丁峡谷"，"使农村公社向其高级形式过渡，使人民获得政治自由和社会状况的根本改善"。

八、发展的动态演进

马克思的社会形态理论是各种社会发展理论所依据的一种理论范式。社会形态是由历史上一定的生产力、生产关系、上层建筑等全部社会要素组成的统一的完整的社会体系，是按照本身特有的规律运动、变化、发展着的活的有机体。它包含以下五层意思：①一定的社会形态是由一定的生产力发展水平决定的。生产力是组成社会形态的重要因素之一，是决定社会形态的性质及其具体特点的最后根源。②一定的生产关系是构成社会形态的骨骼，它是由生产力的发展水平决定的，同时又决定其余一切社会关系。一定的生产关系是决定该社会形态性质的直接标志。③社会形态除骨骼外，还包括有血有肉的上层建筑及其他一切社会现象和社会关系（如家庭、民族等各种人群共同体）。社会形态具有十分丰富的内容。④社会形态是由全部社会要素构成的一个有机联系的完整的社会体系，而不是由这些要素机械地拼凑起来的东西。⑤社会形态是一个活生生的社会有机体。

每一个社会形态都有其特殊的本质和发展规律，有其生产、发展和消亡的历史，一个较低的社会形态必然会被另一个较高的社会形态所替代，人类社会的历史就是社会形态更替的历史。社会的发展和演化是多线条的，从不同的角度可以把社会形态划分为社会经济形态、社会主体形态、社会交换形态、社会技术形态等，但其中以经济基础为划分社会形态的主要标准。

马克思关于社会发展和演进有“五形态”和“三形态”论。在《德意志意识形态》一书中，他第一次比较完整地提出了人类社会演进的阶级图式，以分工和所有制的不同特征来说明人类历史上出现过的各种社会制度：部落所有制、古代公社所有制和国家所有制、封建的或等级的所有制、现代资产阶级私有制，最后是共产主义制度。后来他又在《〈政治经济学批判〉序言》中，提出了人类社会经济形态演进的几个时代：亚细亚的、古代的、封建的和现代资产阶级的生产方式。综合马克思其他著作中有关社会发展的观点，可以说马克思提出了社会发展五形态理论，即原始社会、奴隶社会、封建社会、资本主义社会和共产主义社会。

在《政治经济学批判（1857~1858年草稿）》中，马克思依据人的发展和与之相适应的人与自然的关系、人与人之间的关系的特征，又从社会关系的角度提出了人类三大社会形态的构想：“人的依赖关系（起初完全是自然发生的），是最初的社会形态，在这种社会形态下，人的生产能力只是在狭窄的范围内和孤立的地点上发展着。以物的依赖性为基础的人的独立性，是第二大形态，在这种形态下，才能形成普遍的社会物质交换，全面的关系，多方面的需求以及全面的能力的体系。建立在个人全面发展和他们共同的社会生产能力成为他们的社会财富这一基础上的自由个性，是第三阶段。第二阶段为第三阶段创造条件。”马克思社会发展与演进的“五形态”与“三形态”在本质上是统一的、各具特色的，两者是互为补充和不可分割的。

马克思、恩格斯认为：“历史不外是各个世代的依次交替，每一代都利用以前各代遗留下来的材料、资金和生产力；由于这个缘故，一方面在完全改变了的条件下继续从事先辈的活动，另一方面又通过完全改变了的活动来改变旧的条件。”“人们永远不会放弃他们已经获得的东西，然而这并不是说，他们永远不会放弃他们在其中获得一定生产力的那种社会形式。恰恰相反。为了不致丧失已经取得的成果，为了不致失掉文明的果实，人们在他们的交往方式不再适合于既得的生产力时，就不得不改变他们继承下来的一切社会形式。”也就是说，社会发展总是动态进行的，不会为了维系现实而停止。

第三节 马克思主义全面辩证发展观的主要理论依据

一、社会有机体理论

把社会比作一个活的有机体自古有之。早在古希腊时代，希腊人以“有机体”或“生物”的观点来解释宇宙。早在公元前 6 世纪，西方辩证法的奠基人赫拉克利特在《论自然界》中写道：“世界是包括一切的整体。”公元前 5 世纪原子论的创始人德谟克利特写了一本题为《宇宙大系统》的书。柏拉图给那些部件结合时产生出来的新东西取了一个具有神秘色彩的名称“隐得利希”，认为这正是事物的生命力、灵魂和活的精灵。柏拉图在《理想国》中从城邦有机体的整体功能和社会分工需要入手，把城邦居民分为统治者、护卫者和生产阶层三个等级。亚里士多德提出了“整体不同于部分和”的著名命题。他认为，国家是在家庭的基础上产生的，多个家庭构成了村落，村落的联合就形成了国家，但是，从性质上看，国家并非村落的机械总和，而是高于个人、家庭、村落。到了近代，康德较早从自然属性对有机体进行了定义：“一个有机的自然产物乃是一个产物，其中所有一切部分都是交互为目的与手段的。”黑格尔则把有机体作为一个根本原则应用于各个领域，特别是国家范畴的分析上。他说，国家是机体，“机体的本性是这样的：如果所有部分不趋于同一，如果其中一部分闹独立，全部必至崩溃”。而空想社会主义者圣西门在 19 世纪初也初步提出了社会有机体思想。圣西门死后，他的门徒在《圣西门学说释义》中明确提出“社会是一种有机整体”，并要求分析“社会这个统一集体的各个器官”。曾经做过圣西门秘书的孔德第一次将有机体概念应用于社会学领域，他把社会与生物学中的“个体有机体”进行比较，认为社会同其他生命有机体一样，各个部分之间必然是协调一致的，从而构成一个和谐、团结的整体。在他看来，社会愈发展，社会的基本特征——和谐与团结——就愈益显著。他把社会有机体分解成家庭、阶级或种族以及城市和社区，其中家庭是社会真正的要素或细胞，阶级或种族是社会的组织，城市和社区是社会的器官。他反对社会契约论，认为社会是一个有机的统一体，其整体大于其各个部分之和，任何部分都是相互联系的，并且只有在社会统一体内才可以被认识。而后，斯宾塞则进一步论证了生物有机体和社会有机体的同一性和异质性。他认为，社会就像一个生物有机体，由其各个部分组成，并在相互依赖、相互联系的基础上生存和进化。而且社会有机体的进化是从量的增长开始的，随着量的增长，社会有机体会发生整体的结构进化、功能分化和相互依赖的增加。量的增长是社会有机体由小到大的规模变化，在社会有机体规模变化的同时，出现结构的进化，社会组织由简单到复杂。马克思克服了康德、黑格尔的历史唯心主义和孔德、斯宾塞的机械性等缺陷，从人类社会的整体性生成角度把社会有机体理论奠基于社会经济形态理论的基础上，从而揭示了社会有机体的历史唯物主义基础，为社会有机体理论指明唯一科学的方向。马克思在 1842 年《评奥格斯堡〈总汇报〉第 335 号和第 336 号论普鲁士等级委员会的文章》中，从“有生命的有机体”到“国家生活的有机体”，区别了有机体不同于无机体的本质特征。后来他在《哲学的贫困》中又提出了“社会机体”的概念，强调“谁用政治经济学的范畴构筑某种思想体系的大厦，谁就把社会体系的各个环节割裂开来，就是把社会的各个环节变成同等数量的依次出现的单个社会。其实，单凭运动、顺序和时间的唯一逻辑公式怎能向我们说明一切关系在其中同时存在而又互相依存的社会机体呢?”1859 年在《〈政治经济学批判〉序言》中，马克思从动态发展的角度具体描绘了一幅社会有机体结构和功能的发展图景：“人们在自己生活的社会生产中发生一定的、必然的、不以他们的意志为转移的关系，即同他们的物质生产力的一定发展阶段相适合的生产关系。这些生产关系的总和构成社会的经济结构，即有法律的和政治的上层建筑竖立其上并有一定的社会意识形式与之相适应的现实基础。物质生活的生产方式制约着整个社会生活、政治生活和精神生活的过程。不是人们的意识决定人们的存在；相反，是人们的社会存在决定人们的意识。社会的物质生产力发展到一定阶段，便同它们一直在其中运动的现存生产关系或财产关系（这只是生产关系的法律用语）发生矛盾。于是这些关系便由生产力的发展形式变成生产力的桎梏。那时社会革命的时代就到来了。随着经济基础的变更，全部庞大的上层建筑也或慢或快地发生变革。”1867 年，马克思在《资本论》第一版序言中，再次明确指出：“现在的社会不是坚实的结晶体，而是一个能够变化并且经常处于变化过程中的有机体。”正如列宁指出的：“马克思和恩格斯称之为辩证方法（它与形而上学方法相反）的，不是别的，正是社会学中的科学方法，这个方法把社会看作处在不断发展中的活的机体。”“社会经济形态的发展是一种自然历史过程。”马克思主义认为：物质资料的生产是人类社会生存的基础，“人们为了能够创造历史，必须能够生活，但是为了生活，首先需要吃喝住穿以及其他一切东西。”

马克思、恩格斯运用唯物主义历史观对整个人类社会的发展结构、人类社会发展形态进行了宏观描述，得出了一个重要的范畴，叫作“经济社会形态”。经济社会形态是历史唯物主义的基本范畴。马克思说：“建立在一定发展阶段上的生产力之上的经济基础和上层建筑的统一，构成了一定经济社会形式。”这个“经济社会形式”就是马克思所说的“经济社会形态”。经济社会形态理论指明，每一个处在一定历史发展阶段上的社会，都是建立在一定生产力之上的，它既包括经济基础，又包括与其相适应的上层建筑。经济基础是上层建筑存在、发展的基础，上层建筑是经济基础巩固、发展的政治、思想、文化条件。一定的经济社会形态表现着人类社会的一定的经济生活、政治生活、文化生活的辩证统一；表现着一定的经济、政治、文化的辩证统一；表现着一定的物质文明、政治文明、精神文明的辩证统一；表现着一定的物质关系、政治关系和思想关系的辩证统一；表现着一定的生产力、生产关系和上层建筑的辩证统一。不同种类的社会，以不同的经济社会形态相区别，社会发展就是不同经济社会形态的更替。

马克思主义社会有机体理论充分承认自然的基础作用。恩格斯指出，人类不要过分陶醉于对自然界的胜利。对于每一次这样的胜利，自然界都报复了我们。根据这种情况，恩格斯提出了一个非常深刻的思想：“学会认识我们对自然界的习常过程所作的干预所引起的较近的或较远的后果。”他还主张对人类生产行为所产生的这种较远的自然影响和社会影响进行“控制和调节”。马克思更为深刻地指出：“社会化的人，联合起来的生产者，将合理地调节他们和自然之间的物质变换，把他置于他们的共同控制之下，而不让它作为盲目的力量来统治自己；靠消耗最小的力量，在最无愧于和最适合于他们的人类本性的条件下来进行这种物质变换。”

马克思、恩格斯对人类社会进行分析的时候，引入了当时生物学中已经得到使用和流行的有机体的概念。马克思、恩格斯认为人类社会的运行存在着和有机体相类似的机制。马克思指出，资本过程在其不同阶段上的“形式变换和物质变换，就像有机体中发生的这种变换一样”。马克思还指出：“如果说，在完成的资产阶级体制中，每一种经济关系都以具有资产阶级经济形式的另一种经济关系为前提，从而每一种设定的东西同时就是前提，那么，任何有机体制的情况都是这样。这种有机体制本身作为一个总体有自己的各种前提，而它向总体的发展过程就在于：使社会的一切要素从属于自己，或者把自己还缺乏的器官从社会中创造出来。有机体制在历史上就是这样向总体发展的。它变成这种总体是它的过程即它的发展的一个要素。”他们还明确地把人类社会称作社会有机体。马克思说：“现在的社会不是坚实的结晶体，而是一个能够变化并且经常处于变化过程中的机体。”马克思在肯定一位学者对资本论的评价时，实际上也肯定了这位学者所使用的“社会机体”这个概念。马克思还使用了社会生产机体概念，称“古老的社会生产机体比资产阶级的社会生产机体简单明了得多，但它们或者以个人尚未成熟，尚未脱掉同其他人的自然血缘联系的脐带为基础，或者以直接的统治和服从的关系为基础”。马克思还把国家生活称为现实的、有机的国家生活、国家生活的机体；还说家庭“familia”这个词被引入拉丁社会，是用来表示一种新的机体；还说工人的活的劳动能力存在于他的活的机体中，称劳动本身就是活的机体；还说机器体系在工人面前表现为一个强大的机体，称机械工厂是一个庞大的自动机，是有组织的机体。

恩格斯认为，有机体经历了“从少数简单形态到今天我们所看到的日益多样化和复杂化的形态一直到人类为止的发展系列”。毫无疑问，社会有机体处在有机体发展系列上的复杂阶段，除与生物有机体存在共性外，还存在自身特有的特点。生物有机体基本上是由 DNA 的遗传特性决定的，而社会有机体则是在人的劳动、实践的过程中，是在人们交往过程中形成和发展的。唯物史观就是“在劳动发展史中找到全部社会史的锁钥”。他在《反杜林论》中指出：“任何一个有机体，在每一瞬间都是它本身，又不是它本身；在每一瞬间，它同化着外界供给的物质，并排泄出其他物质；在每一瞬间，它的机体中都有细胞在死亡，也有新的细胞在形成；经过或长或短的一段时间，这个机体的物质便完全更新了，由其他物质的原子代替了，所以，每个有机体永远是它本身，同时又是别的东西。”

马克思揭露了资本主义条件下物质变换过程中对土地的滥用和对森林等自然资源的破坏。他说：“资本主义生产使它汇集在各大中心的城市人口越来越占优势，这样一来，它一方面聚集着社会的历史动力，另一方面又破坏着人和土地之间的物质变换，也就是使人以衣食形式消费掉的土地的组成部分不能回到土地，从而破坏土地持久肥力的永恒的自然条件……资本主义农业的任何进步，都不仅是掠夺劳动者的技巧的进步，而且是掠夺土地的技巧的进步，在一定时期内提高土地肥力的任何进步，同时也是破坏土地肥力持久源泉的进步。一个国家，例如北美合众国，越是以大工业作为自己发展的起点，这个破坏过程就越迅速。”他还说：“文明和产业的整个发展，对森林的破坏从来就起很大的作用，对比之下，对森林的护养和生产，简直不起作用。”马克思在给恩格斯的信中写道：“耕作的最初影响是有益的，但是，由于砍伐树木等等，最后会使土地荒芜。”

二、利益理论与马克思主义全面辩证发展观

马克思主义作为人类思想史上的革命性成果，作为无产阶级实现自身和全人类解放的科学体系，经历了一个从萌芽、诞生到成熟和丰富的不断发展过程。马克思、恩格斯早期思想经历了一个从黑格尔唯心主义到费尔巴哈人道主义再到实践唯物主义的转变，这一转变过程相当清晰地伴随着他们对利益问题思考的转变过程，这两个转变过程之间的内在联系充分说明，在马克思主义形成和发展的过程中，马克思主义利益理论起着关键的作用。只有深入揭示利益理论在马克思主义形成和发展过程中的历史性作用，才能全面把握马克思主义的内在精神，也才能正确把握和运用马克思主义发展理论。

1. 马克思主义利益理论与马克思主义的形成和发展

葛兰西把第二国际对马克思主义的理解称为“经济就是一切”的经济

主义，认为这是一种“透过‘卑污的唯利是图的利益’棱镜来观察一切事物”的错误观点。弗洛姆认为“马克思对资本主义的全部批判，恰恰就是因为资本主义把对金钱和物质利益的关心变成了人的主要动力，而马克思关于社会主义的概念正是指这样一个社会，在这个社会中物质利益不再是占支配地位的”①。

从黑格尔经弗洛伊德再到胡塞尔，都试图揭示主体的隐蔽基础，“这些狂妄的尝试都是要从无意识的背景中摆脱出来，然而，它们都陷入了追求自我透明的乌托邦，并进而陷入了虚无主义和极端怀疑主义”。早期卢卡奇“这种历史哲学试图从无产者的阶级利益中寻找普遍利益，从无产者的阶级意识中发现人类的自我意识”②。马克思主义对于物质利益在社会生产发展中的作用做了多角度的分析。

对现实利益问题的接触是马克思、恩格斯世界观转向的关键。马克思在《博士论文》时期表现出强烈的自我意识哲学倾向。在《莱茵报》时期，马克思对现实利益问题进行了集中的接触和思考。关于出版自由和公布等级会议记录的辩论的第一篇论文，阐明了出版自由问题下掩藏的等级狭隘性和一部分人的特权，肯定了一个“正确的推测”：“人们为之奋斗的一切，都同他们的利益有关”。关于林木盗窃法的辩论的第三篇论文分析了各等级所代表的不同的尖锐对立的利益，指出“私人利益把自己看做世界的最终目的”。“利益占上风”的社会历史事实已被察觉，而自我意识哲学的原则只能承认利益的“盲目的、无止境的、片面的、不法的本能”，这个矛盾使马克思毫不犹豫地斥责“下流的唯物主义”。这以后对黑格尔法哲学和国家哲学的翔实研究，使他理顺了国家和市民社会的关系，开始转向对市民社会的解剖和政治经济学研究，这直接导致《1844年经济学哲学手稿》（以下简称《手稿》）的诞生。《手稿》“异化劳动”一节前面有关工资、资本的利润、地租三大利益的平行分析是整个《手稿》论述的基础。马克思主张一种“既不同于唯物主义，又不同于唯心主义”的“彻底的自然主义或人道主义”，这一方面反映他对费尔巴哈的推崇，另一方面反映他的确已摆脱了黑格尔唯心主义的控制，实现了世界观的初步的全面转向。

① 《马克思关于人的概念》，选自《西方学者论〈1844年经济学哲学手稿〉》，复旦大学出版社1983年版，第31页。

② 哈贝马斯：《现代性的哲学话语》，译林出版社2008年版，第277、294页。

由此可见，对利益问题的分析是青年马克思世界观形成和发展极为重要的一个因素。没有《莱茵报》时期“对物质利益发表意见的难事”，没有《手稿》中大篇幅的利益分析，马克思就不可能与思辨唯心主义诀别，最终也不会成为一个实践唯物主义者。无独有偶，恩格斯也经历了相似的思想转变过程。对恩格斯世界观转变具有决定性影响的，是 1942 年 11 月至 1844 年 8 月他在英国曼彻斯特生活的 21 个月。他经常深入到工厂和工人住宅区去参观访问，认真研究了英国的社会关系和工业革命，认为英国革命的进行是为了利益而不是为了原则，只有利益能够发展成为原则。1885 年，恩格斯回顾当时的情况时说：“我在曼彻斯特时异常清晰地观察到，迄今为止在历史著作中根本不起作用或者只起极小作用的经济事实，至少在现代世界中是一个决定性的历史力量，这些经济事实形成了现代阶级对立所由产生的基础……又是政党形成的基础，党派斗争的基础，因而也是全部政治历史的基础。”

利益问题与“新唯物主义的立足点”。被恩格斯称为“包含着新世界观的天才萌芽的第一个文件”的《关于费尔巴哈的提纲》（以下简称《提纲》）直接批判费尔巴哈的唯物主义，沿着《手稿》的思路明确肯定一种以人类社会或社会的人类为立足点的“新唯物主义”。从《提纲》十一条的整体内容来看，实践是其重心，“全部社会生活在本质上是实践的”，《提纲》中的“新唯物主义”就是实践唯物主义。马克思、恩格斯合著的第一部著作《神圣家族》共同清算了过去的哲学信仰，进一步分析“人对人的社会关系”，抓住了“思想”与“利益”须臾不可分的联系，对历史的发源地和历史主体的作用做了“新唯物主义”的科学分析。人类社会或社会的人类作为“新唯物主义”的立足点是一个立足于实践的概念，是马克思对利益问题艰苦探索之后必然得到的一个科学立足点。利益问题和这一科学立足点的联系可从两方面得到：从《莱茵报》时期对利益的鄙弃到《手稿》对当时社会三大利益对立的对照分析，再到《神圣家族》肯定“思想”与“利益”的紧密联系，这与马克思、恩格斯对黑格尔、费尔巴哈、青年黑格尔派的实践批判同步，他们越来越清晰地认识到人的社会性，并将人类社会或社会的人类作为理论的出发点，从而告别了抽象的思辨和空洞的类哲学。在《德意志意识形态》中，实践唯物主义最终得以确立，这不光表现在“实践唯物主义”概念的明确提出，而且表现在对以实践唯物主义为基础的历史观所做的第一次详细而科学的阐明上。“彻底的自然主义或人道主义”及“新唯物主义”在这儿合理地继续发展，马克思、恩格斯完成了“从思想世界降到现实世界”的蜕变，一种“生活决定意识”的全新哲学成形。

以实践唯物主义为基础的思想延伸。马克思、恩格斯在实现世界观的变革的同时，实际上已经提出了许多宝贵的科学社会主义和政治经济学思想。从《1844 年经济学哲学手稿》、《德意志意识形态》等著作中都可以明显看出这样的痕迹。在提出实践唯物主义的崭新世界观之后，马克思、恩格斯又深入探讨了资本主义社会的发展规律和历史趋势，更加透彻地揭示了无产阶级的历史作用和未来社会的概貌，特别是阐发了剩余价值理论。在这样的思想延伸中，马克思、恩格斯对于利益理论也做了进一步论述。《共产党宣言》是科学社会主义的重要代表作。在这部著作中，马克思、恩格斯运用历史唯物主义的基本观点和方法，深刻分析了资产阶级和无产阶级产生、发展及其相互斗争的历史过程，正确揭示了资产阶级的灭亡和无产阶级的胜利是同样不可避免的客观规律，科学地阐明了无产阶级的伟大历史使命。《共产党宣言》对社会历史发展趋势的科学揭示，是以对无产阶级和资产阶级这两大基本阶级的利益分析为基础的，马克思、恩格斯强调：“无产阶级的运动是绝大多数的，为绝大多数人谋利益的独立运动”，共产党人“没有任何同整个无产阶级的利益不同的利益”。《资本论》是马克思主义政治经济学的主要代表作。《资本论》的理论前提是处于错综复杂现实利益关系中的人，在 1867 年汉堡版《资本论》第 1 卷序言中，马克思特别“说明”：“这里涉及的人，只是经济范畴的人格化，是一定的阶级关系和利益的承担者。”同古典经济学家相比，马克思特别注重从人与人之间的关系求证利益人的社会本质，进而自觉意识到资本主义生产关系的历史暂时性，这一点为研究者们所认同且不时述及，也不能不说是抓住了关键。马克思从对商品的剥离出发一步一步完成了对资本主义利益关系的研究，经济范畴从剩余价值到平均利润、商业利润、利息和地租的演化，反映了资本主义经济利益关系从较为单纯的产业资本家利益关系到与产业工人、商业店员以及银行雇员和农业工人的经济利益关系的发展。剩余价值的榨取，集中体现了资本主义生产过程中人与物（自然）、人与人（社会）的利益关系，进而体现了资本主义的总利益关系的内核。资本主义阶级利益关系发展到一定程度，成为生产力的障碍，就会引发无产阶级革命。到了那个时候，资本主义阶级利益关系就要被扬弃，阶级结构相应转型，资本主义阶级利益关系内蕴含的矛盾才得到最后解决。这也正是马克思、恩格斯关于“两个必然性”原理的内在逻辑。

2. 马克思主义利益理论的主要内容

对于利益的正确理解是确定社会发展价值指向和发展路径的基础。“由于我们在一个私有制、利润及权力三足鼎立的社会，所以我们的判断有着极大的偏颇。获取、占有和赢利，是工业社会中被圣化和不可转让的个人权利”①。“利益与价值的区分是很重要的。普遍的价值总是适用于许多状况而不只是适用于一种类型的状况，但是利益状况却是在不断变化。”“在观念与利益之间，一方面存在着构思的关系，另一方面存在着经验的关系。”“如果利益与服务于他们的论证的观念相连结，利益才能持续地体现社会交往的规范；而且如果观念不能与赋予他们力量的利益相连结，观念就又不能经验地加以贯彻。”②

（1）需要是形成利益的前提和基础。马克思、恩格斯在《德意志意识形态》中明确指出：“人们为了能够‘创造历史’，必须能够生活。但是为了生活，首先就需要吃喝住穿以及其他一些东西。因此第一个历史活动就是生产满足这些需要的资料，即生产物质生活本身，而且这是这样的历史活动，一切历史的一种基本条件，人们单是为了能够生活就必须每日每时去完成它，现在和几千年前都是这样。”

（2）利益是思想的基础。利益决定思想，“‘思想’一旦离开‘利益’，就会使自己出丑”。“正确理解的利益是整个道德的基础”。列宁称利益是“人民生活中最敏感的神经”，他认为必须到俄国社会各个阶级的物质利益中去寻找对于社会思想流派和法律政治制度的解释。

（3）利益追求是人类活动的原动力。恩格斯针对英法两国封建贵族、资产阶级和无产阶级斗争的情况指出：“这三大阶级的斗争和它们的利益冲突是现代历史的动力，至少是这两个最先进国家的现代历史的动力。”“一切政治斗争，归根结底都是围绕着经济解放而进行的”。一部人类历史就是各种利益交互作用的发展史。正是人们对利益的不断追求，构成了人类活动的真实动因，推动着社会历史的进步和发展。列宁引用黑格尔的话说，利益“推动着民族的生活”。

① 弗洛姆：《占有或存在》，国际文化出版公司 1989 年版，第 60 页。

② 哈贝马斯：《公共领域的结构转型》，学林出版社 1999 年版，第 227、245 页。

（4）利益的社会基础是生产方式。马克思主义认为，每一个既定社会的经济关系首先是作为利益关系表现出来的，认为只有从生产关系出发，才能说明利益的本质和历史作用。这是对人的利益本质的第一次科学揭示，摆脱了以前思想家从人性或经验的极端立场看待利益的困厄，强调实践中的“社会关系总和”。马克思在晚年还强调：“利益本身已经是社会所决定的利益，而且只有在社会所创造的条件下并使用社会所提供的手段，才能达到；也就是说，私人利益是与这些条件和手段的再生产相联系的。这是私人利益；但它的内容以及实现的形式和手段则是由不以任何人为转移的社会条件决定的。”这种科学的“利益人”观念必然同时反对冷冰冰的利己主义和虚伪的道德主义，以自身的实践品格求得利益与原则的真正统一。

（5）利益分析是阶级分析的基础。阶级之间的斗争“首先是为了经济利益进行的，政治权力不过是用来实现经济利益的手段。”恩格斯说：“旧唯物主义在历史领域内自己背叛了自己，因为它认为在历史领域中起作用的精神的动力是最终原因，而不去研究隐藏在这些动力后面的是什么，这些动力的动力是什么。”借助于唯物史观，马克思主义正确地阐述了历史发展的真正动力，科学认识到被旧唯心主义历史观排挤掉的基于物质利益的阶级斗争的重要作用，注意从经济上阐明阶级斗争的特点和规律。毛泽东在《中国社会各阶级的分析》等著作中，运用马克思主义利益理论分析中国的社会问题，分析中国社会各阶级的状况，发现了中国新民主主义革命的依靠力量。新中国成立后，毛泽东又运用马克思主义利益分析方法，分析了社会主义社会的利益关系，认为人民内部矛盾是主要矛盾。

（6）利益具有不同的类型。马克思、恩格斯既重点分析了资本利益与雇佣劳动利益之间的关系，又深入分析了利益各类型特别是特殊利益与普遍利益、私人利益与公共利益之间的关系。列宁认为，私人利益服从共同利益有一个合适的程度，应善于把理想与经济斗争参加者的利益结合起来，斯大林认为个人和集体之间、个人利益和集体利益之间没有而且也不应当有不可调和的对立，集体主义、社会主义并不否认个人利益，而是把个人利益和集体利益结合起来。毛泽东反对小团体主义，反对局部和目前的狭隘的功利主义者，认为绝不可只看到眼前的片面的福利而忘记了远大利益，同时又不能忽视群众的生活，要认真处理在人民利益根本一致的基础上的人民内部矛盾。邓小平则对社会主义建设时期的利益关系做出了分析。

3. 马克思主义利益理论的现实意义

哈贝马斯认为："在组织社会中，不再是联合起来的个人，而是有组织的集体成员，在一个多中心的公共领域中，争取消极大众的支持，旨在一同或面对庞大的国家官僚机构来争取使权力和利益达到均衡。"[①] 运用马克思主义利益理论来指导现实社会发展具有重要的理论和实践意义。

（1）有助于全面坚持马克思主义。列宁指出，物质利益问题"是马克思主义整个世界观的基础"。马克思主义利益理论告诉我们，马克思主义的本来面目不是漠视利益的，而是十分重视人的利益、关心人的利益、发展人的利益的。马克思主义利益理论与资产阶级唯利主义、利己主义等利益理论有本质的区别。今天我们坚持马克思主义，必须坚持马克思主义利益分析的基本立场和观点，用马克思主义利益理论来引导社会思想，反对各种错误的利益观。

（2）有助于深刻认识现实问题。我们正在推进"四个全面"战略布局、进行新的伟大斗争，很多现实重大问题都是利益问题，需要运用马克思主义利益理论来正确分析和应对。当前需要以马克思主义利益观为指导正确回答和解决的人们所普遍关注的一些深层次重大现实利益问题主要有：①利益差距问题。改革开放以来，我国社会各阶层的利益差距已经在短暂的时间内迅速扩大了，主要表现在自然性利益差别明晰化、努力性利益差别得到公开承认、倾斜性利益差别仍然存在、风险性利益差别增大、横向利益差别拉大等。对于这种差距，不能以浪漫主义的感伤情怀来看待，更不能以偏激主义的态度来一味指责，而要正确认识差距产生的复杂原因，认识差距存在的客观必然性，认识差距扩大的二重性。②腐败问题。市场经济的发展使市场交易原则在经济领域中的地位得到了合理肯定，但市场交易原则的盛行也带来不少消极影响。其中之一，就是党员干部面临更多的利益诱惑，产生了一些腐败现象。腐败现象的滋生蔓延，既有社会历史根源，又有现实原因；既有政治上、思想上的因素，又有经济上的因素，是一个复杂的问题，对此要做科学分析。③社会阶层变化问题。随着改革开放的深入进行，原有社会阶层内外部都出现了变化，一些新的社会阶层萌生，必须用马克思主义利益理论来把握这些新的社会阶层的政治、经济和思想状况，最大限度调动社会各阶层的积极性。

---

① 哈贝马斯：《公共领域的结构转型》，学林出版社 1999 年版，第 18 页。

(3) 有助于正确制定各项政策和决策。社会主义市场经济是一项十分复杂的系统工程，涉及方方面面的利益。只有充分把握了马克思主义利益理论的精神实质，才能尊重和发挥人民群众的主体地位，在复杂的利益形势面前把握主要矛盾，在各种目标之间找到一种平衡和协调，从而使政策和决策具备科学性。通过实行涉及经济社会发展全局的重大事项决策的协商和协调机制，对专业性、技术性较强的重大事项决策的专家论证、技术咨询、决策评估制度，对与群众利益密切相关的重大事项决策的公示、听证制度等一系列制度，使各个社会利益群体参与到政策和决策过程中来，就能使利益的代表性更加广泛、合理，有效防止部门和行业利益膨胀，遏制公共利益虚幻化。

(4) 有助于进一步深化改革。改革是决定中国特色社会主义前途命运的一招。改革是以大多数人的利益为基点的，必须在增加大多数人利益的基础上才能取得符合社会进步的成效。但改革过程中人们利益的增加不可能并驾齐驱，不可能“一碗水端平”，必然存在实现时间上的、空间上的、程度上的差异，存在实现主体的差异，每项改革的每一具体步骤不一定都会使每一个人同时得到现实的利益。这样，改革作为利益关系的调整会碰到种种阻力。在具体改革措施的选择和实施中，往往由于改革的某项措施牵涉到种种利益关系，由于参与改革的主体的利益立场和心态的不同，产生不同的意见差异乃至分歧，有的人持怀疑、冷漠、抵触甚至反对的态度。特别是在改革进入攻坚阶段之后，不得不触犯某一部分人或某些部门、地方的既得利益，不得不要求少数人在一定时间内做出一定的牺牲，使得利益矛盾尤为突出。所以，用马克思主义利益理论分析改革中的利益和利益关系，可以提高其自觉性，减少其盲目性，从而获得更多人的支持和参与。

三、全面生产理论

对马克思主义的生产理论，可以理解为广义的生产理论和狭义的生产理论。广义的生产理论是关于整个人类社会生产和再生产，即包括人类全部生产和生活乃至人类的繁衍和社会延续的理论，也就是全面生产的理论。狭义的生产理论是单指关于物质生活资料生产和再生产的理论，即物质生产资料的生产理论。马克思、恩格斯都曾经在广义和狭义上论述过生产理论。马克思主义全面生产理论的主要内容包括：第一，物质生活资料的生产，即物质生产。马克思认为，这是人类社会活动的第一个历史前提。第二，人的生产，即人的生育，人口的生产。单纯的物质生活资料的生产，即物质生产可以使生产者和通过生产被养活的人生存下去，但是一代人乃至数代人的生存无法解决人类种族繁衍的问题，必须有人的自身的生产。第三，精神生产，即思想、观念、意识、宗教、法、道德、理论等的生产。精神生产是马克思全面生产中的一个不可缺少的环节。第四，社会关系的生产。生产社会关系最初突出表现为生产出家庭，后来生产出国家、生产出更为复杂的社会。以上四个不同种类的生产相互渗透、相互关联，构成马克思主义全面生产理论的基本内容。恩格斯在 1890 年 9 月 21 日致约·洛赫的信中指出："根据唯物史观，历史过程中的决定性因素归根到底是现实生活的生产和再生产，无论是马克思和我都从来没有肯定过比这更多的东西。如果有人加以歪曲，说经济因素是唯一决定的因素，那么他就是把这个问题变成毫无内容的、抽象的、荒诞无稽的空话。"

在《1844 年经济学哲学手稿》中，马克思着眼于现实人的活动，指出人在生产中"以一种全面的方式，也就是说，作为一个完整的人，占有自己的全面的本质"，并且认为，"实际创造一个对象世界，改造无机的自然界，这是人作为有意识的类的存在物（亦即这样一种存在物，它把类当作自己的本质来对待，或者说把自己本身当作类的存在物来对待）的自我确证。诚然，动物也进行生产。它也为自己构筑巢穴或居所，如蜜蜂、海狸、蚂蚁等所做的那样。但动物只生产它自己或它的幼仔直接需要的东西；动物的生产是片面的，而人的生产则是全面的；动物只是在直接的肉体需要的支配下生产，而人则甚至摆脱肉体的需要进行生产，并且只有在他摆脱了这种需要时才真正地进行生产；动物只生产自己本身，而人则再生产整个自然界；动物的产品直接同它的肉体相联系，而人则自由地与自己的产品相对立。动物只是按照它所属的那个物种的尺度和需要来进行塑造，而人则懂得按照任何物种的尺度来进行生产，并且随时随地都能用内在固有的尺度来衡量对象；所以，人也按照美的规律来塑造物体。"因为"动物不能把同类的不同特性汇集起来，它们不能为同类的共同利益和方便做出任何贡献；人则不同，各种各样的才能和活动方式可以相互利用，因为人能够把各种不同的产品汇集成一个共同的资源，每个人都可以从中购买所需要的东西。""宗教、家庭、国家、法、道德、科学、艺术等等，都不过是生产的一些特殊的方式，并且受生产的普遍规律的支配……正像社会本身生产作为人的人一样，人也生产社会”。在《德意志意识形态》中，马克思又使用了“全面生产”的概念，在说明个人的精神财富取决于他的现实关系的财富时，马克思指出：“仅仅因为这个缘故，各个单独的个人才能摆脱各种不同的民族局限和地域局限，而同整个世界的生产（也包括精神的生产）发生实际联系，并且可能有力量来利用全球的这种全面生产（人们所创造的一切）。”马克思还认为“物质生活的生产方式制约着整个社会生活、政治生活和精神生活的过程”。

马克思指出，资本主义“生产过程和价值增殖过程的结果，首先是资本和劳动的关系本身的、资本家和工人的关系本身的再生产和新生产。这种社会关系、生产关系，实际上是这个过程的比其物质结果更为重要的结果。”因此，“从整体上考察资本主义生产，就可以得出结论：作为这个过程的真正产品，应考察的不只是商品（尤其不只是商品的使用价值，即产品）；也不只是剩余价值；虽然剩余价值是结果，它表现为整个生产过程的目的并决定着这个过程的性质。不仅是生产一个东西——商品，即比原来预付的资本具有更大价值的商品，而且是生产资本和雇佣劳动；换言之，是再生产（劳动和资本之间的）关系，并使之永存。”

四、马克思、恩格斯关于整体文明的思想

马克思、恩格斯是从历史观的高度来说明人类文明的，从社会经济发展中说明社会的文化发展，通过以经济分析为基础的对社会结构和过程的全面分析，揭示文明产生和发展的奥秘。他们考察了文明时代的历史起源、主要特点、基本过程，阐明了文明发展的必然趋势。马克思、恩格斯的整体文明思想，以其科学性和彻底性而区别于从前时代的文明论观点，主要观点有：

其一，强调文明的实践性和社会性。实践是人们改造世界的客观物质活动，是文明得以创造的源泉。文明是社会的文明，不是属于单个人的。恩格斯明确指出，“文明是实践的事情，是一种社会品质”。马克思认为脱离社会关系是对文明的反动，他指出：“被斯密、李嘉图当作出发点的单个的孤立的猎人和渔夫，属于18世纪的缺乏想象力的虚构，这是鲁滨逊一类的故事，这类故事决不像文化史家想象的那样，不过表示对极度文明的反动和要回到被误解了的自然生活中去……实际上，这是对于16世纪以来就

做了准备、而在18世纪大踏步走向成熟的'市民社会'的预感。"马克思还说:"人是最名副其实的政治动物,不仅是一种合群的动物,而且是只有在社会中才能独立的动物。孤立的一个人在社会之外进行生产——这是罕见的事,在已经内在地具有社会力量的文明人偶然落到荒野时,可能会发生这种事——就像许多个人不在一起生活和彼此交谈竟有共同语言一样,是不可思议的。"

其二,揭示了文明发展的内在矛盾和动力。马克思在《贫困的哲学》中指出:"当文明一开始的时候,生产就开始建立在级别、等级和阶级的对抗上,最后建立在积累的劳动和直接的劳动的对抗上。没有对抗就没有进步。这是文明直至今天所遵循的规律。到目前为止,生产力就是由于这种阶级对抗的规律而发展起来的。"① 恩格斯指出,由于文明时代的基础是一个阶级对另一个阶级的剥削,所以它的全部发展都是在经常的矛盾中进行的。恩格斯还认为:"文明时代完成了古代氏族社会完全做不到的事情。但是它是用激起人们的最卑劣的冲动和情欲,并且以损害人其他一切禀赋为代价而使之变本加厉的办法来完成这些事情的。鄙俗的贪欲是文明时代从它存在的第一日起至今日的起推动作用的灵魂。财富,财富,第三还是财富,——不是社会的财富,而是这个微不足道的单个人的财富,这就是文明时代唯一的、具有决定意义的目的。"②

其三,全面把握整体文明的丰富内容。马克思和恩格斯揭示了整体文明内在要素之间的有机联系,"人们的观念、观点和概念,一句话,人们的意识,随着人们的生活条件、人们的社会关系、人们的社会存在的改变而改变"③。他们鲜明地肯定物质生产力在整体文明中的核心地位,称之为"文明的果实"。④ 但他们并没有局限于物质决定论的单一视野,而从多角度阐述了整体文明应当包括的更高层次的内容。马克思指出:"哲学已经获得了这样的意义:它是文明的活的灵魂,哲学已成为世界的哲学,而世界也成为哲学的世界。"⑤ "平均主义和大革命时代的巴贝夫派一样,都是一些相当'粗暴的人'。他们想把世界变成工人的公社,把文明中间一切精致的

① 《马克思恩格斯全集》第4卷,人民出版社1958年版,第104页。
② 《马克思恩格斯选集》第4卷,人民出版社1995年版,第177页。
③ 《马克思恩格斯选集》第1卷,人民出版社1995年版,第270页。
④ 《马克思恩格斯全集》第4卷,人民出版社1958年版,第152页。
⑤ 《马克思恩格斯全集》第1卷,人民出版社1956年版,第121-130页。

东西——科学、美术等等，都当作有害的危险的东西，当作贵重的奢侈品来消灭掉；这是一种偏见，是他们完全不懂历史和政治经济学的必然结果。”①

其四，从历史规律的高度探索文明冲突的后果。马克思指出：“相继侵入印度的阿拉伯人、土耳其人、鞑靼人和莫卧儿人，不久就被印度同化了，——野蛮的征服者，按照一条永恒的历史规律，本身被他们所征服的臣民的较高文明所征服。不列颠人是第一批文明程度高于印度因而不受印度文明影响的征服者。他们破坏了本地的公社，摧毁了本地的工业，夷平了本地社会中伟大和崇高的一切，从而毁灭了印度的文明。”② 这里明显对于整体文明相对稳定性做了高度的肯定。

其五，说明了资本主义文明的双重性。“资本的文明面之一是，它榨取剩余劳动的方式和条件同以前的奴隶制、农奴制等形式相比，都更有利于生产力的发展，有利于社会关系的发展，有利于更高级的新形态的各种要素的创造。”③ 但同时，马克思、恩格斯对于资本主义文明本身的内在矛盾做了深刻分析，对于资本主义文明异化的后果也进行了揭露。“当我们把自己的目光从资产阶级文明的故乡转向殖民地的时候，资产阶级文明的极端伪善和它的野蛮本性就赤裸裸地呈现在我们面前”，④ 资产阶级文明是“建立在劳动奴役制上的罪恶的文明”⑤。

其六，预示了新社会文明的基本特征。马克思、恩格斯预见未来社会是人的全面而自由发展的社会，“在那里，每个人的自由发展是一切人的自由发展的条件”⑥。马克思指出，在共产主义社会，社会化的人，联合起来的生产者，将合理地调节他们和自然之间的物质变换，把它置于他们的共同控制之下，而不让它作为盲目的力量来统治自己，靠消耗最小的力量，在最无愧于和最适合于他们的人类本性的条件下来进行这种物质变换。恩格斯在《反杜林论》中进一步指出，一旦社会占有了生产资料，商品生产就将被消除，而产品对生产者的统治也将随之消除。社会生产内部的无政府状态将为有计划的、自觉的组织所代替。生存斗争停止了。人们周围的、

① 《马克思恩格斯全集》第 1 卷，人民出版社 1956 年版，第 580 页。
② 《马克思恩格斯选集》第 1 卷，人民出版社 1995 年版，第 768 页。
③ 《马克思恩格斯全集》第 25 卷第 2 册，人民出版社 1974 年版，第 925-926 页。
④ 《马克思恩格斯选集》第 1 卷，人民出版社 1995 年版，第 772 页。
⑤ 《马克思恩格斯选集》第 3 卷，人民出版社 1995 年版，第 75 页。
⑥ 《马克思恩格斯选集》第 1 卷，人民出版社 1995 年版，第 273 页。

至今统治着人们的生活条件，现在却受到人们的支配和控制，人们第一次成为自然界的自觉的和真正的主人，因为他们已经成为自己的社会结合的主人了。人们自己的社会行动的规律，这些直到现在都如同异己的、统治着人们的自然规律一样而与人们相对立的规律，那里就将被人们熟练地运用起来，因而将服从他们的统治。人们自己的社会结合一直是作为自然界和历史强加于他们的东西而同他们相对立的，现在则变成他们自己的自由行动了。一直统治着历史的客观的异己的力量，现在处于人们自己的控制之下了。只是从这时起，人们才完全自觉地创造自己的历史；只是从这时起，由人们使之起作用的社会原因才在主要的方面和日益增长的程度上达到他们所预期的结果。这是人类从必然王国进入自由王国的飞跃。

五、人的全面发展理论

自晚期希腊开始，对人的生存意义和价值的理解主要有两种观点：一是幸福论的代表伊壁鸠鲁主张人生应当快乐和幸福，追求快乐和幸福是人生的最高目的，“每种快乐都是善”。他理解的快乐主要是精神上的，即“身体的无痛苦和灵魂的无纷扰”。禁欲主义的代表斯多葛主义反对追求幸福，认为命运决定一切。基督教神学认为，上帝是万物的创造者，人性是神性的分支；人类始有原罪，必须受苦受难以赎罪；人越是否定自己，就越是皈依上帝，越是否定现实生活，就越能获得来世的永恒幸福。

文艺复兴时期对人的重新发现。人文主义先驱彼德拉克不认为自己决不能认识上帝；薄伽丘指出，人的全部生活的目的就是幸福，幸福是发乎人性的崇高欲望；蒙田指出，最野蛮的是轻蔑自己，享乐是顺乎自然、合乎人性的事，因而理应是人生的最高目的！洛克、孟德斯鸠、伏尔泰等思想家全力主张和倡导人权。康德目的论哲学，强调世间万物中存在着一种复杂的目的结构，其中的诸多事物即是他事物的目的，又是另外的他事物的手段。然而在这个复杂的目的结构中，必有一个最后也是最高的目的，“人就是创造的最后目的”。因为没有人，一连串的一个从属一个的目的就没有其完全的根据①。

马克思主义人的发展理论对于人的发展的内涵、条件、前景做出了科

① ［德］康德：《判断力批判》下卷，商务印书馆1964年版，第100页。

学的说明。

1. 马克思主义的出发点：现实的个人

马克思主义认为，人类社会的物质财富和精神财富是由人民群众创造的，推动社会发展的决定性力量只能是人民群众。马克思和恩格斯说："历史活动是群众的事业，随着历史活动的深入，必将是群众队伍的扩大。"① "历史不过是追求着自己目的的人的活动而已。" 唯物史观揭开了宗教神学和唯心史观披在人类社会历史上的神秘的、唯心主义的面纱，认为社会生活在本质上是实践的，人类社会是在人们的实践活动中形成和发展的。马克思、恩格斯指出："以一定的方式进行生产活动的一定的个人，发生一定的社会关系和政治关系。经验的观察在任何情况下都应当根据经验来揭示社会结构和政治结构同生产的联系，而不应当带有任何神秘和思辨的色彩。社会结构和国家经常是从一定个人的生活过程中产生的。"② 社会是什么？马克思认为："社会……是人们交互作用的产物。人们能否自由选择某一社会形式呢？决不能，在人们的生产力发展的一定状况下，就会有一定的交换（Commerce）和消费形式。在生产、交换和消费发展的一定阶段上，就会有一定的社会制度、一定的家庭、等级或阶级组织，一句话，就会有一定的市民社会。有一定的市民社会，就会有不过是市民社会的正式表现的一定的政治国家。"③ 历史是什么？马克思、恩格斯认为，"历史什么事情也没有做，它'并不拥有任何无穷尽的丰富性'，它并'没有在任何战斗中作战'！创造这一切、拥有这一切并为这一切而斗争的，不是'历史'，而正是人，现实的、活生生的人。'历史'并不是把人当做达到自己目的的工具来利用的某种特殊的人格。历史不过是追求着自己目的的人的活动而已"④。因此，马克思、恩格斯主张，通过对人类所从事的实践活动、劳动的分析去揭示人类社会历史发展的奥秘。

马克思、恩格斯强烈地批判了资本主义社会中人生存和发展的悲惨处境与非人道的境地，希望建立一个以每个人的自由、平等和全面发展为基本原则的新社会，最早在《共产党宣言》中就提出了未来社会就是每个人的自由发展的社会的结论。在《德意志意识形态》中指出：共产主义社会

---

① 《马克思恩格斯全集》第2卷，人民出版社1995年版，第104页。

② 《马克思恩格斯全集》第3卷，人民出版社2002年版，第28-29页。

③ 《马克思恩格斯全集》第27卷，人民出版社2011年版，第477页。

④ 《马克思恩格斯全集》第2卷，人民出版社2005年版，第118-119页。

是人类历史上唯一的“以每个人的全面而自由的发展为基本原则的社会形式”。马克思指出“在资本主义制度内部，一切提高社会劳动生产力的方法都靠牺牲工人个人来实现；一切发展生产的手段都转变为统治和剥削生产者的手段，都使工人畸形发展，成为局部的人，把工人贬低为机器的附属品，使工人受劳动的折磨，从而使劳动失去内容，并且随着科学作为独立的力量被并入劳动过程而使劳动过程的智力与工人相异化；这些手段使工人的劳动条件变得恶劣，使工人在劳动过程中屈服于最卑鄙的可恶的专制，把工人的生活时间转化为劳动时间，并且把工人的妻子儿女都抛到资本的札格纳特车轮下。”

在马克思主义哲学诞生之前，人本思潮并不乏见，费尔巴哈就是一个著名的人本主义者。费尔巴哈重视人，把人和自然视为哲学的最高对象，但是他不理解自然，不理解人，更不理解人和自然的真实关系。他用生物学的自然主义眼光来看人，和 18 世纪旧唯物主义者一样，局限于对自然界的直观而缺乏能动的原则，把人仅看成是自然界长期发展的产物，不理解人的实践和感性活动在自然和人的生成中的本体地位。马克思批评费尔巴哈说：“诚然，费尔巴哈比‘纯粹的’唯物主义者有很大的优点：他承认人也是‘感性对象’。但是，他把人只看做是‘感性对象’，而不是‘感性活动’，因为他在这里也仍然停留在理论的领域内，没有从人们现有的社会联系，从那些使人们成为现在这种样子的周围生活条件来观察人们——这一点且不说，他还从来没有看到现实存在着的、活动的人，而是停留于抽象的‘人’，并且仅仅限于在感情范围内承认‘现实的、单个的、肉体的人’，也就是说，除了爱与友情，而且是观念化了的爱与友情之外，他不知道‘人与人之间’还有什么其他的‘人的关系’。他没有批判现在的爱的关系。可见，他从来没有把感性世界理解为构成这一世界的个人的全部活生生的感性活动”。可见，被费尔巴哈当作出发点的人，仅是一种具有抽象的理性和欲望而又为宗教感情所笼罩的人，这种人一被放进历史，他的局限性就立刻暴露出来了。正如恩格斯所指出的：“在他那里，自然界和人都只是空话。无论关于现实的自然界或关于现实的人，他都不能对我们说出任何确定的东西。”要克服费尔巴哈直观唯物主义的局限性，就必须把能动的原则归之于物质的自然界和人，这在历史领域中体现为人的实践，即人的感性的物质活动。

人的全面发展是马克思、恩格斯创立科学社会主义学说的基本出发点。

在马克思看来，共产主义是以每个人的全面而自由的发展为基本原则的社会形式。在《共产党宣言》中，马克思、恩格斯充满信心地预言：只有在未来的共产主义社会里，人的全面发展才会在真正的意义上实现，“根据共产主义的原则组织起来的社会，将使自己的成员能够全面地发挥他们各方面的才能”，“代替那存在着阶级和阶级对立的资产阶级旧社会的，将是这样一个联合体，在那里，每个人的自由发展是一切人自由发展的条件”①。在《资本论》及《1857～1858 年经济学手稿》中，马克思更加科学地阐述了人的全面发展是共产主义的一个重要特征和主要内容，而且把能否实现人的全面发展作为衡量资本主义社会与共产主义社会的重要标准。这些论述表明，马克思主义经典作家明确把人的全面发展作为未来社会的重要特征和价值目标。

马克思认为，在未来社会，每个人的全面发展是人类力量发展的真正源泉，社会生产力的发展表现为个人生产力的发展。随着生产力的发展，科学技术在社会生产中的作用越来越大，机器体系的使用和生产的自动化，使生产越来越不依赖于原先严格意义上的劳动，劳动者日益从直接的生产过程中“分离”出来，而以生产过程的监督者和调节者的身份同生产过程发生关系。“这里已经不再是工人把改变了形态的自然物作为中间环节放在自己和对象之间，而是工人把由他改变为工业过程的自然过程作为媒介放在自己和被他支配的无机自然界之间。工人不再是生产过程的当事者，而是站在生产过程的旁边。”而“在这个转变中，表现为生产和财富的宏大基石的，既不是人本身完成的直接劳动，也不是人从事劳动的时间，而是对人本身的一般生产力的占有，是人对自然界的了解和通过人作为社会体的存在来对自然界的统治，总之，是社会个人的发展”。“节约劳动时间等于增加自由时间，即增加使个人得到充分发展的时间，而个人的充分发展又作为最大的生产力反作用于劳动生产力。”“真正的财富就是所有个人的发达的生产力”。这样，“在随着个人的全面发展，他们的生产力也增长起来，而集体财富的一切源泉都充分涌流之后，——只有在那个时候，才能完全超出资产阶级权利的狭隘眼界，社会才能在自己的旗帜上写上：各尽所能，按需分配！”

人不仅是经济社会发展的活动主体，也是经济社会发展的价值主体。

---

① 《马克思恩格斯选集》第 1 卷，人民出版社 1995 年版，第 294 页。

以人为本，就是说发展要以人为本位，不仅以最广大人民群众为发展的主体和发展的真正动力，而且把不断满足人民群众日益增长的物质文化需要作为经济社会发展的根本出发点和落脚点。以人的稀缺利益为现实取向，以人的全面发展为价值取向，来调动各方面的积极性。

2. 人的全面发展的含义

人的需要的全面发展。“培养社会的人的一切属性，并且把他作为具有尽可能丰富的属性和联系的人，因而具有尽可能广泛需要的人生产出来——把他作为尽可能完整的和全面的社会产品生产出来”。马克思主义承认需要的层次性，分析了人的生存、发展、享受需要的共时存在。

自由自觉的劳动是人的类特性，人的全面发展首先就是人的劳动活动的全面发展。《1844 年经济学哲学手稿》中指出：自由自觉的劳动是人的类特性，是人区别于动物的本质性活动；正是在劳动中人的类存在才得以体现，人的本质才得以反映，人才成其为人。物质生产力是马克思主义政治经济学的一个重要概念，是人的劳动本质发挥和体现的必然结果。

能力的发展。正如马克思、恩格斯所说的“每一个人都无可争辩地有权全面发展自己的才能”，“任何人的职责、使命、任务就是全面地发展自己的一切能力”。马克思指出：“全面发展的个人——他们的社会关系作为他们自己的共同的关系，也是服从于他们自己的共同的控制的——不是自然的产物，而是历史的产物。”要使这种个性成为可能，能力的发展就要达到一定的程度和全面性，这正是以建立在交换价值基础上的生产力为前提的，这种生产才在产生出个人同自己和别人的普遍异化的同时，也产生出个人关系和个人能力的普遍性和全面性。马克思在《1844 年经济学哲学手稿》和《资本论》中提出，在资本主义以后未来的社会中，最理想的原则是每个人的能力能自由平等全面地发展，“每个人的自由发展是一切人的自由发展的条件”。“任何人的职责、使命、任务就是全面地发展自己的一切能力”，“共产主义所向往的是把个人的全面发展的理想和职责等等变成现实”。

人的本质在现实性上是一切社会关系的总和，人的全面发展就是人的社会关系的全面发展。马克思、恩格斯曾指出：“一个人的发展取决于和他直接或间接进行交往的其他一切人的发展；彼此发生关系的个人的世世代代是相互联系的，后代的肉体的存在是由他们的前代决定的，后代继承着前代积累起来的生产力和交往形式，这就决定了这一代的相互关系。总之，我们可以看到，发展不断地进行着，单个人的历史决不能脱离他以前或同时代的个人历史，而是由这种历史决定的”。“社会关系实际上决定着一个人能够发展到什么程度”①。马克思在《1857~1858年经济学手稿》中集中地指出：“个人的全面性不是想象的或设想的全面性，而是他的现实关系和观念关系的全面性。由此而来的是把他自己的历史作为过程来理解，把对自然界的认识（这也表现为支配自然界的实际力量）当作对他自己的现实体的认识。发展过程本身就当作是并且被意识到是个人的前提。”

人的自由发展。马克思在《1844年经济学哲学手稿》中说：共产主义使人“以一种全面的方式，也就是说，作为一个完整的人，占有自己的全面的本质”。《共产党宣言》作为“共产主义者同盟”的纲领性文件和科学社会主义学说问世的宣言书，明确指出：未来共产主义社会的最本质的特征，正是人的自由全面发展，“代替那存在着阶级和阶级对立的资产阶级旧社会的，将是这样一个联合体，在那里，每个人的自由发展是一切人的自由发展的条件”。马克思和恩格斯在《德意志意识形态》中，不仅肯定地认为私有制是异化的根源，而且进一步揭示产生异化的原因是强制性的、固定性的分工（为求生存的无奈）。因此，废除私有制，发展生产力，消灭这种强制性的、固定性的旧式分工，就是克服异化、走向“每个人的自由发展”的必由之路。其中用形象的语言生动地描述了共产主义社会“每个人的自由发展”的情景：“在共产主义社会里，任何人都没有特殊的活动范围，而是都可以在任何部门内发展，社会调节整个生产，因而使我有可能随自己的兴趣今天干这事，明天干那事，上午打猎，下午捕鱼，傍晚从事畜牧，晚饭后从事批判，这样就不会使我老是一个猎人、渔夫、牧人或批判者。”马克思还指出：“一旦直接形式的劳动不再是财富的巨大源泉，劳动时间就不再是，而且必然不再是财富的尺度，因而交换价值也不再是使用价值的尺度。群众的剩余劳动不再是发展一般财富的条件，同样，少数人的非劳动不再是发展人类头脑的一般能力的条件。于是，以交换价值为基础的生产便会崩溃，直接的物质生产过程本身也就摆脱了贫困和对抗性的形式。个性得到自由发展，因此，并不是为了获得剩余劳动而缩减必要劳动时间，而是直接把社会必要劳动缩减到最低限度，那时，与此相适应，由于给所有的人腾出了时间和创造了手段，个人会在艺术、科学等方面得

① 《马克思恩格斯全集》第3卷，人民出版社1995年版，第295页。

到发展。”

社会整体的自由。马克思认为，“一切民族，不管他们所处的历史环境如何，都注定要走这条道路，——以便最后都达到在保证社会劳动生产力极高度发展的同时又保证人类最全面的发展这样一种经济形态”[①]。马克思曾经做过这样的论述：“这个领域内的自由只能是：社会化的人，联合起来的生产者，将合理地调节他们和自然之间的物质变换，把它置于他们的共同控制之下，而不让它作为一种盲目的力量来统治自己；靠消耗最小的力量，在最无愧于和最适合于他们的人类本性的条件下来进行这种物质变换。”[②] 马克思在《资本论》中说：“从资本主义生产方式产生的资本主义占有方式，从而资本主义的私有制，是对个人的、以自己劳动为基础的私有制的第一个否定。但资本主义生产由于自然过程的必然性，造成了对自身的否定。这是否定的否定。这种否定不是重新建立私有制，而是在资本主义时代的成就的基础上，也就是说，在协作和对土地及靠劳动本身生产的生产资料的共同占有的基础上，重新建立个人所有制。”[③] 在《社会主义从空想到科学的发展》中恩格斯进一步指出，在共产主义社会，“人终于成为自己的社会结合的主人，从而也就成为自然界的主人，成为自身的主人——自由的人”。“人在一定意义上才最终地脱离了动物界，从动物的生存条件进入真正人的生存条件。”“人们才完全自觉地自己创造自己的历史”。

3. 人的全面发展的条件性和历史性

唯物史观和科学社会主义理论认为，社会主义为人的全面发展提供了历史前提和必要条件，只有在共产主义社会里，人的全面发展才能在社会历史的充分必要条件下得到真正的实现。马克思、恩格斯当年在设想未来的共产主义社会时，曾经深刻地预见，在共产主义社会里，由于旧式分工的消灭，由于城乡之间、工农之间、脑力劳动和体力劳动之间本质差别的消灭，由于生产力的高度发展和人的综合素质的全面提高，因而在那种社会里，人将得到自由的、全面的发展，而不再局限于某种固定的社会分工。

人的全面发展的条件性和历史性。人的发展就其实质而言就是社会关

---

① 《马克思恩格斯全集》第1版第19卷，人民出版社1965年版，第130页。

② 《资本论》第3卷，人民出版社2004年版，第928-929页。

③ 《资本论》第1卷，人民出版社2004年版，第874页。

系的发展，“社会关系实际上决定着一个人能够发展到什么程度”。人就是人的世界，就是国家，社会。而“社会本身，即处于社会关系中的人本身”。“人同自身的任何关系只有通过他同他人的关系，才成为对他来说是对象性的、现实的关系。”“不管个人在主观上怎样超越各种关系，他在社会意义上总是这些关系的产物”，即社会关系的人格化。

英格尔斯在《人的现代化》一书中，归纳出了一个现代人的12个特征：①乐于接受新的生活经验、新的思想观念和新的行为方式；②接受社会的改革和变化；③思路广阔，头脑开放，尊重并愿意考虑各方面的不同意见、看法；④注重现在与未来，守时惜时；⑤强烈的个人效能感，对人和社会的能力充满信心，办事讲求效率；⑥重视有计划的生活和工作；⑦尊重知识；⑧可依赖性和信任感；⑨重视专门技术；⑩对教育的内容和传统智慧敢于提出挑战；⑪相互了解、尊重和自尊；⑫了解生产和过程。从这里可以看出，社会发展从来不是单一因素的作用，而必须是综合因素的共同结合和相互促进。今天，必须更加重视和遵循马克思主义关于人的发展的客观规律，不断实现人的现实利益和长远利益，使人们在发展中共同参与、共同享有、共同提高。

第二章 发展的核心理念

我们的时代需要什么样的核心理念，这既关涉社会历史主体的合理价值取向，也直接针对社会发展最急需的问题解决模式。马克思主义的发展辩证法从根本上讲是实践辩证法。实践是人类社会的本质属性，是人类认识外部世界和自身的固有方式。同时，实践又是人类价值的根本体现。对于正在大力推动全面建成小康社会、实现中华民族伟大复兴进程的当代中国而言，实践本位是我们应当遵循的有助于社会发展和社会和谐的核心理念。

第一节 实践本位的含义

从样式和内容来说，人类实践的表现是多种多样的，但从抽象意义上讲，实践是指人与自然、人与社会之间的能动性活动。实践本位，简单地说就是把实践作为检验人类社会生产生活价值的根本标准，作为人类社会生产生活的中心内容。

一、实践本位强调充分调动人的积极性

实践是人的实践，重视实践的内在含义就是尊重人、关心人。在社会生产力许可的范围内，人的能力有高下之分，人对社会的贡献有多少之别，但每个人都是社会成员之一，其应有的利益都应该得到充分体现，只有大多数社会成员的积极性得到了调动和激励，社会实践才能获得最大的社会福利。因此，首先一定要鼓励和支持社会主义现代化建设中的各种创业活动，塑造与社会主义初级阶段基本经济制度相适应的思想观念和创业机制，在效率优先兼顾公平的基础上放手鼓励人们争先创富，营造出鼓励人们干事业、支持人们干成事业的社会氛围，特别是要注意早日在一些具体管理环节上真正营造出这种氛围来，下狠心消除一切阻碍人们创业的人为的不合理的桎梏。同时也要求社会具有一种强者（社会精英）和弱者之间应有的平衡机制，在保护强者利益的同时，要对弱者利益的保护做出适当的社会安排。否则，社会实践就可能脱离最大多数人的支持，甚至走向失衡。

二、实践本位突出人的主动性活动

自然与社会作为客观存在，会有自然而然演变的趋势，但也不可避免地会打上人的烙印，通过人的实践而不断改变着面貌。人作为主体性存在，也要不停地以自身的主动性活动参与历史的进程。作为社会成员的一名，不能坐等照顾和享受，而要积极主动地发挥自身的能力。社会成员的能力再强，如果采取消极的态度而无所作为，也难以对社会实践产生影响。当然，一方面，人的主动性活动是在客观条件、客观规律的基础上进行的；另一方面，人的主动性活动也是人自身的素质能力的发挥。社会发展始终以人的主动性活动为基础，如果社会机制能够充分调动社会成员的积极性，就能将社会发展的可能性边界尽力扩张到最大。在某种意义上，人的主动性活动本身也是社会实践不可忽视的重要目的，社会发展目标不光是物质或精神上的指标，也是人的主动参与程度，包括人的实践能力和创新能力的自主发挥。突出人的主动性活动的社会发展，是一种更高层次上的社会发展。

三、实践本位强调实践的深度

社会实践不是静止不变的，而应该是不断推进的，在实践技能上始终精益求精，从而使得对于客观事物的认识、利用和改造越来越符合实际状况，这是实践本身的重要发展规律。这表明，实践是一项注重效率的活动。以实践为本位，就是不断提高社会成员的实践技能，使社会生产力水平越来越高，社会生产关系越来越和谐。相应地，就要致力于改革影响实践活动深入的社会环节，营造一个良好的实践活动环境。从历史上看，实践的范围、手段总是随着人们活动的深入而不断改进，人类利用自然界和社会的方法总是在改良，社会发展水平越高，实践作用的方式越健全。中国特色社会主义的建设是一项人类历史上前所未有的伟大事业，要解决的深层次问题很多，单单依靠过去的一些简单实践经验是不行的，必须大力鼓励各种社会实践活动走向深入，想方设法追求社会发展的质量和效率。

四、实践本位强调实践的广度

人类社会和自然界既具有有限性又具有无限性，正是这种有限性与无限性辩证结合的特性，允许社会实践不断扩张最大可能性边界，也使人类发现、了解和应用更多的新事物。因而，以实践为本位，就要求我们不能束缚自己的眼界和手脚，要敢于创新，敢于突破，通过实践不断获取更多的新成果。实践没有止境，人类的需求不断提升，这是社会成员源源不断的动力所系。实践的广度越能在现实条件下得到扩张，说明社会发展的程度越高，社会实践的主体也得益越多。既充分承认和利用现实，又不断超越现实，找到解决问题的新思路、新办法、新资源，这是以实践为本位的人们的正确选择。如果安于现状，回避问题，消极等待，无所作为，则永远处于令人担忧、令己难受的境地，连改变的可能性都不会有。

第二节
实践本位的意义

实践本位的意义何在？为什么要在当代中国推行实践本位的核心理念？主要体现为以下五个方面：

一、有助于当代中国现实国情充分发挥

我国依然处于社会主义初级阶段，生产力总体水平不高，全面建设小康社会的任务还很繁重。与此同时，经过几十年的社会主义现代化建设，我国在经济、政治、文化、社会等各方面的成就也是明显的，打下的基础也是相当坚实的。现有的成就有目共睹，现状的缺陷也同样明显，不可忽视而且越来越引人注目的是，经济社会发展还面临着各种各样深层次的问题和矛盾，主要表现为：在经济增长方式方面，增长速度还是主要依靠消耗资源和国家投资来支撑，很多地方甚至不惜破坏资源和污染环境；在经济结构方面，盲目开发、过度开发、重复建设比比皆是，城乡、区域、产业、行业、阶层之间的差距有所扩大，存在不合理乃至失衡的环节。可以断定，社会实践依然受到一些外生的约束，要想继续将渐进式改革顺利引向未来，必须继续拿出切实可行的办法促使实践功能进一步发挥。为此，我们一定要利用已有的条件，瞄准既定目标，坚定不移地推进中国特色社会主义建设的伟大实践。

二、有助于人的主体性最大限度的发扬

人本身就是社会实践的内在有机要素之一，不仅是社会实践依托的主体力量，也是社会实践指向的目的。实践本位必然将人的主体性摆上重要位置。人们可能从事着十分不同的社会实践，但只要社会实践真正到位了，

就在其中融入了最大多数社会成员的主体积极性。反之，如果忽视了社会实践应有的作用，就会使人的作用边缘化，甚至使人本身受到不必要的忽视乃至歧视。实践本位以最广大人民群众为发展的主体和发展的真正动力，把不断满足人民群众日益增长的物质文化需要作为经济社会发展的根本出发点和落脚点。以人的稀缺利益为现实取向，以人的全面发展为价值取向，来调动各方面的积极性。在新的历史条件下要更多地突出尊重人、关心人，致力于遵循人的发展的客观规律，调动人的主体积极性，把最广大人民群众的利益实现好、维护好、发展好，把权为民所用、利为民所谋、情为民所系落到实处。

三、有助于社会的顺利发展

以实践为本位，就是通过社会实践来提高社会生产效率，改善社会成员的生活质量。在社会实践过程中，还能直接或间接地消除各种障碍，为社会发展铺平道路。在实践本位的核心理念中，实践被提到前所未有的中心位置，从而有力地改变社会的面貌，使广大社会成员能够以自己的实践来分享社会发展的成果，也为社会进一步持续发展奠定了更好的基础。任何地方、任何时候、任何部门、任何人，都要真正把发展作为第一要务，为发展创造更加宽松、更加富有活力、更加充满动力的环境和氛围，坚决清除阻碍发展的一切观念和做法，绝不能做发展的挡路石。当然中国特色社会主义的发展不能走其他国家已经走过的老路，而是要最大限度利用后发优势，选择科学的发展道路和发展方式，注重发展的质量和效益，在21世纪赋予我们的难得历史机遇面前真正有所作为，实现适度的跨越式发展。

四、有助于社会和谐的维护

充分重视发挥实践的作用，强调实践本位，必然要求社会成员各自以自身的能力参与社会实践，各安其事，大家便能各安本分，避免和解决社会摩擦和矛盾，社会动荡的可能性也大大降低。社会实践还包含着效率与公平的内在统一，因而在社会实践中社会成员各享其成，承认现有的社会框架和社会秩序。和谐本身是一种有序状态，和谐社会必然是运行有序的社会。社会运行有序，就是在社会生活的方方面面都有章可循，出现偏差时社会纠偏机制能够及时发挥作用。由于我国政治、经济、文化、社会领域等各种条件的约束和主观上的问题，作为社会主义题中应有之义的平等、民主、自由等的实现程度在当前总体上还不高，社会有序运行所需的法律、体制、机制、秩序、规范、组织、管理等还有不少问题，因而我们面对着大量严重的权利侵害现象、党群干群以及不同社会阶层之间存在着不同程度的关系紧张现象、刑事犯罪案件发生率上升现象等。社会安定有序在当前成为人们普遍的渴望和需求。我们要构建社会主义和谐社会，必须在党的领导下，通过发展经济、协调关系、化解矛盾，逐步解决好经济社会发展中的这些负面影响，达到社会环境的安定和社会运行的有序。

五、有助于实际精神的培育

社会需要一种健康、正面的主导文化精神，需要一种影响至于日常生活层面的国民精神。价值追求是人的基本需求之一，人不仅具有物质的、享受的欲望，而且具有精神的、意义的需要，在某种意义上甚至可以说精神的、意义的需要是人的特质所在。是否具有正确的价值追求，体现着一个人、一个社会的精神风貌，也直接决定着社会总体积极性的发挥。改革开放以来，在经济快速增长的同时，信仰缺失的问题也比较突出。这一方面是由于中国的现实国情和文化传统所决定的，但一个重要的原因则是人们在价值追求上缺乏明确的科学的定位，造成了很多人信仰不坚定或者没有信仰，社会心理中缺乏积极的、向上的、刚强的、创新的气质。就当代中国而言，由于过去曾长期受封建文化的深层影响，以及改革开放以后西方文化的猛烈冲击，使得我们的文化还残存着一些不良影响。20 世纪 70 年代末始，一场实践是检验真理的唯一标准问题的大讨论，再加上随之开始的以社会主义市场经济为取向的改革，在某种程度上针对这些不良影响，肯定了实践本位，从而为我们的国民精神注入了一种实际精神，使科学和理性精神得到了弘扬。社会实践是一种现实的价值取向，应该通过教育和引导使之深入人们的头脑和行为中去。

第三节 实践本位的推行

立足于当代中国社会转型面临的现状，应该始终坚持以人民为中心，在中国特色社会主义新实践中全面推行实践本位的核心理念。

一、重视人的积极性

实践本位把人摆在应有的重要位置，给予并维护人的各种权利，使人们真正成为社会主义社会生活中的主人。营造人们从事各项社会实践的良好氛围，把按劳分配和按生产要素分配结合起来。无论是个体还是群体都各尽所能，让创造社会财富的源泉充分涌流。习近平同志坚持以人民为中心的发展思想，这是对为人民服务宗旨的恢复、坚持和丰富，使党、国家和社会治理目标的指向更加科学具体。市场经济鼓励人们的创造性活动。只有不断地鼓励人们创造出新产品、新工艺、新方法、新制度，社会生产力才能大踏步提高，才能极大地促进物质文明、政治文明、精神文明、民生文明、生态文明建设，激发各行各业人们的创造活力，坚决破除各种障碍，使一切有利于社会进步的创造愿望得到尊重、创造活动得到支持、创造才能得到发挥、创造成果得到肯定。我们一定要鼓励和支持海内外各类人员在我国社会主义现代化建设中的创造活动，形成与社会主义初级阶段基本经济制度相适应的思想观念和创业机制，在效率优先兼顾公平的基础上鼓励一部分先富起来，营造出鼓励人们干事业、支持人们干成事业的社会氛围。放手让一切劳动、知识、技术、管理和资本的活力竞相迸发，让一切创造社会财富的源泉充分涌流，以造福于人民。

二、在社会主义文化建设中体现实践本位

社会主义文化的先进性，在于它站在历史潮流的前头，也在于它符合当代中国实际。它的内容十分丰富，包括思想道德建设和科学文化建设等。其中塑造国民精神是社会主义先进文化建设中一个容易为人所忽视的内容。经过多年的实践，我们已经认识到，搞社会主义必须实事求是，一切从实际出发，所以在国民精神中注入实际精神是十分必要的。社会成员一般通过社会化的途径，接受某种思想理论信仰，做出社会行为。没有科学的思想理论指导，就会失去主心骨，不可避免地出现一盘散沙甚至四分五裂的局面。在中国特色社会主义条件下，必须牢牢坚持马克思主义在社会主义意识形态领域的指导地位，全面落实用邓小平理论和“三个代表”重要思想武装全党、教育人民的战略任务，巩固全党全国人民的共同思想基础，坚决维护社会基本文化导向。消除腐朽思想观念的影响，反对、抵制和打击对立的文化价值观和文化渗透行为，防范社会基本文化倾向被侵蚀。

三、在社会主义经济建设中体现实践本位

根据唯物史观，经济是社会存在和运行的基础。通过经济的迅速发展，不断增加劳动资料、劳动对象和劳动成果的品种、规格，提高其质量，扩大其应用范围，才能使人们拥有更多的生存资料、享受资料和发展资料。中国特色社会主义经济建设始终以发展生产力为中心，致力于解决人民群众不断增长的物质文化生活需求与落后的社会生产之间的矛盾，使国民经济健康、协调、快速发展。多年的经验表明，经济建设必须要符合中国特色社会主义的实践要求，积极探索符合实际的国民经济建设路子。始终以经济发展为中心，不仅是国家战略和政党执政层面的宏观要求，更是各级领导干部实际工作层面的具体要求。广大党员干部应该时时注意从党和国家工作的大局出发，既要有经济发展的信心和决心，也要有系统可行的思路和办法，千方百计提高领导经济工作的本领。既要避免大起大落，也要适时提出和有效贯彻相应的方针措施。坚持原则性与灵活性相结合，调动各方面积极性，使经济发展每隔一段时间能够呈现出新的面貌，跃上新的台阶，使广大人民群众在经济发展中获得看得见的实实在在的利益。

四、在社会主义政治建设中体现实践本位

中国特色社会主义政治建设既要从总结几十年来的实践出发，坚持发扬自己的特色，坚持一些经过实践检验的有效政治制度，也要从全面建设小康社会的新的实践出发，适时适度推进政治体制改革，大力建设社会主义政治文明。广大人民群众则要积极投身政治建设实践，为建立一个现代化的公民社会而贡献各自的力量。我们看到，诸多社会问题产生或长期得不到解决，最终根源还是在于制度。加强制度建设，不断完善经济社会治理的各项制度，对于创造安定团结的社会秩序是根本性的。建设社会主义政治文明，实现社会主义民主政治的制度化、规范化和程序化，实现广大人民当家做主、参政议政，是中国特色社会主义的本质要求。我们要坚定不移地实施在社会主义建设实践中发挥作用的一些成型的政治制度，如人民代表大会制度、中国共产党领导的多党合作和政治协商制度、民族区域自治制度等；又要大胆、适时、适宜地推进政治制度的改革创新，如试点推行党代表大会常任制度等。坚持和完善基层民主管理制度，扩大公民有序的政治参与、政治表达机制。建构社会预警、应急、处置、善后的整体体系，正确处理新时期的社会矛盾。

五、在中国特色社会主义社会建设中体现实践本位

随着经济的迅速发展，社会建设的作用越来越突出。只有通过建立有效的社会建设和管理体制，才能推动社会整合，保障社会安全，促进社会稳定，推动社会发展进步。我们要根据实践的需要，积极发展社会保障事业，使每一个社会成员都能享受到必要的社会福利。加强以失业、养老和医疗保险为重点的社会保障体系建设，逐步扩大社会保障覆盖面，提高社会保障程度。深入研究社会管理规律，完善社会管理体系和政策法规，整合社会管理资源，建立健全党委领导、政府负责、社会协同、公众参与的社会管理格局。更新管理理念，创新管理方式，拓宽服务领域，发挥基层党组织和共产党员服务群众、凝聚人心的作用，发挥城乡基层自治组织协调利益、化解矛盾、排忧解难的作用，发挥社团、行业组织和社会中介组织提供服务、反映诉求、规范行为的作用，打造社会管理和社会服务的合力。

六、在中国特色社会主义生态建设中体现实践本位

经济社会发展过程中面临的一些生态难题，需要着力从根本上加以解决。生态与经济社会发展的关系是辩证的，不是简单对立的关系，生态上的投入不仅是社会成本的必要组成部分，而且能在与其他社会要素的结合中产生更大的效用。生态恢复和保护不能迟疑，必须落实到社会观念教育和改进中，必须转化为社会成员的日常行为，必须体现于社会制度的要求之中。把生态“红线”、生态标准作为社会评价的重要标准，严格奖惩、精细负责、追究到底，才能从根本上改变生态与发展相悖的矛盾。

七、在中国特色社会主义新的实践中体现实践本位

中国特色社会主义事业是一项长期的事业，需要在实践中不断推进。在建设中国特色社会主义实践过程中，无论是实践的方式、内容，还是实践的步骤、策略，都需要根据客观实际条件的变化而勇于创新。中国共产党人必须与时俱进，不断地推进理论、体制、科技等各方面的创新。只有进行理论创新，才能真正做到解放思想、实事求是，不至于因循守旧而在稍纵即逝的机遇面前一脸茫然。只有进行体制创新，才能建立完善公平、规范、适宜的市场竞争秩序，提高改革开放的水平。只有进行科技创新，才能利用全球化和新科技革命的机遇，顺利实现跨越式发展。我们要正确分析国情，尊重客观的经济规律，根据生产力发展的新情况、新要求、新趋势，抓紧解决经济发展中具有全局意义和长远意义的重大战略问题，不断促进生产力结构的改善和生产力水平的提高。顺应历史潮流，反映时代精神，塑造良好的国民精神结构，形成健康向上的社会氛围，汇成强大的向心力和凝聚力，使党和国家的事业不断适应国情与时代、形势与任务的要求而向前发展，始终兴旺发达。

第三章
资本的逻辑

马克思在《资本论》中对自己所处时代的客体利益关系和主体利益关系都做了科学详尽的说明。经济范畴从剩余价值到平均利润、商业利润、利息和地租的演化，反映了资本主义经济利益关系从较为单纯的产业资本家利益关系到与产业工人、商业店员以及银行雇员和农业工人的经济利益关系的发展，为我们展示了一幅不断展开的无产阶级与资产阶级及资产阶级内部之间经济利益对立斗争的历史画卷。《资本论》中关于资本主义利益关系的分析，揭示了资本主义利益关系的主要特征、具体表现和发展趋势。如果说从自然经济成长为市场经济是自然而然的事情，曾经实行计划经济的国家还要选择走市场经济的道路，则一定不是偶然的。马克思虽然没有专门集中阐述过市场经济的概念及市场经济中的利益关系，但《资本论》其实主要反映了他对资本主义市场经济条件下利益关系的看法。这些看法带有 19 世纪中后叶的时代特点，但对于我们今天分析资本主义市场经济和社会主义市场经济条件下的利益关系状况、促进社会主义市场经济的理性发展和完善仍有重大意义。

第一节
《资本论》关于资本主义利益关系的分析方法

研究方法在一定程度上影响着研究取向、研究思路和研究结论。理解《资本论》中马克思对于资本主义利益关系分析的基本脉络、主要内容和重大意义，首先要深入把握《资本论》关于资本主义利益关系的分析方法，并从中全面把握《资本论》的理论逻辑。

一、《资本论》对资本主义利益关系的分析以“利益人”思想为前提

在1867年汉堡版《资本论》第1卷序言中，马克思特别“说明”：“这里涉及的人，只是经济范畴的人格化，是一定的阶级关系和利益的承担者。”对“利益人”的阐明是研究“资本主义生产方式以及和它相适应的生产关系和交换关系”的一个重要方面、一个重要的方法论，贯穿《资本论》全书。这从马克思主义最初形成过程中的一些重要著作如《1844年经济学哲学手稿》、《共产党宣言》等中也可以看出来。同古典经济学家相比，马克思特别注重从人与人之间的关系求证利益人的社会本质，进而自觉意识到资本主义生产关系的历史暂时性，这一点为研究者认同且不时述及，也不能不说是抓住了关键。《资本论》中交织有阶级分析和利益分析两种方法，阶级人首先是利益人，阶级分析要通过利益分析来划定人们社会关系中的群体和个体地位。当然，利益人认可与追求的利益不单属于阶级利益，利益矛盾也不能完全归结为阶级矛盾。利益人既作为阶级成员参与生产关系的调整和革命，又作为社会成员推动生产力发展、社会稳定与凝聚，甚至在无阶级社会利益人也起到后一方面的作用。

二、《资本论》对资本主义利益关系的分析是从商品开始的

商品是在资本主义生产方式中占统治地位的社会财富的元素形式。马克思从对商品的剥离出发一步一步完成了对资本主义利益关系的研究，“在商品中，特别是在作为资本产品的商品中，已经包含了作为整个资本主义生产方式的特征的生产的社会规定的物化和生产的物质基础的主体化”。他十分强调这种方法的重要性，“分析经济形式，既不能用显微镜，也不能用化学试剂。二者都必须用抽象力来代替。而对资产阶级社会来说，劳动产品的商品形式，或者商品价值形式，就是经济的细胞形式。在浅薄的人看来，分析这种形式好像是斤斤于一些琐事。这的确是琐事，但这是显微解剖学所要做的那种琐事。”在马克思的其他一些著作和恩格斯的一些著作中都能看出这种方法的痕迹。

三、《资本论》对资本主义利益关系的分析以资本与劳动的对立为核心

恩格斯在 1868 年 3 月 21 日《民主周报》上为《资本论》第一卷做的书评这样写道：“资本与劳动的关系，是我们全部现代社会体系所围绕旋转的轴心，这种关系在这里第一次得到了科学的说明，而这种说明之透彻和精辟，只有一个德国人才能做得到。”这一段话言明了马克思在《资本论》中分析资本主义利益关系的一个最主要特点。作为思想家，马克思一生倾注了大量心血来论证资本与劳动对立的表现、根源及发展趋势。作为革命家，他孜孜以求的目标就是要消除资本与劳动的对立。马克思以科学、详实的论证无可辩驳地证明了资本与劳动对立是把握现代资本主义社会利益关系的纽结。

四、《资本论》从生产关系、分配关系、交换关系、消费关系等多条线索来分析资本主义利益关系

马克思分析了生产与分配、交换、消费的一般关系。生产、分配、交换、消费之间的三段论法只是一种肤浅的联系，在现象关系中，生产、分配、交换、消费构成一个总体的多个环节，一个统一体内部的差别。生产直接也是双重（主体的和客体的）消费，消费直接也是生产，两者相互中

介。作为产品的分配由生产安排和决定，而作为生产要素的分配，本身就是生产的一个要素。交换和流通也作为生产的要素包含在生产之内由生产决定。总之，生产起支配作用，但就其单方面来说也决定于其他要素，不同要素之间存在着相互作用。因而，从这四条不同线索考察的利益关系有不同的特点，同时又体现出社会的总体相似。

五、《资本论》在分析资本主义利益关系时突出了社会关系分析和历史分析，以对人的关系分析而不以对物的关系分析为主

社会关系分析、历史分析、人的分析，是三种相当重要的分析方法，是马克思、恩格斯批判旧思想家的主要武器。在此基础上，他们形成了具备自己特质的哲学、政治经济学和科学社会主义理论，实现了思想史上的革命。这三种分析也是马克思在《资本论》中分析资本主义利益关系时的最主要特点。抽象范畴在马克思笔下总是联系到社会关系来思考，这种关系思维接触到研究的本题，指出了扑朔迷离的社会现象背后隐藏的规律性。马克思破除了旧政治经济学家关于资本主义社会“自然存在论”、“永恒存在论”的迷信，径直证明了资本主义的历史暂时性。社会关系分析和历史分析都要包含物的分析以及人的分析，对自然条件、物质产品、商品要素给出说明，物的占有和使用状况成为社会结构的有机要素，而对与自然条件、物质产品、商品要素联系的主体的说明，使物的行为变为人类行为，揭示了物的属人本性。

第二节
《资本论》关于资本主义经济关系的分析

马克思、恩格斯从 19 世纪 40 年代始就致力于政治经济学研究，对他们所处时代的经济特征做了独到的分析。在《资本论》等重要著作中，马克思以英国为典型，从多方面详尽归纳出资本主义社会的种种经济关系，

揭示了资本主义经济过程中的一些本质联系。这些成果对于把握资本主义经济关系的本质，借鉴资本主义经济关系的经验，具有重要意义。同时经济关系本质上是一种利益关系，《资本论》关于资本主义经济关系的分析也深刻暴露了资本主义的利益关系。

一、资本生产过程中的经济关系

资本生产过程中的经济关系，主要体现为商品、货币、资本、生产和积累等基本经济要素之间的相互关系。物成为商品，就必然包含使用价值与价值的矛盾，商品的二重性根源于劳动的二重性。货币是一种特殊的商品，价值形式向货币形式过渡的历史揭示了商品世界的拜物教性质。商品流通是资本的起点。资本又分为不变资本和可变资本，两类资本在产品价值形成中起不同作用。资本是积累起来的劳动力，劳动力的剥削程度也就是剩余价值率，即必要劳动时间与剩余劳动时间之比。资本有着对剩余劳动的无穷贪欲，以突破正常工作日来生产绝对剩余价值。道德极限、生理极限、法律限制使资本想办法生产相对剩余价值，在客观上促使生产力发展，机器和大工业的资本主义应用提高了劳动的强度。在资本的生产中，劳动力的拥有者获得工资，这不过是劳动力的价值或价格，而非劳动的价值或价格。剩余价值转化为资本，资本的积累过程开始进行，资本主义的生产规模扩大。资本的积累和集中强化了资本主义占有规律，资本主义的生产越来越依赖于资本主义的积累。资本的积累对劳动者的影响是导致相对过剩人口的存在，资本主义积累的最终趋势是资本主义所有制向社会所有制转化。

二、资本流通过程中的经济关系

资本流通，反映资本在全社会范围发挥作用的过程，其中不同的职能资本、不同的部门资本、不同生产阶段资本构成一定的经济关系。产业资本依次采取生产资本、货币资本、商品资本三种形式不断循环，使生产过程和流通过程有机结合起来，实现资本主义生产的连续性。资本循环被当作周期性的过程时，就成为资本的周转，资本周转中的经济关系主要表现为固定资本和流动资本、生产时间和流通时间的联系。社会总资本的运动由各个单个资本的周转的总和构成，既包含生产消费及交换，又包括个人消费及交换。简单再生产实质上是以消费为目的的，资本家的掠夺物只用于个人消费，工人则挣一分花一分。这种个人消费的动机总是和发财致富的动机相伴而生，同时又和它相对立。以积累为基础的扩大再生产是资本主义再生产的现实形式，更接近资本主义经济关系的实际规模、技术条件和市场关系。两大部类的积累，来自货币的储藏、追加的不变资本及追加的可变资本，这构成资本主义积累的事实，使得资本主义生产的扩大成为可能。

三、资本主义生产总过程中的经济关系

各种具体形式的总和，资本的运动过程作为整体来考察，就是资本主义生产的总过程。总过程中的经济关系，体现了不同职能资本家相互联系中的经济关系。对资本家来说，产品价值中补偿所消耗的生产资料价格和所使用的劳动力价格部分，是补偿商品使资本家本身耗费的东西，是商品的成本价格，剩余价值则是成本价格的产物。这样，剩余价值转化为利润，被看成全部预付资本的产物，不变资本和可变资本的区别看不出来了。不同生产部门的可变资本与不变资本之比，即资本的有机构成不同，等量资本在不同生产部门推动不等量的剩余价值，因而利润率也不同。每个特殊生产部门有一个一般利润率，在此基础上形成生产价格。部门内部和部门之间在市场上的竞争促使了利润的平均化。流通过程中的一部分买卖活动逐渐固定地由一部分商业资本家来完成，由产业资本家的附带活动变为商业资本家的专业活动，商品资本转化为商业资本。生息资本是一种特殊的商品资本，是为了获取利息而暂时贷放给他人使用的货币资本。地租的存在产生了土地价格，加到商品的个别成本价格上，土地价格是资本主义社会客观存在的不合理表象。

第三节
《资本论》关于资本主义利益关系的分析

在揭示资本主义经济关系的过程中，马克思对资本主义利益关系进行了精辟的分析。把握《资本论》这方面的论述，有助于反过来更加深刻地理解资本主义经济关系的本质，为分析资本主义社会中出现的一些现象和问题，特别是一些涉及利益关系的现象和问题，提供了一个科学可靠的参照思维架框。我们主要从三个方面来观察《资本论》是如何进行这方面的分析的。

一、资本主义生产过程中的利益关系

资本主义生产过程包含两个必要因素，"形成商品的人的要素和物的要素这样结合起来一同进入的现实过程，即生产过程，本身就成为资本的一种职能，成为资本主义的生产过程"。人的要素主要是工人、厂主、原材料供应者，物的要素主要是资本主义生产过程承载的各类生产资料和生活资料。两个要素内部和要素之间形成利益关系。工人与厂主之间的利益关系是二重的，一方面，"在生产过程中，资本发展成为对劳动，即对发挥作用的劳动力或工人本身的指挥权。人格化的资本即资本家，监督工人有规则地并以应有的强度劳动"。另一方面，"资本发展成为一种强制关系，迫使工人阶级超出自身生活需要的狭隘范围而从事更多的劳动"。资本主义厂主与原材料的供应者站在各自的利益立场，处于和控制生产的不同阶段，他们在保持合作的基础上钩心斗角，争取获得较大的利益份额。从要素分析中，马克思揭示了资本主义生产过程的两重性及其本质。剩余价值的榨取，集中体现了资本主义生产过程中人与物（自然）、人与人（社会）的利益关系，进而体现了资本主义的总利益关系的内核。资本主义生产过程的定格是暂时的、历史的，有其特有的发展轨迹，相应的利益关系也不是一成不变的，经历了一个不断变化、适应、调整的过程。与此同时产生了资本主义生产主体利益的分化和矛盾，推动了资本主义生产力的前进。协作、工场手工业和大工业，这是资本主义生产过程的组织形式历经的基本序列，该序列的现实化也就是资本主义生产利益关系的显化。在此过程中，分工的深化和机器的使用是两个值得注意的重大事实，生产的一般分工、特殊分工和个别分工导致利益实体的分殊，是利益关系的基石，而机器的发达，大大提高了劳动生产率，强化并最终确立了资本主义生产利益关系。

二、资本主义交换过程中的利益关系

交换是社会的一个必要环节，“社会——不管其形式如何——是什么呢？是人们交互活动的产物”。随着分工的发展，不同人们的各种活动、各种能力和各种产品逐步摆脱局限性而在社会范围内相互发生联系，这种联系的深度、广度和方式归根结底由生产的发展和结构决定。1846 年 12 月 28 日，马克思在致安年科夫的信中指出“在人们的生产力发展的一定状况下，就会有一定的交换（Commerce）和消费形式”。正因如此，交换过程中的买者和卖者，既构成消费和被消费的关系，又构成一种利益关系。一旦资本主义生产方式建立起全面的统治，资本主义交换关系渗入社会生活的各个领域，其中的具体利益关系复杂化、多样化，“资本不仅包括生活资料、劳动工具和原料，不仅包括物质产品，并且还包括交换价值。资本所包括的一切产品都是商品。所以，资本不仅是若干物质产品的总和，并且也是若干商品、若干交换价值、若干社会量的总和”。资本主义交换是全方位的，也是扭曲进行的，交换利益关系便前所未有地涉及各种社会要素，买者和卖者、消费者和生产者都以并不完全正常的方式享受历史上从不曾有过的交换利益。资本主义社会生产大致可划分为生产资料和消费资料两大部类，两大部类之间及其内部都不停地进行交换，保持利益关系的动态均衡。马克思还详细阐明了资本主义交换过程中的许多技术细节，如商品的买卖时间、簿记、保管储备、运输、流通时间（出售和购买）、原料价格的波动对利润的影响等，这些细节既是交换持续进行的条件，又从多个侧面反映出资本主义交换利益关系的具体表现。

三、资本主义的阶级利益关系（总利益关系）

从生产和交换过程的利益关系可以看出，资本主义的基本利益关系是工人与资本家之间的对立。这种对立是总体上的对立，“工人不是属于某一个资本家，而是属于整个资本家阶级”，反过来，资本家不是压榨某一个工人，而是压榨整个无产阶级，个体利益以阶级利益的面貌出现。“单纯劳动力的所有者、资本的所有者和土地的所有者，他们各自的收入源泉是工资、利润和地租，——也就是说，雇佣工人、资本家和土地所有者，形成建立在资本主义生产方式基础上的现代社会的三大阶级”，资本主义的总利益关系在于以生产利益关系和交换利益关系为基础的资本主义的阶级利益关系。资本主义阶级利益关系的萌生意义重大，在某种程度上又改变了生产和交换条件，“只有当生产资料和生活资料的所有者在市场上找到出卖自己劳动力的自由工人的时候，资本才产生；而单是这一历史条件就包含着一部世界史。因此，资本一出现，就标志着社会生产过程的一个新时代”，但资本主义的阶级利益关系从根本上讲是一种等待被扬弃的利益关系。马克思、恩格斯是通过对资本主义社会三大基本阶级之间和内部的利益关系的揭示来理解和把握资本主义阶级利益关系的如上历史意义的。资本主义阶级利益关系发展到一定程度，成为生产力的障碍，就会引发无产阶级革命。到了那个时候，资本主义阶级利益关系就要被扬弃，阶级结构相应转型，资本主义阶级利益关系内蕴的矛盾才得到最后解决。这也正是马克思主义关于“两个必然性”原理的内在逻辑。

第四节 《资本论》资本运行的启示

在思考人类社会历史问题时，不能不思考与利益及其主体相关的问题。利益和利益关系是《资本论》的重要理论维度，马克思鲜明地提出了利益人思想，以此为前提建构了一个全新的庞大理论体系。《资本论》以商品为起点，以资本与劳动的对立为核心，以生产关系、分配关系、交换关系、消费关系等为多重线索，以社会关系分析、历史分析和对人的关系分析为主要工具，展开对于资本主义经济关系和利益关系的分析，不仅构成了严密的理论逻辑，科学地揭示了时代大特征和历史发展的必然趋势，而且也是我们今天分析资本主义和社会主义市场经济条件下利益关系状况的方法之“源”。

市场经济的历史必然性有三种含义，即产生的必然性、发展的必然性和灭亡的必然性。前面两种必然性是由市场利益竞争的积极作用决定的，后面一种必然性是由市场利益竞争的消极作用决定的。前两种必然性是后一种必然性的必要准备条件。不能只注意后一种必然性，而忽略前两种必然性。这样理解的市场经济必然性才是全面的。马克思从微观的个人和企业行为、中观的产业行为及宏观的社会与人类总体角度，对市场经济与市场秩序的效益进行了多层次、全方位的界定、评价与揭示。市场经济在物的依赖关系基础上主动构筑人的独立性，在市场交换基础上通过价值规律来实现人们的利益联系。市场经济的参与者都置身于市场之中，都要靠市场竞争去谋求和实现自己的利益。《资本论》关于资本主义经济关系的分析，系统揭示了资本生产过程、资本流通过程和资本主义生产总过程的关键环节和运行机制，对于促进当代市场经济的发展和完善无疑具有重要借鉴价值。

资本主义生产过程和交换过程既是各主体支配物质资料以谋求利益的过程，又是各主体之间发生利益关系的过程。《资本论》在对资本主义经济关系的分析中，精辟地分析了其中隐藏的深层次利益关系，科学揭示了现代社会阶级利益关系（总利益关系）的本质。这表明，一定的生产关系反映了人与人之间的利益关系，如果旧生产关系的整体或某些环节损害了代表新生产力的阶级或绝大多数人的经济利益，扼制了人们从事社会生产的积极性，就有必要对之进行改革或革命，用新的利益关系代替旧的利益关系。在任何社会中，人们为了自己的利益和相互之间的共同利益，会结成各种各样的利益群体，在共同利益目标的指引下，人们的利益行为倾向于一致与合作，避免敌对与冲突，在协作中最大限度地利用现有的社会资源力求达到共同认定的整体利益目标，这样将有助于加快社会发展的速度。促进社会和谐稳定，必须从现实的利益结构出发，调动最大多数社会成员的积极性。

第四章
市场经济的逻辑

社会主义市场经济理论的形成，从根本上全面揭示了市场经济的逻辑，不仅是当代中国政治经济学的重大突破和科学社会主义的新发展，而且也是历史唯物主义的运用与创新的典范。从历史唯物主义的学科视野，来探讨社会主义市场经济理论的理论内容和创新元素，无疑既有助于把握社会主义市场经济理论这一当代中国主要理论成果之一的深刻意义，也有助于推动历史唯物主义本身在当代中国实践中的发展。

第一节
从历史观的高度认识和研究社会主义市场经济理论

马克思主义有一个极其重要的特点，即其三个组成部分——哲学、政治经济学和科学社会主义是融为一体的，这一特点在《1844 年经济学哲学手稿》、《资本论》、《反杜林论》等经典著作中都得到了鲜明体现。这从一个侧面告诉我们，就哲学与经济学的关系而言，两者只有相互联系、相互促进、相互吸纳，才能深刻而准确地揭示现实的历史进程。缺乏历史哲学思辨的经济学，与自我封闭于白纸黑字间的“书斋”式哲学，都是难以对现实社会生活起到应有作用的。

社会主义市场经济理论包括社会主义初级阶段论、市场经济目标论、市场经济塑造论等主要内容。一方面，由于市场经济的共性，借鉴西方经济学的一些知识来展开分析是必要的，有助于更加方便、科学地获得市场经济建设的诸多可操作性经验。当前，加强这方面的研究，使经济学科与国际接轨，以应对经济全球化的趋势，具有一定的迫切性。另一方面，建立与完善社会主义市场经济体制是一项崭新的事业，不仅中国人以前没有干过，外国人也没有干过，其间的对错得失，单靠实证分析是难以完成的。因此，我们必须从历史观的高度认识社会主义市场经济理论的真实意蕴，研究社会主义市场经济理论所揭示出来的宏观和微观经济的规律性。

缺乏现实性品格的理论是没有生命力的。无论多么艰涩玄奥的词句，要想具有合理性，就必须具有现实性。从唯物史观自身的角度看，其基本原理和范畴不是死的，不是固定不变的“药方”，必须始终注意针对实际、面向实际、解决实际问题，并在实际情况的变动中使自身得以丰富和完善。当代中国最大的实际就是我们正处于并将长期处于社会主义初级阶段，社会主义市场经济理论就是从这个最大实际出发而形成的已初显成效的经济体制改革理论。很难想象，离开了对社会主义市场经济理论的历史观阐发，当代中国的历史唯物主义会是完备的、有生命力的。

当然，从历史观的角度认识和研究社会主义市场经济理论是一项繁复的工作。本书将就其中的两个方面来开启这项工作，结论实际上可以先在此归结为两句话：“社会主义市场经济理论论证了历史唯物主义的真理性”，“社会主义市场经济理论推动了历史唯物主义的创新”。

第二节 社会主义市场经济理论对历史唯物主义的印证

从某种意义上说，社会主义市场经济理论是在历史唯物主义指导下形成的，它并没有证伪而是证实了历史唯物主义。具体地说，社会主义市场经济理论至少印证了历史唯物主义的如下一些重要结论：

一、“物的依赖性”不可逾越

“以物的依赖性为基础的人的独立性”被马克思看作是人的历史发展的第二个阶段。马克思曾不遗余力地批判了“物的依赖性”阶段的冷酷性、盲目性、异己性等致命弱点，但同时也多次指出与商品经济相对应的“物的依赖性”阶段的不可避免性，认为市场经济的高度发展是过渡到未来理想社会的一个必要条件。在社会主义建设过程中，曾经在一段时间里否定商品货币关系，幻想完全超越“物的依赖性”，奉行计划经济体制。当然，这是历史时势使然，我们不能用后人的药来医前人的病，但这种体制确实影响了社会主义的活力。经过多年的探索，社会主义市场经济理论得以确立，重新恢复了商品市场经济关系的应有地位，这符合唯物史观对历史脉搏的把握。

二、生产力轴心

历史唯物主义承认和突出生产力在人类社会存在与发展中的基础和本原地位，在劳动发展史中找到了理解全部社会史的锁匙。生产力决定生产关系、经济基础决定上层建筑是一条人所熟知的历史唯物主义基本原理。可惜的是，在相当长的一段时间里，许多社会主义国家脱离了这条基本原理，热衷于搞路线斗争、“穷过渡”，使本来相当珍贵的精力和资源被白白浪费了。社会主义市场经济理论肯定了社会主义的根本任务在于发展社会生产力，强调在社会主义初级阶段尤其要把集中力量发展社会生产力摆在首要地位，把经济建设作为全党全国工作的中心，其他各项工作都要服从和服务于这个中心；强调发展是硬道理，要以“三个有利于”作为判断各项方针政策是否正确的标准，把解放生产力、发展生产力提到社会主义本质的层面上来。

三、主体性驱动

旧哲学的主要缺点是：或者只看到对象的客体性、直观性，或者只看到对象的主体性、能动性，没有真正理解人的对象性活动的主体性驱动作用。历史唯物主义的“合力”论既避免了历史非决定论，又自觉意识到历史的主体性，认为人民群众才是创造世界历史的真正动力。社会主义市场经济取向的改革，实质上也是群众的主体积极性、能动性得到调动和发挥的过程。在这个过程中，人们的合理要求得到肯定，得到了应该得到的实惠，从而更加自觉主动地参与到改革中来，使主体性受到了前所未有的驱动。越来越多的研究者意识到，当前进入攻坚阶段的改革，其诸多问题的症结还是在于主体性没有得到充分调动，企业与个体的应有主体地位没有明晰化。在这里，历史唯物主义的主体性原理大有作为。

四、次生社会形态的独立性

在 1881 年给查苏利奇的复信草稿中，马克思曾间接地将社会形态区分为原生的、次生的、再生的等不同类型，认为具有二重性特征的次生社会形态是可以独立存在和发展的，这就丰富了历史唯物主义的社会形态理论。社会主义市场经济理论认为，社会主义是共产主义的初级阶段，而中国又处在社会主义的初级阶段，就是不发达的阶段。这个阶段，用五形态论来解释有点困难。而如果把原始社会、奴隶社会、封建社会、资本主义社会、社会主义或共产主义社会看成原生社会形态的逻辑序列，那么社会主义初级阶段的社会形态，就是一种原生社会形态之间的次生或再生形态。这是一种转型阶段的社会，具有明显的二重性，也就是中共十五大报告中所概括的“九大转变特征”。这些特征使它成为一种独立的社会形态，具有自己特殊的发展战略目标和手段。对这个次生社会形态的科学认识从无到有、从粗略到精密，正是历史解剖学趋于成熟的标志。

五、实践与认识的辩证法

实践出真知，认识世界与改造世界是相互依赖、相互制约的；从实践到认识，又从认识到实践，是螺旋式上升、波浪式前进的辩证运动。这些不光是认识论意义上的原则，也是历史观意义上的原则。实践与认识的辩证法在社会主义市场经济理论的确立过程中也得到了体现。例如，中共十一届三中全会曾对我国原有的高度集中的计划经济体制中存在的“严重缺点”做了分析，提出要“重视价值规律的作用”。此后，经过实践与认识的多次升华，至中共十四大明确提出我国经济体制改革的目标模式是建立社会主义市场经济体制，我们对这个问题的认识就深刻多了。

六、特殊利益与普遍利益的联系

按照马克思的说法，分工导致了特殊利益与普遍利益之间的分裂和矛盾关系。而一般为人们所忽视的是，普遍利益又分为真实的和虚幻的两种。真实的普遍利益与特殊利益之间的关系是必需的前提，将导致世界历史性的普遍交往；虚幻的普遍利益与特殊利益之间的关系则是一种异己的关系。社会主义市场经济理论同样注重以统筹兼顾的方式处理个人利益、集体利益与国家利益之间的关系，既明确肯定了市场微观主体——个人和企业的特殊利益的正当性，理顺了社会动力和活力机制；又努力维护社会主义的真实的普遍利益，保障了绝大多数群众的长远利益；还紧密地反对腐败等虚幻的普遍利益，致力于建立一个相对公平合理的利益关系格局。

第三节 社会主义市场经济理论对历史唯物主义的拓展

把社会主义同市场经济结合起来，这是一个伟大的创举。这样的创造性实践，为历史唯物主义的应用提供了绝好机遇，更为历史唯物主义的创新提供了绝好机遇。社会主义市场经济理论在多方面拓展了历史唯物主义研究的广度和深度。

一、对制度与体制的新理解

在传统观念中，市场经济与资本主义私有制存在着天然联系，市场是资本主义社会制度的核心，是资本主义的本质。在社会主义市场经济的理论创新中，一方面把市场经济与资本主义制度相离析，形成抽象意义的市场经济范畴，认定市场经济是一个体制性范畴；另一方面又强调市场经济体制必然要与一定的社会基本经济制度相结合，从而提出了社会主义市场经济体制这一新概念，这就使历史唯物主义关于制度与体制的认识深化了。制度是基本的居主体地位的经济关系，可以有意识形态上的性质不同；而体制则是一个中性范畴，是社会资源配置方式，可以相互借鉴。

二、更加全面科学的社会结构观

社会主义市场经济理论视野中的社会结构，是一种复合型的社会结构，符合现实的逻辑。比如所有制结构，就不是纯而又纯的单一公有制，而是以社会主义公有制为主体、多种所有制经济共同发展，且公有制与非公有制经济的实现形式都可以而且应当多样化；分配结构，就不是机械的原子式的结构，而是按劳分配与按生产要素分配的结构，多种分配方式并存；阶级阶层结构，就不是决然对立的、你死我活的社会关系结构，而是既有纵向上的合理分层，也有横向上的独立分层，既有阶级阶层之间的区分，又有阶级阶层内部的利益群体区分。已有一些论者指出，在市场经济社会中，社会结构诸领域存在一种从“合一”到“分离”的趋势，分离化趋势其实也就是一种复合化趋势。

三、国家及其政府职能的复归

历史唯物主义揭示了国家的本质，认为其基本职能有二，即借助于暴力机构和其他社会组织维护社会公共秩序及发展生产力。而对于国家如何发挥自己的职能，传统的看法是主要依赖于强制性的垂直命令。社会主义市场经济体制包括两个基本要素，即市场机制和宏观调控。市场不是万能的，必须重视和发挥政府宏观调控的作用。然而，政府不能既是“运动员”又是“裁判员”，在市场经济条件下，其运作方式同样具有间接性、客观性和有限性。政府应该成为一个清正廉明、善于利用经济规律的政府。这样，政府职能的定位表面看来是力度小了、范围小了，实质上却更有效率，定位更准确。

四、社会价值观的变化

社会主义市场经济理论确立了“效率优先、兼顾公平”的新型社会正义，改变了过去轻视物质价值、片面强调社会价值的错误观念，确立了物质价值对社会价值、效率对公平的优先地位。同时，社会主义市场经济理论区分了工具价值与目的价值，重新确立了社会主义的基本价值，即广大人民群众的利益作为目的价值的地位，建设包括机会公平、起点公平、结果公平在内的社会主义的全面公平，以确保最终消灭剥削和两极分化。这种新型的社会价值观与过去相比发生了核心理念的变化，从注重血缘、地缘、权力、关系，转向注重能力、知识、努力、机会，将使人的解放程度大大提高。

五、崭新的历史思维的萌生

每一种历史观都是从一定的历史思维范式中推导出来的。社会主义市场经济理论还导致了历史思维方法的创新，使之发生了从线性到非线性、从观念化到现实化、从合目的性到合理性的转向。市场经济社会是瞬息万变的，必须进行发散的、多角度、多方向的把握，才能摸清其运行规律。在这里，过去那种简单的直线式的理解是无能为力的。在市场经济社会，成败的判断标准在某种程度上不能不是实用的。这就要求人们走出从概念演绎概念、从观念推导观念的误区，在进行决策时经常注意到现实的深层根据。这就是说，在市场经济条件下，人们将很难预设一个尽善尽美的目标，并靠市场的自发运行来达到这个目标，而只能有限度地接近实践的合理性。

第五章
发展与公正

发展的公正性是发展的重要课题。公正像阳光和空气一样，是社会不可缺少的构成要素。保证和提高发展的公正性，使发展理念、发展过程、发展结果符合历史进步的要求，是社会良性发展的重要目标和基础条件。因公正的抽象性而否认公正理念，不是历史辩证法的科学态度。无论是发展本身的原初公正性，还是发展理念的前导公正性，抑或发展后果的延伸公正性，都关系社会历史发展的合理性和价值性，关系社会发展战略选择和实施的正当性和有效性。走向发展与公正之间的协同平衡，维护发展公正，是现代社会结构正常化、规范化的内在要求。随着发展过程的深化，发展引发的问题越来越多，也越来越突出，发展后果的不均衡引起社会结构失衡现象，促进社会公正成为进一步发展必须解答的重大课题。

第一节
公正观念的历史发展及唯物史观公正观的出场

对于公正的渴求自古有之。中国古代各种流派的思想家都有关于公正的思想。《礼记》中记载了“大道之行也，天下为公”的大同理想。孔子认为“公正”寓于礼与道德之中，注重个人道德修养的提高，孔子治国安民的主张是“庶、富、教”，“富之”、“教之”（《论语·子路》），孔子注意到分配正义、社会公正问题，反对贫富过于悬殊，指出“不患寡而患不均，不患贫而患不安。盖均无贫，和无寡，安无倾”（《季氏》）。这种思想对于中国传统文化中公正观念的影响是很深远的。孟子提出以“义”为核心的公正思想。孟子主张保障老百姓的财产权，他对齐宣王说过，“无恒产而有恒心者，惟士为能。若民，则无恒产，因无恒心。苟无恒心，放辟邪侈，无不为已。及陷于罪，然后从而刑之，是罔民也……是故明君制民之产，必使仰足以事父母，俯足以畜妻子，乐岁终身饱，凶年免于死亡；然后驱而之善，故民之从之也轻”（《孟子·梁惠王上》）。他主张“施仁政于民，省刑罚、薄税敛”。孟子指出：鳏、寡、孤、独，“此四者，天下之穷民而无告者。文王发政施仁，必先斯四者”（《孟子·梁惠王下》）。荀子主张“兴孝弟，收孤寡，补贫穷，如是，则庶人安政矣”（《王制》）。法家认为，法作为“天下之程式”、“万事之仪表”、“国之权衡”，乃是“公利”、“公义”和“公心”的体现，是和“私”相反的公共规范。韩非子认为法的基本价值是“义必公正”，他说：“法不阿贵，绳不挠曲。法之所加，智者弗能辞，勇者弗敢争。刑过不避大臣，赏善不遗匹夫。故矫上之失，诘下之邪，治乱决缪，绌羡齐非，一民之轨，莫如法”（《韩非子·有度》）。韩非子明确使用过“均贫富”概念，在中国历史上影响深远。墨子主张爱无差等的“兼爱”，提倡利益共享，惠及人人。《墨子·法仪》谓：“子墨子曰：天下从事者，不可以无法仪。无法仪而其事能成者，无有也。……然则奚以为治法而可？故曰：莫若法天。天之行广而无私，其施厚而不德（得），其明久而不衰，故圣王法之。既以天为法，动作有为必度于天。天之所欲则为之，天所不欲则止。然而天何欲何恶者也？天必欲人之相爱相利，而不欲人之相恶相贼也。”墨子说“以天志为法仪”，“取法于天”，一个社会里应当保障“饥者得食，寒者得衣，劳者得息”，“老弱有人养，幼小有人育”。“强不执弱、众不劫寡、富不侮贫、贵不傲贱、诈不欺愚”（《兼爱中》），老子所谓“圣人处无为之事，行不言之教”，就是要求统治者减少对民间生产与生活的干预，使百姓能够在相对自由的范围内发展，通过自身的努力而过上富足的生活，即所谓“我无为而民自化，我好静而民自正，我无事而民自富，我无欲而民自朴”。《庄子·秋水》中说道：以道观之，物无贵贱；以物观之，自贵而相贱；以俗观之，贵贱不在己。……以道观之，何贵何贱，是谓反衍；无拘而志，与道大蹇。何少何多，是谓谢施；无一而行，与道参差。……万物一齐，孰短孰长？道无终始，物有死生，不恃其成；一虚一盈，不位乎其形。年不可举，时不可止，消息盈虚，终则有始。是所以语大义之方，论万物之理也。

西方世界的公正观念起源也很早。《荷马史诗》中已经出现公正的观念。柏拉图把公正作为“四德”之首，认为公正就是在智慧的引领下使人灵魂的各个组成部分各司其职，各自做好分内之事。亚里士多德指出：“公正就是比例，不公正就是违反了比例，出现了多或少，这在各种活动中是经常碰到的。”“所谓公正，一切人都认为是一种由之而做出公正的事物的品质，由于这种品质人们行为公正和想要做公正的事情……守法和均等的人是公正的，违法和不均等的人是不公正的”①。“城邦以公正为原则。由公正衍生的礼法，可凭以判断（人间的）是非曲直，公正恰正是树立社会秩序的基础”②。阿奎那将基督教神学公正论与亚里士多德的政治公正论结合起来，认为公正是“一种习惯，依据这种习惯，一个人以一种永恒不变的意愿使每个人获得其就有的东西”。“只要公正能够导致人们致力于公共幸福，一切德行都可以归入公正的范围”。约翰·密尔认为公正就是“给每个人他所应得的”。霍布豪斯则提出“要维持个人自由和平等，就必须扩大社会控制的范围……我们决不可把任何财产权利看作不言自明”③。

马克思的公正观是一种唯物的辩证的历史的公正观。他指出，公正的观念是随着生产和交往的发展而出现的。“希腊人和罗马人的公正观认为奴隶观是公正的，1789 年资产阶级的公正观则要求废除被宣布为不公正的封建制度……所以关于永恒公正的观念不仅是因时因地而变，甚至也因人而异”。在《资本论》中，马克思针对蒲鲁东“永恒公平的理想”评论道：“蒲鲁东先从与商品生产相适应的法的关系中提取他的公平的理想，永恒公平的理想……然后，他反过来又想按照这种理想来改造现实的商品生产和与之相适应的现实的法。如果一个化学家不去研究物质变换的现实规律，并根据这些规律解决一定的问题，却要按照‘自然性’和‘亲和性’这些‘永恒观念’来改造物质变换，那么对于这样的化学家人们该怎样想呢？如

① 尼各马科：《伦理学》，中国人民大学出版社 2003 年版。

② 亚里士多德：《政治学》，商务印书馆 1965 年版。

③ 霍布豪斯：《自由主义》，商务印书馆 1996 年版，第 97 页。

果有人说，‘高利贷’违背‘永恒公平’、‘永恒公道’、‘永恒互助’以及其他种种‘永恒真理’，那么这个人对高利贷的了解比那些说高利贷违背‘永恒恩典’、‘永恒信仰’和‘永恒神意’的教会的了解又高明多少呢?”在《哥达纲领批判》中，马克思批判了拉萨尔公平分配劳动所得的思想，指出“真正的自由和真正的平等只有在共产主义制度下才可能实现；而这样的制度是公正的”。“什么是‘公正的’分配呢?难道资产者不是断言今天的分配是‘公正的’吗?难道它事实上不是在责令的生产方式基础上唯一‘公正的’分配吗?”

当代西方经济社会的发展，使得公正理论成为一个研究热点。罗尔斯认为，由社会基本经济和政治制度决定的社会基本结构是正义的主题，他认为每个人都有与其他人的同样自由相容的最广泛的基本自由。哈耶克把自由置于平等之上，强调程序正义而反对实质正义，强调起点平等遭遇否认终点平等。诺齐克认为公正的本质是个人权利，他区分了法律的公正、道德的公正、报应的公正、守信的公正和无私的公正。

第二节 公正概念辨析：公正与公平

什么是公正，为什么要突出提倡公正?这个问题既是当前我们所面临的重大理论问题，也是重大的实践问题。要在全社会树立和弘扬公正理念，通过增加公正性来改进发展机制，必须首先在理论上厘清公正概念的基本含义和内在要求，明确公正理论的基本分析框架。

从字面上看，公正与公平差别不大，但公正与公平在不同场合使用，是含义具有差别的两个不同概念。两者有明显的联系，都强调公道、公开、公共，就是要超脱个人的立场，寻求社会公道的平衡点、稳定点，要以公来导向和平衡社会关系。由于两者的含义存在共通的地方，公正与公平有时候是在同样意义上使用。当然两者侧重点不同，公正强调公道正义，公平则强调公道平等，公正突出正义，公平突出平等。公正所包含的正义就是以道理的合理为要义，不过分追求结果的完全平等。公平所包含的平等就是以结果的平均为要义，试图消除所有的社会不平等现象。

绝对的公正和绝对的公平都很难实现。从当今的现实问题来看，相比公平而言，公正更重要。在一个发展和转型的社会中，为了保证社会运转有序和充满活力，体现正义性、正当性变得尤其突出，公正成为头等大事，成为更为重要的原初社会价值取向。现实生活中，公平与公正不能等同，公平的事未必公正，公正的事未必公平，我们有时候缺乏公平，但永远不能没有公正。只有首先确保社会公正，使公正成为社会普遍观念，才能形成一个公道合理的社会规则体系，使体现公正的社会行为得到更大范围内的倡导和效仿。

从发展的角度来看，公正的含义有四个不同的方面。首先是发展本身的公正性，就是从起点上来衡量发展存在的合理性、正当性，对发展的方向和重点给予基本定位，科学回答要不要发展、应不应该发展的问题，防止错误的发展、迷失方向的发展。其次是发展过程的公正性，就是发展手段、发展方式、发展路径的合理性、正当性，保证发展方式选择和实施的科学性，保证战略和策略是可行性，能用最好的方法取得最好的效果，能使社会资源得到最大限度利用。再次是发展结构的公正性，就是社会整体结构形成有机的合理联系，发展机制对于参与者是同等共赢的，在一个共同的运行体系内形成社会合作，形成发展的整体效应。最后是发展结果的公正性，也就是发展的成果能够为人民群众所共享，形成强弱适当平衡的机制，在效率与补偿相结合的原则下确保发展的目标不会偏离。

公正包括的内容很丰富。一是理念公正，对待所有社会成员能够一视同仁，让公正成为每一个人都自觉遵循的观念，让社会成为一个更加公正的社会，让公正能给每一个人带来希望和现实的利益。二是机会公正，在现有条件下最大可能提供机会，疏通社会竞争和淘汰渠道，不能让机会被少数人垄断，不能让机会受到不正常的堵塞，保证人人都有机会，人人都能抓住机会，保证社会流动渠道畅通。三是规则公正，避免社会的混乱无序，每一个领域都有相应的规则，不能出现规则的真空、规则的冲突，形成规则的正常完善和更新机制，使规则始终不落后于社会现实。四是结果公正，任何时候不能忽视结果，结果不能无限度地分化，而应该保持在可控制范围内，不断趋于平衡状态，建立和完善社会支持体系，保证和扩充社会共识。对于一个健全的社会来说，这四个方面的公正都不可或缺，需要共同发展、相互配套。

随着当今社会的市场化、透明化，公正应该成为在社会的核心理念，成为社会成员中占据主导地位的价值观念，成为社会运转体系的基础理念。随着经济快速发展，社会结构的规范化成为社会现代化的必然要求，建构一个相对定型、分工合理的更加优化的社会结构迫在眉睫，而促进社会正义是促进社会结构规范化的关键。现代化进程伴随着公民的现代化，每一个公民只有认同和掌握社会公正理念，明确自身的价值和行为选择，遵循既有的社会利益结构所确定的社会秩序，才能拥有更加健全的心智和行为，才能成为积极参与社会事务的合格成员，才能作为真正的发展主体推动社会历史发展。

第三节 发展的公正性问题越来越凸显

在当代中国经济社会转型过程中，与经济社会快速发展相伴生的是，发展成果的分配不均衡，发展主体的观念和行为不时错位，人与自然、人与社会、人与人之间的关系不和谐等问题比较突出，使得发展的公正性问题十分突出，增强发展的公正性成为关系社会成员利益且受到社会成员高度关注的重大问题，成为顺利推动下一步发展必须解决的基础性问题。

从发展的外在结果看，发展的不可持续性在一定范围、一定程度上的突出要求加快促进发展公正。发展是人类社会的永恒课题，发展的协调性、持续性是健康发展的重要特征，是发展正义的内在要求。在粗放消耗式发展模式下，以社会生产力发展为主要标准甚至是唯一标准，整个社会定位到想方设法促进发展上来，盛行为了发展不计一切的思路。快速发展带来资源环境的高强度利用，资源稀缺问题越来越突出，已经成为一些地方发展的重要“瓶颈”，环境遭受不可逆转的破坏，与发展之间的矛盾越来越突出，恢复和改善环境任重道远。在发展本位主义的影响下，发展模式单一，重复发展倾向突出，资源配置不均匀、不科学，使得本来稀缺的资源大量浪费，而发展的深化又大大提高了资源的需求强度，使得发展与资源之间的矛盾更加突出。资源和环境作为社会生存和发展的基本前提，其过度利用和破坏不仅影响这一代人的利益，而且影响下一代人的利益。从世界范围看，资源环境矛盾同样很突出，不能不影响到发展中国家的发展进程，进而对全人类发展产生影响。总之，在对发展总量的追逐中，随着社会需求的相应扩大，发展效应的叠加产生了不少负面效果，发展规模、发展速度不可能无限放大。不重视公正，不努力通过建构公正的发展机制来提高发展质量和效益，发展将难以为继。

从发展的动力机制看，改革发展动力的阻滞表明发展公正性亟待提高。改革的深层动力，来自生产力与生产关系、经济基础与上层建筑之间的内在矛盾，来自社会积极性的释放。改革进展到今天，已经形成了一个充满活力、规范有序的体制机制，社会发展的总体机制是有效的、与生产力发展基本适应的。但也不可否认，由于策略选择上的渐进性和微调性，改革措施有的不是一步到位，一些深层次社会矛盾长期无法得到根本解决；改革导致的社会转型是一项复杂的系统工程，对社会的冲击是前所未有的，这使得社会心理发生较大变化，对改革的态度存在明显差异，抵触和负面的情绪在激烈的改革中有所强化；改革进入了深水区和攻坚期，好改的、该改的差不多都改了，要改的都是一些疑点难点问题，在这些重大问题的改革上要获得共识变得更加困难；在改革发展过程中，随着不少措施见效，不少人得到了既得利益，一些利益群体改变现状的意愿逐步降低，如何深化改革、进一步完善制度就成为难题。

从发展的社会基础看，社会结构一定程度上的极化现象加大了发展的非公正性。在先富带动共富政策的带动下，各种社会差距有所扩大，贫富之间差异悬殊，社会成员之间存在一定对立情绪。发展主体与发展利益之间不对称，发展成果难以均衡共享，成本与收益不一致，一些社会群体得到的利益更多甚至不正常，另一些社会群体承受着更多的社会代价。各种要素参与社会分配的过程中形成了博弈，权力与资本相结合的现象不时出现，权力资本化与资本权力化对社会利益形成了侵蚀。民众对于社会差距的社会感受越来越强烈，对富者的激愤和对弱者的同情情绪比较普遍，对于贫富分化趋势不断强化的社会机制存在担忧，对于一些人致富的渠道、致富后的非理性行为感到不满，在网络时代这种情绪更容易发酵扩张。由于直接和非直接利益关系，各地出现了一些突发性冲突事件，社会矛盾时有显露。大多数社会成员盼望完善社会利益的正常流动机制，减轻社会负担，加大社会转移支付力度，使社会结构能够自动优化，而不会出现贫困和发展的结构陷阱。

从发展的价值取向看，社会负面价值倾向的增强损害了发展的公正性。随着社会主义市场经济的发展，市场的决定性作用得到强力发挥，金钱、物质、财富、收入等成为社会追求的重心，个人主义、享乐主义的影响日渐深入。社会公正的评价尺度混乱，社会诚信缺失，非道德现象不时出现，在商业领域和政务领域这种现象尤其令人担忧。社会心态失衡，社会信心不足，社会核心价值受到怀疑，潜规则影响没有完全消除。社会理想价值缺失，社会竞争在一些方面有所加剧，人们更多地为生存和生活而过，社会价值走向何方成为很多人的迷惑。出于对社会现状的不满，越来越多的人强烈呼唤社会公正的回归。

第四节 发展的公正性问题有哪些

更具体来讲，当前值得注意、亟待解决的已经或正在损害发展公正性的问题主要有如下五个方面：

一、贫富差距过大

由于历史和现实原因的交叉，地区之间、城乡之间、不同行业之间的收入差距较大，长期缺乏有效的遏制措施。在发展过程中，一些人占有和积累了较多的社会财富，甚至不合理地暴富，在社会地位格局中占据绝对有利地位，金钱主导的生产和消费模式渗透于全社会，起到了负面的社会效应。社会公共财富虽然属于公有产权，但在增进社会利益方面所起的作用尚需发挥。一些垄断行业，长期凭借垄断地位而获取不正常的高收入。物价指数水涨船高，教育、医疗、住房等市场化、产业化过程加深，大部分劳动者的收入水平和比重在持续下降，没有有效参与到社会共享进程中来。社会弱势群体只维系着最基本的社会生活，得不到应有的社会关怀，社会慈善意识还比较淡漠。在这种社会利益格局中，虽然总体稳定有保障，但也经常出现社会对抗情绪，出现社会冲突事件，甚至是大规模群体性事件。

二、社会事业滞后

大家对社会事业重视不够，认为发展社会事业是累赘，是可有可无的附属品，忽视社会权益的保护。社会事业投入没有随着经济发展而相应增加，社会事业成为“短板”，大市场、小社会的格局造成社会发展的短期化，社会自治能力严重不足。社会公共产品的提供不到位、不均衡，不同地区的社会保障水平受到经济发展程度的高度制约，不同群体事实上获得的是差别过于悬殊的公共产品。社会保障体系不健全、不统一、不同步，标准不一样，不能跨区域接转使用，不同社会群体享有的社会保障待遇差距较大。由于社会事业发展滞后，人们的社会稳定感大幅下降，消费需求难以释放。

三、存在社会歧视现象

在用工、工资等方面，存在着歧视现象，不同职业、不同身份的群体待遇相差很大。户口、居住、医疗、养老、教育等方面限制较严，社会正常流动受到遏制，代际之间流动前景下降。社会单向流动加剧，产生了一些真空领域，对流动人口的管理有待强化。在社会各个领域，都有一些隐性歧视现象，对权力和财富过分崇拜，对普通劳动者不够重视，身份阻隔无所不在，庞大的等级体系依然存在，社会底层贫困现象令人担忧。人们就业时的选择偏向固定化、简单化，很多人挤着进入政府或事业单位，从农村向城镇单向流动多，社会自主创业意愿降低。双轨制依然存在，合同工与正式工等在各方面待遇不一样，市场、政府的作用相互交错，权力的自由裁量不时干预着市场体系的正常运转。

四、价值选择局部紊乱

在市场经济的强力冲击下，实用主义压倒一切，金钱追逐公开化，价值多元化趋势明显，传统价值衰落，一些人对是非善恶的区分界限趋于模糊。社会丑恶现象增多，社会诚信失范，得不到及时惩处，使得价值的导向异化，社会激愤情绪比较普遍。社会核心价值的引导不够，作用不力，一些新兴观念影响深刻，价值渗透的渠道更为复杂多样，社会精英群体与大众之间取得价值共识的难度增大。社会管理松散，缺乏精神家园，社会陌生感强烈，社会隔阂加深，人际之间的信任更难，社会交往失序，社会团结成为一个难题。

五、存在一定社会惰性

慵懒散逸现象扩散，越来越多的人追求感官享受，满足于自身生活过得去，安于现状，不思进取。在长期的惯性思维和保守思维影响下，对思想活力的鼓励不够，各种新思想、新观点、新方法难以出现并发挥作用，社会协商交流渠道缺乏，社会创造力不足。以人为本的原则在很多方面落不到实处，很多地方主体缺信严重，人的积极性发挥很不够。

第五节
如何增强发展的公正性

要按照发展公正的内在要求，针对现实存在的突出问题，从制度、观念、结构、行为、动力、机制等方面入手，改正病态的、得不偿失的发展，全面提高发展的公正程度，确保规范、稳定、长期发展。

一、促进制度公正

公正的社会导向的最可靠保障来自完善的制度。要使公正成为制度制定的第一理念、核心理念，出台任何一项制度都必须综合考虑是否符合理念、机会、规则和结果的公正，在程序和内容上都充分体现公正性，防止走向不公正。结合每一项工作的实际，把公正的要求具体化，将公正作为制度的重要内容，保证制度一定程度上的中立性，清除制度中所附带的不当利益，防止制度成为不公正现象产生的根源。用公正的标准对现有制度进行规范，及时拾遗补阙，对制度体系进行必要的完善，通过制度来体现改革发展的各项措施。调动全社会落实制度、监督制度落实的积极性，确保制度面前人人平等，把制度的规定从严落到实处，去除一切特权现象。

二、引导价值观念

公正是一种价值导向，是支配社会行为和社会制度选择的内在标准。要加强对社会成员的经常性价值观教育，重视精神文化建设，用民族文化和现代文化中的精髓来教育人、凝聚人、铸造人，使得社会利益追求更加健康全面，才能牢固树立并保持积极向上的民族精神状态，为经济社会发展注入强大的精神动力。及时惩治失德行为，增加违背社会诚信的成本，统一建立社会诚信档案，使更多的人坚守社会底线。发挥社会舆论的作用，以弘扬优良社会风气为荣，抑制荣耻混淆以至颠倒的价值倾向，回归社会生活的正当意义，用良好的社会风气来引导人、感化人，使得公正参与社会生产生活成为自觉的行为。

三、优化社会结构

只有以社会结构现代化为基础的社会转型发展，才是稳定的、可持续的文明成果。特别是在当代中国从农业社会向工业社会、从计划经济社会向市场经济社会、从封闭社会向开放社会的多重转型过程中，由于社会历史原因，主要采用渐进式文明转型战略，使得社会结构的惯性、过渡性、不成熟性特征非常明显。促进社会结构的整体转型，成为当代中国转型发展的关键。为此，首先要建立完善、规范、统一的社会主义市场经济制度安排，使市场机制真正发挥基础性作用，形成公平竞争、管理规范的良好氛围，避免宏观调控的随意性。其次要建立合理的社会分层结构，使各种利益主体、各个社会阶层都能够参与社会主义市场经济，自觉发挥积极性和创造性，各安其责、各尽其职，通过各自的努力获得应有的回报。强化教育认同，增强社会合力，消除社会文化因素的惯性阻力。再次要逐步形成科学的产业结构、城乡结构、地区结构、就业结构，逐步消除社会结构的极化和不平衡性趋势。最后要力求经济领域与政治、文化、社会、生态等领域相协调，在经济发展的同时，使人民享有充分的民主权利，生活水平得到不断提高，社会保障体系健全，社会秩序稳定，各种稀缺性自然资源得到可持续的利用，人与自然之间的关系更加融洽。

四、改正病态行为

以发展损害公正，在一定意义上是一种必须扭转的社会病态。要对发展战略策略进行深刻的反思，停止在发展过程中不惜影响公正的行为。建立对发展项目进行评估监督的机制，从程序上把不符合公正理念的选择排除在外，把项目执行过程中损害公正的行为及时清除掉。建立更具操作性的奖惩机制、问责机制和监督机制，形成明确的激励导向，对错误行为进行严厉惩处。

五、释放社会动力

经过多年的发展，我们在综合国力、生活水平等方面都取得了巨大成就，然而经济社会发展的粗放型方式、在产业分工和科技创新中的低端地位整体上并没有改观，许多本来稀缺的宝贵资源被人为浪费，社会成员的正当积极性还受到很多制约。我们多年来强调创新，但直到今天，社会创新能力、社会创造活动、社会创业行为依然严重不足，经济社会发展后劲不足。究其深层次的原因，我们的社会还是缺乏一种鼓励创新、创造、创业的机制和氛围。我们要建立各种各样的促进社会活力的机制，下决心废除一切阻碍社会活力的政策，让创新成为人们自觉的导向，让创造成为人们自觉的行为，让创业成为人们主动而光荣的选择。政府、企业、学校、社会机构等单位，都要力求成为创新型组织，最大限度营造创新的机制和氛围。当全社会的主体积极性得到充分释放时，就会使中国特色社会主义事业获得前所未有的活力，进而把创新精神贯穿到治国理政的各个环节。

六、完善整体机制

要着力创造公正社会，让公正的阳光普照大众，普惠社会各个角落。要把公正作为社会时刻不可缺失的要素和理念，贯穿到社会运行机制中去。既要重视效率也要重视公平，既要做大蛋糕也要分好蛋糕，使社会流动渠道更加畅通。公正的标准应该是恒定统一的，应该成为社会整体永不磨灭的底色。要在社会运行机制中充分考虑方方面面，鼓励社会公益，关注社会弱势群体，在拉长“短板”的过程中拓展社会发展的总体空间。对于关系社会公正、有利于社会长远发展的社会基础事业，要下决心推进，建设公正公开、全民均衡、和谐稳定、充满活力的幸福社会。

第六章
发展与矛盾

发展会带来矛盾，解决矛盾要靠发展。发展是在解决矛盾中前进的，正视矛盾是促进发展的重要前提。认识和解决发展中的矛盾，是发展的重要任务，是促进发展不可回避的问题。

第一节
在发展中始终处理好矛盾

改革开放以来，我国围绕人民群众日益增长的物质文化需求与相对落后的社会生产力这一主要矛盾来制定和实施发展战略。经过 30 多年的努力，中国在经济、政治、文化、社会各方面都取得了历史性成就，发展基础比过去更加坚实，发展空间比过去更加宽阔。在快速工业化、深度现代化、大规模城镇化的一系列激烈社会转型过程中，社会关系、社会结构和社会意识发生了很大变化。从整体上看，中国特色社会主义道路、理论和制度显现出强大的生命力，社会总体和谐稳定，社会矛盾处于可控范围内，社会发展潜力巨大。尤其是在全球金融危机、全球科技革命和全球结构调整浪潮兴起的过程中，中国模式的特点和优势很突出，应对的战略策略也很有效。中国经济社会发展迈上了新的台阶，站在新的历史起点，进入了渴求更高质量、更优结构和更多文化含量的新一轮质变。

必须看到，我国现在并将长期处于社会主义初级阶段，人民日益增长的物质文化需要同落后的社会生产之间的矛盾仍然是我国社会的主要矛盾。我国生产力和科技、教育还比较落后，实现工业化和现代化还有很长的路要走；城乡二元经济结构还没有改变，地区差距扩大的趋势尚未扭转，贫困人口依然为数不少；人口总量继续增加，老龄人口比重上升，就业和社会保障压力增大；生态环境、自然资源和经济社会发展的矛盾日益突出；我们仍然面临发达国家在经济、科技等方面占优势的压力；经济体制和其他方面的管理体制还不完善；民主法制建设和思想道德建设等方面还存在一些不容忽视的问题。无论是从社会基本矛盾和主要矛盾的角度，还是从社会基本矛盾和主要矛盾的各种具体表现的角度，无论是从社会总体的角度，还是从社会各个领域的角度，无论是从社会成员构成的角度，还是从社会心理嬗变的角度，无论是从常规确定性风险的角度，还是从非常规不确定风险的角度，都可以明显看出：社会总体和谐的同时也存在不少产生社会矛盾的因素，一些地方、一些领域社会矛盾还很突出。这些情况说明深化改革开放依然面临很多问题和矛盾，还需要在解决矛盾中前行。

由此看来，正确认识和处理新形势下的社会矛盾是一个不可回避的重大理论问题，也是迫切的现实问题。学者们对于这个问题的探讨是多方面、富有成效的。关于社会矛盾产生的原因和特点，大家从所有制、社会分工、社会转型、宏观政策等方面做了分析，强调其公开性、利益性、群体性、复杂性等特点。关于当前社会矛盾的主要表现，观察角度不同，分类也不同。有的认为当前社会矛盾可以概括为贫富矛盾、官民矛盾、政社矛盾和文化矛盾①。有的依据是否对社会秩序构成严重威胁的标准可以将社会矛盾划分出风险型社会矛盾和常态型社会矛盾②。有的认为收入差距矛盾、就业矛盾、干群关系矛盾成为影响当前改革发展稳定全局的重大利益矛盾③。总的来看，现有研究对于社会矛盾的表现、实质、态势的深度研究还显不够，一般性的总结和评论居多，而系统的实证研究不足，历史与逻辑相结合的

---

① 王启富：《转型期社会矛盾的分析与对策》，《宁波日报》2010 年 10 月 21 日。

② 刘少杰：《改革创新社会管理体制化解风险型社会矛盾》，《科学社会主义》2010 年第 3 期。

③ 龚维斌：《正确认识改革发展中的利益矛盾》，《中共太原市委党校学报》2012 年第 1 期。

理论解读太少，使之缺乏足够的说服力，较难作为实践决策的可行根据。全面认识人民群众生活中出现的新要求和新期待、社会分配关系的新变化、利益群体的新结合等社会矛盾产生的崭新原因，特别是认识矛盾发生的深层次结构因素，从战略性、全局性、现实性、突出性的综合角度来分析当代中国经济社会发展过程中应该予以重点关注和处理的矛盾，提出符合经济社会发展现实要求的矛盾处理原则和思路，成为拓展社会矛盾研究的重要着力点。

为了走出社会矛盾研究习惯性的泛泛研究思路，我们尝试构建一个以社会发展函数为基础的基本分析框架，不仅从主体身份差异、收入财富分配、群体共性的单一视角，而且从动态变迁、文化心理状况、主导因素的综合视角，来全面认识社会矛盾体系中合理和不合理的环节，及其与社会不稳定因素的潜在或显在的联系。从市场经济深化的新特点，特别是金融危机、国际科技文化竞争加剧的新背景下，不仅把握社会矛盾的利益性、纠纷性、自发性，而且把握社会矛盾的综合性、可控性、发展性。对社会矛盾的调控，提出变单一控制为综合协调、变表层处理为深层引导、变临时应急为日常规范的整体思路，为社会稳定的监控、预警、规范机制等的建立提供理性依据。

第二节 当前我国社会矛盾的主要表现、特征及危害

社会矛盾与社会发展相伴生。社会发展是一个由主体因素和客体因素共同参与的综合过程，社会发展中的主体围绕客体而产生各种各样的社会关系，进而产生各种各样的社会矛盾。社会发展中引发社会矛盾的主体因素不是单一的，而是综合的、动态的，而且与各种各样的社会实际状况相结合才能产生作用并成为主导因素。我们用 d=f（h，s，c，i）来表示社会发展的综合函数，强调社会发展进程是由社会参与主体、主体结合的内在结构、社会动态变化、社会文化心理这四个基本变量共同参与和影响。从

这一构架出发，可以分析出社会矛盾应该包括四种不同类型，即主体性社会矛盾、结构性社会矛盾、动态性社会矛盾及观念性社会矛盾。主体性社会矛盾就是社会群体利益差异分化产生的社会矛盾，主要是社会阶层内外部之间的矛盾。结构性社会矛盾是指社会主体的深层构成所内生的社会矛盾，反映制约社会发展的深层次“瓶颈”，如城乡二元结构、资源粗放利用、分配极化等结构性矛盾现象。动态性社会矛盾是在社会发展转型过程中产生的各种社会矛盾，是主体性社会矛盾和结构性社会矛盾在运动中的表现，包括经济、政治、文化转型诱发的与社会冲击、重组、流动相缠绕的各种矛盾。观念性社会矛盾则是指各种社会矛盾在文化心理上的表现，随着社会发展，社会文化心理因素的作用有所增大，这类矛盾在社会矛盾体系中所起的作用不完全是被决定、被主导的，已成为社会矛盾综合分析不可忽视的一种重要形式。

以上四类社会矛盾在当代中国不同程度地有所表现，从其主要趋势和后果来看表现出如下一些特点：

社会结构不平衡的状况加剧。在社会主义市场经济深入发展的过程中，利益主体全方位、立体式、深层次的发展和分化，使得各种利益差距明显扩大，利益主体的利益诉求、利益实现的程度出现很大差别，强化了不同社会阶层、城乡之间、城乡内部、不同经济实体、不同部门、不同单位、不同职业的利益主体收入差距较大，在社会结构中的地位不平衡趋势有所强化。一些主体不愿意承受利益格局变化所带来的代价，转变利益取向的措施很容易落空；渐进式改革路径的选择和转型期的特殊环境，使一些主体行为超越了界限，形成利益关系格局中的灰色区域，一些不正常因素如垄断、权力等参与利益分配过程，利益格局难以形成正常的新陈代谢；“金字塔”形社会利益结构端倪隐现，收入水平和社会保障相对滞后于国民经济发展，绝大多数人的生活水平不高，中产阶层力量不足，缺乏推动改革深化和维护长期稳定的主力军。

不正常的利益博弈使得一些现实问题的危害性更加突出。有学者指出，要把利益矛盾视为人民内部矛盾的主导方面，视为决定其他人民内部矛盾存在、发展、激化的主导性矛盾①。有的认为，利益差别的存在必然引起矛

① 陈金光、李培林发言，《中国青年报》2004 年 1 月 4 日。

盾和冲突，是矛盾发生的根本原因[①]。这说明当前社会矛盾的利益性非常突出。在利益博弈过程中，一些强势群体占有更多的社会资源、拥有主导的话语权和决定权，这一方面存在强势地位累加的极大可能性，使得强者愈强；另一方面在政策制定和实施过程中，弱势群体的利益难以得到充分的表达和考虑，关涉弱势群体切身利益的一些问题长期得不到解决，对社会稳定的危害性越来越突出。教育、医疗、住房、就业、社会保障等涉及民生的问题，引起人们的强烈关注，制约着经济社会发展总体战略的实施。社会安全生产事故频繁发生，腐败与作风不良现象有所突出，危害着人民群众的切身利益，也加剧了社会诚信危机。

社会心态不成熟导致社会整合的难度加大。随着现代化转型的推进，人们的思想面貌越来越呈现出多样化、复杂化的趋势，所面临的外部影响和冲击越来越强烈，传统的价值体系遭到摧毁，社会核心价值体系面临的挑战不断加大。在经济社会发展的同时，人们在参与社会生活时，具有基于自身利益、年龄、学识、经验、气质、性格等不同特点而形成不同心理意识，有的对于非法利益及其既得化义愤填膺，对利益关系的认知很容易走向误区，各种社会不满情绪激增并累积。群体之间的利益差距在市场联系中由隐性转为显性，对这些差距的群体意识也逐步增强，群体的不满情绪容易引起共鸣。在此情形之下，利益同一和社会合作的心理基础削弱，有的甚至采取极端手段，使社会利益基础更为薄弱，给预定利益目标的完成增加困难，反过来使利益关系更为紧张，更难以协调。

利益变动引发的社会矛盾和局部对抗冲突增多。在社会主义市场经济条件下，利益群体呈多元化发展态势，各个利益群体的利益要求独立化、明晰化，群体之间的利益矛盾在各个层面展开。改革要照顾大多数人的利益，但某一项具体的改革措施可能对一个群体来说是有利的，但对另一个群体来说则是不利的。如果工作不到位，使得改革与社会承受力之间失衡，会造成群众信访增多，甚至引发群体性事件。例如，一些群众之间会因为债务偿还、合同解释、财产纠纷、资产分配、土地使用等问题，发生口角争吵、激烈纠纷和暴力冲突，有时还造成重大人员伤亡事故；一些群众会因为对社会治安、住房、工资、物价、社会风气等各方面的情况不满，而采取集体上访等各种直接形式的对抗；一些社会成员为了维护自身的利益

① 舒永久、王玲玲：《当前我国社会利益矛盾化解路径思考》，《人民论坛》2013年第17期。

采取组织化对抗形式。如果对这类问题和事件缺乏警惕，不能见微知著，把问题解决在萌芽状态，就只能眼看着事态扩大，甚至有可能爆发更大的社会动乱，最终影响到社会主义的政局稳定。这些矛盾在经济、政治、思想文化各个领域同时表现，往往是由多数人的受蒙蔽行为、过激行为或一般违法行为，与少数人的过失行为和犯罪行为，以及极少数敌对势力、敌对分子的故意捣乱破坏活动纠缠在一起。

新生社会矛盾频现。有学者提出，社会矛盾产生的原因在于“五化两转”快速推进、30 多年与 100 多年的时空差异、社会需要结构深刻变化、既得利益格局开始形成、网络虚拟社会迅速发展①。这表明，在经济社会快速发展中，还存在大量的新生社会矛盾和隐性社会矛盾。在金融领域，存在一些不良贷款，民间借贷大有市场，股市起伏较大，随着国际金融危机的深化发展，可能诱发风险表层化。随着信息网络的迅猛发展，人们的社会交往呈现出一些新的形态，由此引起的矛盾增多。在一些社会冲突事件中，大量参与者与事件本身没有直接的利益关系，仅是出于某一种不满情绪而借机闹事发泄，甚至酿成了很大的社会冲突。在一些地方、一些领域，引发矛盾的因素暂时没有公开暴露出来，但隐性危害较大。另外，在深化市场化改革的过程中，行政领导权威一再被削弱，国家调控能力有所下降，政策的纵向传递变形严重，进一步增加了利益矛盾的失控可能性。

第三节 社会矛盾调控应当遵循的基本原则

从实质上讲，社会改革关键在于处理好各种社会矛盾，社会矛盾调控也是深化改革的过程。对社会矛盾的调控不仅要从物质利益入手，而且要注重加强社会文化心理引导，不仅要关注社会表层矛盾，而且要解决深层次的结构性、动态性、主导性问题，不仅关注大多数，而且要不忽视极少

---

① 龚维斌：《正确判断社会形势科学推进社会管理》，《行政管理改革》2012 年第 11 期。

数，坚持充分体现个人利益与社会利益、现实利益与长远利益相结合的一些基本原则，达到标本兼治的综合效应。

一、公平原则

处理社会矛盾，应当不偏不倚、确保公平，充分考虑矛盾各方的诉求，维护大多数社会成员的共同利益。无论是分析社会矛盾的现状和产生原因，还是考虑社会矛盾的解决方案，都应该以正义为先。只有始终坚持正义原则，才能获得最大多数人的支持，应付、减少甚至消除社会摩擦和动荡，避免不必要的代价和损失，促进社会安定有序、充满活力，从而形成一种社会合力和活力有机结合于一体的社会平衡协调机制。不少学者强调，中国目前社会矛盾的基本根源是民生问题①。基于此，只有秉持公平正义的理念，大力发展和完善社会事业，全面维护起点、机会和结果的公平，着力改善社会弱势群体的状况，为社会成员提供普遍均等的社会保障，才能从源头上消除社会矛盾。

二、效率原则

效率是反映社会活动配置效率和利用社会资源的有效比率及经济社会发展成效的概念，集中表现为整个社会的生产资源得到合理有效的配置和利用，创造出更多、更好的社会财富。效率优先是人类文明发展必须遵循的第一位原则，没有效率就没有社会进步和社会和谐。社会矛盾的处理，应该有利于维护和促进社会效率，有利于社会物质文明、精神文明、政治文明和生态文明的稳步发展。不讲效率，一味调和矛盾或者放任矛盾，就会使矛盾发生连锁反应，浪费社会资源，阻碍科学发展，削弱社会存在和发展的基础。

三、动态原则

有学者指出，当前社会矛盾凸显问题是经济社会快速发展带来的，是

① 吴忠民：《中国目前社会矛盾的基本根源是民生问题》，《学习时报》2013 年 10 月 29 日。

体制机制不健全的后果①。根据这种对社会矛盾的动态理解，在进行矛盾调控时，要敢于创新、善于创新，不拘泥于已有的思维模式，对现实矛盾的新情况、新变化做出及时回应。在具体运用矛盾调控的方法时，根据矛盾的发生过程、性质和机理，随时随地调整，防止处理失当。关注各项措施的后续效应，树立补救意识，克服非理性的破坏后果，减少损失，不留后患。主动解决矛盾面上的类似问题，防止同类矛盾重复出现，重建人们对社会秩序的信念。

四、系统原则

社会矛盾处理是一项系统工程，要促使经济、政治、文化各个子系统之间协调发展，经济、政治、文化各个子系统内部相互适应、相互促进、有序发展。从结构上着眼，建立完善、规范、统一的社会主义市场经济的制度安排，建立合理的社会分层结构、产业结构、城乡结构、地区结构、就业结构等，通过建构和完善普遍均等、多方平衡、公平正义的利益结构，形成动态的长期的内在和谐。按照统筹兼顾的原则，关注不同地区、不同群体、不同层次的全面发展，使得存在差别的具体利益之间能够和谐共生。

五、适当原则

社会矛盾的处理应该因地制宜、因时制宜、因势制宜，始终坚持具体问题具体分析的原则，根据矛盾的特定表现形式提出合适的处理思路。要充分了解事件的前因后果，找到矛盾解决的有效突破口，使得提出的措施具有针对性和可行性。根据群众的需求和工作的要求，选取一些关键节点、关键部位进行重点监测，比较各项措施在不同点上的实施效果，在此基础上根据情况加以完善。

① 沈国明：《正确看待和处理转型期的社会矛盾》，《社会科学战线》2011 年第 3 期 。

第四节 促使社会矛盾调控思路的创造转换

关于社会矛盾的应对和化解，有的学者提出多元纠纷解决机制，有的强调以信法、学法、守法、用法的法治方式化解矛盾，有的认为要学会做群众工作、做社会工作，学会用大讨论、大调解来化解社会矛盾①。这些思路都有可借鉴之处。中共十八届三中全会《中共中央关于全面深化改革若干重大问题的决定》提出要创新有效预防和化解社会矛盾体制，建立畅通有序的诉求表达、心理干预、矛盾调处、权益保障机制，使群众问题能反映、矛盾能化解、权益有保障。这是从深化改革角度对社会矛盾调控机制的整体设计，落实这个整体设计的关键在于实现矛盾调控思路上的一些根本转变。

一、从堵乱到疏通

解决各类社会矛盾，立足点应该是疏而不是堵。堵在短期内可以解决一些问题，缓解矛盾的负面影响。但是矛盾无处不在、无时不在，不管怎么堵都是一种客观存在，都要在社会运行中产生其内在作用。事实证明，堵得不好，有时候不仅难以解决矛盾，反而会激化矛盾，形成堵与乱的恶性循环。只有以疏通为主，把疏通的工作做细、做实，才能从根源上减少矛盾的发生，才能发挥矛盾参与各方的积极性。实行疏通方针，要扭住中心任务不动摇，坚定不移地加快发展，在发展中减少和解决矛盾。缺乏经济基础，矛盾是处理不好的。经济落后的地方，容易走向保守和变动的极端，往往矛盾四起，社会问题应接不暇。经济实力强、经济发展水平高的地方，往往人民生活安稳，人心思定，社会问题相对较少。无论发生什么

① 邓伟志：《新形势下的社会矛盾及其解决途径》，《市长参考》2009 年 8 月 12 日。

样的矛盾，人民群众的利益指向总是十分明确而强烈，只有发展起来了，才会减少矛盾的产生，才能不断增强解决矛盾的基础。如果老是把心思和精力放在压制矛盾、消灭矛盾、对付矛盾上，人民群众的需求得不到及时关注和满足，矛盾只会越来越多、越来越严重。实行疏通方针，要注重深层次的思想引导，消除矛盾产生的思想根源。明代王廷相在《慎言·御民篇》中说："天下顺治在民富，天下和静在民乐。"在当今的信息化时代，人们接触外界信息多，思想活跃多变，联系更加紧密，只能通过疏导来化解人们的思想情绪，做扎实的思想政治工作，防止走向激烈和极端。当矛盾产生时，它总会要求表现，不在此时此地表现就在彼时彼地表现，不用这种形式表现就用另一种形式表现，与其强行堵塞，不如正确分析矛盾产生的客观环境，引导其向正确的方向转化。对矛盾参与各方公平对待，在艰辛细致的协商调解中达成共识。

二、从应急到预防

矛盾的发生具有随机性、突发性，是由很多偶然性的难以预见的因素引起的，这就使矛盾处理工作不能不带有一定的应急性质。当矛盾出现时，必须马上做出正确的反应，采取及时的措施，不能错过矛盾处理的瞬间机会。这种应急意识和应急机制是必须具备的，但在矛盾处理的工作心态和机制上，应该重在预防。只有把预防工作做足做好了，紧急情况的发生才会减少，出现应急情况时也才不会过于匆忙。预防矛盾首先要树立前瞻意识，防患于未然，及时掌握各方面的情况，对可能出现的矛盾要提前研判，估计其趋势和后果。其次要有充分准备，制定详细的突发事件预案，配备专门的人员和机构，并按照预定方案定期演练，在启动紧急预案时不至于手忙脚乱。再次要从小事抓起，对事物发展的态势有所预估，对出现的苗头性问题要有所警惕，争取将问题消灭在萌芽状态。最后要争取时间，做到早报备，早预警，早沟通，早介入，最大限度地减少人为的失误，减少矛盾的危害性。

三、从管理到治理

在各类人民内部矛盾中，矛盾的主要方面是在领导方面，如果能在改进领导作风方面下大力气就会取得矛盾解决的主动权。刘少奇同志曾经指出：我们有些同志在处理人民内部矛盾的问题上面，有几个基本观点是错误的。第一个观点，就是站在人民之上的观点。第二个观点，就是只去分清群众的是非，而不分清领导上的是非。第三个观点，就是以力服人，不是以理服人。第四个观点，就是把人民内部的矛盾当作敌我矛盾来处理①。对于各级领导干部和公务人员来说，改变这些错误观点，要实现从管理到治理的心态转变。出现矛盾时，不是一味去责怪群众，处理群众，而是要分析问题产生的根源，提出解决问题的措施，满足人民群众的合理要求。要树立正确的权力观，践行爱民、亲民、便民、为民理念，全心全意为人民服务，不断提高公共服务的质量，建设法治型、服务型政府。对于人民群众的要求，不合理的要做好引导工作，不能老是推过诿责。合理的即便一时满足不了，也要耐心细致地解释，不能盛气凌人。对于人民群众的合理要求，则要增加政策的弹性空间，创造条件尽可能满足，让人民群众在发展中共享利益，在公共服务效能的提高中取得人民群众的信任支持。

四、从被动到主动

人民内部矛盾的复杂性、系统性，要求在处理矛盾时争取主动化解，从各个方面降低风险。总是被动应付，“头疼医头，脚疼医脚”，不仅会延误矛盾处理的最佳时机，而且可能造成矛盾的连锁反应。主动化解矛盾，要克服在家等人上门的思维模式，而是经常主动走访，到矛盾多的地方去，对矛盾进行排查。采取主动措施，使矛盾得到有效化解。根据新时期不同类型矛盾的特点、现状，主动突破矛盾形成的薄弱环节，应该始终坚持以人为本原则，下大力气关注社会基本需求，提高弱势群体共享社会利益的水平；防止和纠正社会转型过程中的利益掠夺，建构规范的利益秩序；更加重视发展性需求，争取全面、协调、可持续发展，在社会整体发展中消解矛盾。

---

① 参见刘少奇：《刘少奇选集》下卷，人民出版社 1985 年版，第 295-309 页。

五、从松散到规范

由于社会矛盾的发生有时候是偶然的，并在不同地方分散，过去对矛盾的处理是松散的，没有固定统一的要求，没有科学的工作流程。不同地方、不同单位、不同人员，应对矛盾的心态不同，处理矛盾时的做法也不一样。社会和谐实际上就是指社会生活和社会结构的有序性，即社会主体、社会活动、社会行为在社会规范体系内融洽协调。诸多社会矛盾产生或长期得不到解决，最后根源还是在于制度不完善，缺乏必要的规范。随着社会文明程度的提高，理性引导越来越趋向于规范化，人们对利益关系的合理化要求逐渐变为合法化、制度化要求。制度以规范的形式确定社会资源使用的主要原则，保证经济社会资源在一定政治体系内得到最大限度的利用。当法律、法规、规章制度的条文完善而合理时，将减少人为因素不确定性的影响，形成可供遵循的社会规则体系，使人们各在其位、各谋其政、各司其职、各尽其责。如果这些条文本身确定的程序和框架是按公平原则设计的，那么社会秩序将以可预测的、简单的方式最大限度地得到保障。社会所要达到的目标在由制度所体现的社会公认、主导的规范化利益观念指导下确定，为这样的目标而采取的措施就容易取得大多数人的参与和支持，人们对公平秩序的信心相应增强。

六、从维稳到变革

社会稳定是指社会生产生活安定有序和平稳运行，社会成员之间关系和谐，社会矛盾和冲突处于可控制范围内。任何社会都需要社会稳定，社会稳定是社会存在和发展的基础和保障，因而社会稳定对于社会系统具有元重要性，是社会发展战略需要优先考虑的因素。对于社会管理者来说，要想方设法维持社会稳定，减少和消除社会不稳定因素，才能达成既定的政策目标，赢得社会成员的广泛和长期支持。对于普通民众来说，总是希望社会稳定，把社会稳定作为自身的首要利益。社会稳定不代表社会静止和僵化，社会结构需要根据现实不断加以调整和优化，不断增强社会发展的动力与活力。在任何一个社会，不稳定因素都是大量存在的：一是有可能被各种力量控制在一定范围内，所引起的社会生活的变化和扰动未超出正常阈值；二是在政治上稳定但在其他方面存在着不稳定因素，不少社会问题需要解决；三是社会稳定具有时间性，一定时点上的社会稳定可能随着条件的变化走向另一时点上的不稳定。其关键不在于一个社会是否存在非均衡现象，而在于能否有效控制非均衡现象。为了调动社会成员的积极性，必须允许某种程度上社会利益的非均衡、不同步发展，在利益关系各方之间造成一定的利益涨落，明确承认合理的利益欲望和利益差距，方能带动和促进社会整体利益的迅速增长。要使社会结构保持良性循环、新陈代谢，使利益功能不断完善，使利益结构与利益功能的耦合在改革中达到新的水平。

七、从临时到日常

随着矛盾的多发性、易发性的提高，要求矛盾的处理从临时走向正规，将对矛盾的预防、监测和处理纳入经常性工作。通过建立有效的社会建设和管理体制，实现对矛盾的日常管控，才能推动社会整合，保障社会安全，促进社会稳定，推动社会发展进步。加强对矛盾的日常管控，需要从多方面提高广大党员干部的矛盾处理能力：一是讲究方式方法，善于引导群众、宣传群众、说服群众；二是善于疏通民主渠道，建立和完善民意表达机制；三是善于见微知著，取得化解矛盾的主动权；四是善于依法执政，依法化解矛盾；五是善于依靠群众自己解决矛盾，努力构建人民调解机制；六是善于学习，解决新形势下做群众工作“本领恐慌”的问题。

八、从简单到系统

矛盾的产生，不是单一的，而是具有多种多样的原因。如果“头疼医头，脚疼医脚”，矛盾的处理总是不够彻底，一处矛盾出现后，另一处矛盾可能又会以同样的方式冒出来，难以形成系统的优化和自我反馈。促进矛盾的系统处理，要求建构和落实好利益协调、诉求表达、矛盾调处、权益保障等一系列处理机制。从法律上、政策上、体制上努力营造公平的社会环境，建构起合理的奖惩机制和行为准则，激励人们投身认识世界和改变世界的实践，使群体之间及群体内部各成员之间的关系变得融洽，社会负面现象得到约束和扼制。制定收入分配、利益调节、社会保障、公民权利保障、政府施政、执法司法等方面的切实措施，便于社会成员维护自己的正当权益，平等地参与劳动创造、市场竞争、社会生活，在公开公平的氛围中参政议政、建言献策，进而达到自我管理、自我服务、自我教育、自我监督的良好效果。

第七章 发展与代价

发展伴生代价，低代价的发展是发展的重要目标。从代价论的角度看，利益关系的不合理加剧了社会不稳定，延缓了社会发展速度。利益关系协调的一个重要意义即是减少社会转型和发展的代价。所以，树立代价意识，可以增强改革发展稳定各项工作的自觉性和有效性，有效推进发展和完善社会主义市场经济的进程。

第一节 代价论视角

人是有意识的，人类活动总是指向一定的目的，这是人类生活的意义所在。为了达到预定目标，人们有可能选择这一种手段，也可能选择另一种手段。而目标本身，有可能达到，也有可能达不到。在此过程中，人们或许会付出不想付出的投入，并得到不想得到的后果，这就是与既定目标相连的代价。很长时间以来，人们只注重自己行为的目的，而忽视了自己行为的代价。这造成了更大的代价的付出，也造成了许多虚无的目标。可以说，从代价论视角对人类行为的分析，意味着人类对目的决定论的摒弃，意味着人类意识的自我完善。

“代价”一词，本身就是有争议的。有人认为，代价总是积极的代价，“人类的一切行为在为他带来收益的同时，也使他付出代价。……我们的‘代价’界定在该行为‘有所收获’的前提下，即‘代价是某种收获的代价’”①。然而，既然人们只要有所行动就不可避免地会付出代价，行为的不可预测性就决定了代价不能只界定为积极的代价。事实上，人类历史上发生过的无数悲剧，确实给人类带来了诸多毫无益处的消极影响。

基于上述分析，我们认为，从比较完整的含义上看，代价应当包括成本与后果两种类型。成本是行为得以发生的条件，后果是行为完成后的影响。后果又分为积极后果和消极后果。成本、积极后果与一部分消极后果属于必要代价，其余的消极后果属于不必要代价。无论成本还是后果，所带来的损失可能在效率、主体和秩序三个方面得到表现，因而又可以从这三方面来区分代价的类型。显然，对代价的认识必须是辩证的、全面的。对于代价大小的比较，不仅是量上的比较，而且是结构上的比较。零成本不可能，零积极后果不可能，零消极后果也不可能。进行代价论的分析，不是为了消灭代价，而只能降低和减少成本及积极后果，防止和消除某些消极后果。

第二节 社会转型中的代价

从某种意义上可以说，社会面临的问题即是代价。罗马俱乐部归纳出的“世界性的问题”有：富足中的贫困，环境的退化，对制度丧失信心，就业无保障，青年的异化，遗弃传统价值，通货膨胀，以及金融和经济混

① 郑也夫著：《代价论》，三联书店 1995 年版，第 154 页。

乱[①]。那么，这些问题有多少成了中国在向市场经济社会转型时所付出的代价呢？不带偏见地看，这些代价我们都曾经或正在不同程度地遭受。以下就此试做简明分述。

不可否认，改革开放使中国大多数人的生活水平提高了许多。有天赋的人，有能力的人，会抓机遇的人，勤劳肯干的人，在逐步走向富裕。然而，仍存在着绝对贫困和相对贫困现象。一方面，一些农村地区自然条件恶劣，导致当地居民难以脱贫，同时体制转换使城市中某些人群的贫困问题也日见突出，这些人在极端艰辛的条件下维持生计，离现代化还很遥远；另一方面，转型期制度上的漏洞使一些人暴富，导致体制漏洞滋生的不合理利益、以腐败为代表的非法利益、过度垄断经营造成的行业利益、危害公众的欺诈性利益、狭隘保护主义的地区利益、恶性膨胀的小团体利益等病态利益的局部泛滥。贫富之间的相对差距不合理地拉大，而随着经济增长速度进入周期性调整，人们的相对贫困感越来越强烈，形成对现有利益秩序的心理失衡。

总体来讲，我们的经济增长方式仍旧是外延式、粗放型的。迅速工业化既增强了国民经济的基础实力，也造成资源的过分消耗、环境的恶化，出现了“两难”局面。特别是由于市场经济的不完善，市场利益主体“搭便车”的行为比较普遍，溢出许多外部负效应。在人与自然的利益关系上，我们虽已具备了可持续发展的意识，却不得不在一段时期内继续面临污染、噪声、自然资源短缺等现实问题。而且，只要社会转型尚未终结，为了经济增长与赶超，就不得不在一定范围和程度内使这些负效应有所加深和扩大。

经历了长时期的僵化和停滞，特别是各种制度成本长期居高不下，人们感受到旧体制的固有弱点，衷心支持改革。但新的体制的建立和完善，不得不是一个长期的过程，对它的信心需要在实践中不断加强。其间的时间差，反过来又给社会转型带来了难度。允许“双轨”的存在虽说在某种程度上减少了学习成本和交易成本，但“双轨”并存所造成的结构性利益冲突却大大增加了转换成本，造成了不必要的新旧体制之间的摩擦和冲突，形成规范的、合理的一元利益秩序的任务还很艰巨。

---

① ［美］丹尼斯·米都斯等著：《增长的极限》，李宝恒译，吉林人民出版社 1997 年版，第 8 页。

传统社会向现代社会的转变，与农业人口非农化的程度存在某种一致关系。这时候，大量的农业人口从隐性失业状态变为公开的失业待业人口，需要提供新的职位来使这些转移出来的劳动力得到充分利用。同时新旧体制的转型使结构性失业人口不可避免地增多，知识技能培训的滞后，又使得人们的就业更加困难。导致一些人的基本生活无保障，成为社会动荡的根源之一。

青年人是社会发展所依赖的主体力量，面对社会转型时期的复杂情势，他们容易看到社会弊端，夸大社会阴暗面。有些人将社会生产力的落后归罪于既有制度，归罪于传统，产生盲目的逆反心理。在未来革新途径的选择上，他们反对保守而热衷冒险，往往置社会稳定于不顾。在西方生活方式的影响下，很多人盲目崇外，认为改革应该照搬人家的模式。青年人对转型目标、方式和途径的不正确态度，将影响转型的隔代传承。

在社会转型期，传统观念不可避免地受到冲击，旧的秩序已经动摇，新的秩序却还未完全确立。各种各样的思想纷至沓来，合理利己主义、个体主义、享乐主义等西方资产阶级曾借用过的利益观念卷土重来，缺乏一个众所公认的统一价值评价标准，使得社会的一部分资源浪费在无谓的争讼上。在这样的信仰缺失时代，人们的行为选择缺乏一个相对完善的参照系，经济、政治和道德生活中没有真正确立起能指引人们继续前进的主心骨，越轨行为也特别多。如此一来，就形成了十分奇怪的情状，一方面在社会进步的带动下人们开始渴求新的解放，接受了许多前所未有的新观念；另一方面一些旧观念死灰复燃或垂死挣扎，还在阻碍着社会的更进一步发展。

由于社会产品从根本上讲还没有摆脱匮乏状态，价格改革的措施又过于激烈时，就有可能引起抢购风，物价上涨速度超出人们的心理承受力。但当物价稳定乃至负通胀时，因为社会消费购买力总体上还不高，总投资不足，又有可能造成经济增速减缓的局面。这是从计划经济步入市场经济时在价格改革方面所遇到的困境。

借鉴现代市场经济的经验之后，股票、期货、外汇、房地产等市场在我国迅速发育。然而，各方面的制度规范并没有相应跟上，人为炒作现象严重，这就不可避免地存在着一些“泡沫”。随着经济开放程度的提高，还可能受外部金融危机的冲击。而且，对效益低下企业的改造一时间难以完成，经济结构上积累很久的弱点依然留有痕迹，其转变还不彻底。这些因素都使金融和经济整体仍有不健康的环节，一旦发作不是没有可能导致金融和经济秩序的混乱，从而延缓社会转型的速度。

虽然社会转型的如上代价之滥觞具有某种历史必然性，“不应忘记涉及工业化的变迁几乎包括社会各个方面的急剧变迁，而这些变迁不可能毫无困难地完成，当变迁剧烈时就更是如此”①。不过，对此熟视无睹并非明智之举。相反，“正是因为代价无所不在，寻找减少代价的行为和制度便不仅是人们的自然趋向，而且是一种积极的态度”②。这也恰恰是我们进行利益关系协调的最重要理由之一。

第三节 降低发展的代价效应

人类社会生存和发展的基础目标和动力在于获取利益。社会组织的中心在于如何以最优的方式来协调利益关系。但是，经常为人门所忽视的是，利益的增减与利益关系的调整会引起代价的变化。

其实，代价也是一种利益，只不过是负利益。代价问题可以归结为利益关系不协调的问题。因而，其解决也应从利益关系协调入手。那么，利益关系协调究竟是如何减少社会转型中的代价的呢？与我们前述当代中国社会转型中的各种代价相对应，利益关系协调的代价效应主要表现为：

一、缓解贫困

转移支付等社会保障措施，使贫困人口得以维持一定的生活水平，直接减少了绝对贫困人口的数量。同时，利益关系协调与生产力增长有正向

① ［美］帕森斯著：《现代社会的结构与过程》，梁向阳译，光明日报出版社 1988 年版，第 106 页。

② 郑也夫著：《代价论》，三联书店 1995 年 4 月第 1 版，第 144 页。

关系，利益关系越协调，社会财富总量增长得越快，绝对贫困消除的可能性越大。而正确处理好先富与共富的关系，取缔非法收入，整顿不合理收入，调节过高收入，使收入差距趋向合理，防止两极分化，这些措施在实质上和心理上有助于相对贫困现象的减少。

二、保护资源环境

在市场经济社会，利益关系明晰化，稀缺的社会资源得到最经济的配置，资源浪费大为降低。建立公开的收费和惩罚制度，使破坏环境的企业承担起本应承担的外部成本。可以肯定地说，资源环境的保护是一项相当长期的事业。但同样可以肯定地说，人与人之间利益关系的协调是人与自然之间利益关系协调的基础和条件。市场经济条件下人与人之间利益关系的理顺使人与自然之间的利益关系有所改善，也标志着资源环境的最大限度和最适宜的利用。

三、加快制度创新

改革的缘起，是旧有制度框架下利益关系不合理，不能使生产力得到最大限度、最快速度的提高，甚至阻碍着生产力的发展。这时，就要修改生产关系中不合理的环节和方面，依靠新的体制和机制来理顺利益关系，真正降低现有制度显在或潜在的成本。这种制度创新的过程，使人们对社会基本制度的信心得以重新恢复和加强，为改革的顺利进行准备了条件。

四、创造就业机会

行业和产业间利益关系的协调，提高了社会生产能力，物尽其用而后人尽其才，同样的资源投入就有可能吸收更多的劳动力，从而提供更多的职位。利益秩序的重新规范，劳动力市场公开化、正规化、现代化，将避免和尽快减少摩擦性失业和结构性失业。对在岗者之间、下岗者之间以及在岗者与下岗者之间利益关系的协调，既调动了人们的就业积极性，使在岗者珍惜现有工作机会，又使下岗者有基本的生活保障，并尽力争取未来的再就业机会。

五、凝聚青年一代

让青年人了解历史，正确全面看待利益关系的现状，把握其来龙去脉。这样，他们才能正确看待社会发展的速度，正确认识与外国的差距，正确把握社会进步的成就。通过利益关系协调来消除社会弊端，消除种种病态和非法利益，将消除人们心中的疑虑和不满，激发起青年人对国家和民族未来的信心和热情，自觉参与到现代化建设事业中来。对青年的凝聚，将使利益目标得以达成的主体力量大为增强。

六、推进价值重建

对个人利益与社会利益，整体利益与局部利益，根本利益与普通利益，长远利益与暂时利益恰如其分地协调，在全社会范围内建立起科学的利益导向，引导人们的求利行为。这样，在纷繁复杂的日常利益观念中树立一个符合社会发展向度的主导利益观念，在社会基本价值观上求得共识，抵制各种陈旧和新生的不良利益观念。价值上的整合还使他律内化为自律，人们一般不再挖空心思去寻找利用转型社会漏洞的机会，不愿意违背法律法规的约束谋取私利。当然，价值的重建是一项长期的艰辛工作。

七、重新理顺价格

在市场经济条件下，利益关系协调与否的重要标志之一就是价格体系是否合理。等价交换成为普遍的原则，市场价格能灵敏地反映出要素的稀缺程度，决定着要素的使用方向。脑体利益关系状况影响知识产品和物质产品的价格比例，城乡利益关系状况影响工农产品的价格比例。所以，利益客体和主体种种关系的正常化，就是市场要素的合适使用，也就是理顺了价格关系。

八、促使经济稳定

利益关系协调以后，才能保证市场竞争与合作的秩序。通过“看不见的手”的作用以及国家宏观调控，使经济活动走向规范，让人们在一个公平的环境下谋取个体和社会的利益。企业以独立的主体身份参与市场，在市场竞争中优胜劣汰，主动调整内部和外部结构，提高经济效益。投机和炒作行为得到及时的惩治和抑制，经济混乱的根源就能得以遏制。

总之，我们看到，通过利益关系协调在以上各方面的作用，可以同时减少效率损失、人的损失和秩序损失。也就可以减少社会转型的诸种代价。只看到发展的价值，看不到发展的代价，不符合基本的辩证法，也难以促进正常发展。当利益关系协调措施不适宜时，则难以使发展的正效应充分表现出来，反而使代价引致代价，造成连锁的负效应，最终可能爆发经济、政治或社会危机，阻挠乃至中断社会转型的进程。这确实应该引起我们的高度警觉。

第八章
发展方式的转变

科学发展观是我们党对建立完善社会主义市场经济过程中遵循的经济社会发展规律在认识上的深化，对发展内涵、发展条件、发展本质、发展模式、发展道路、发展代价等一系列问题做出了新判断和新回答。落实科学发展观不仅要求思想观念上的转变，特别是发展观念上的变革，更重要的是要求行动上的转变，通过制度化的约束纠正随意发展、盲目发展的问题，通过全社会的努力形成一种能够促使经济社会全面协调可持续发展的有效机制和内在结构。从这层意义上讲，加快转变发展方式是在新的历史条件下推动科学发展、建设中国特色社会主义的必然要求。这种发展方式的转变，不仅是经济上、物质上的要求，也是全方位、多领域的要求，是社会整体结构转型的重要内容。

第一节 加快转变发展方式的重要性和迫切性

只有加快转变发展方式，才能引导人们全面把握科学发展观的科学内涵和精神实质，更加深刻地理解科学发展观对于中国特色社会主义的现实指导意义。经济社会发展面临的各种不平衡、不协调、难持续问题，只有依靠实践活动的深入推进才能切实解决。实践活动的主体是最广大的人民群众，唤起他们的兴趣与热情，调动蕴藏在社会中的力量，有针对性地解决现实问题，在发展方式的转变中得到实惠、增加认同，才能使科学发展的理念深入人心，在推动经济社会协调发展方面形成合力。如果发展方式不转变，那些阻碍科学发展的思想和行为习惯难以清除，科学发展观的实践要求很容易沦为空话。在一些地方，对于科学发展观说得多做得少，一个重要原因就是发展方式长期以来依然沿袭过去，一些人自觉不自觉地在既有利益格局中开展工作，难以从根本上改变不符合科学发展要求的观念和行为。这是不少地方虽然提出了经济转型的各种战略，但是并没有得到真正施行或者长时间内难以取得预期效果的深层次原因。

只有加快转变发展方式，才能彻底走出那种不惜代价的高投入、高消耗、高污染、不协调、低效率的增长方式。在增长至上的传统模式中，主要以产出数量的增加作为追求目标和衡量尺度，为了增长可以不惜一切代价，可以不顾客观规律。在这样的模式中，发展与代价、人与自然、人与未来之间的矛盾十分突出，造成了可怕的资源环境后果和社会结构失衡。更严重的是，既定模式本身形成的固化效应，使得本来稀缺的各种资源难以得到最大限度利用，人为加剧了要素的稀缺性，使得增长的步伐不可持续。采取新型的发展方式，能够促使稀缺要素的统筹使用，有效降低发展的代价，在一定程度上消除发展的限制，促使发展目标与发展条件的辩证统一。

只有加快转变发展方式，才能真正坚持“一个中心、两个基本点”的基本路线。我国长期处于社会主义初级阶段的基本国情不会变，发展作为中国特色社会主义的主题是长期的。科学发展观的第一要义是发展，转变发展方式的实质也是为了更好更快地发展，与坚持以经济建设为中心不动摇是相通的。科学发展观是在四项基本原则的大前提下来贯彻落实的，转变发展方式同样要避免盲目性，坚持社会主义的价值目标和价值立场。转变发展方式，还要求我们针对经济社会发展面临的问题，努力提高改革发展决策的科学性、增强改革发展措施的协调性，从而进一步凝聚改革共识、坚定改革方向、完善改革举措、戮力改革攻坚。

只有加快转变发展方式，才能加速构建社会主义和谐社会，实现人与社会、人与自然的两种和谐。人与社会之间的和谐，意味着一个社会中的制度架构合理，人与人之间关系融洽，则社会各种资源能得到有效的配置和利用，社会控制机制和协调机制能有效发挥作用。人与自然之间的和谐，意味着人们在利用和改造自然的过程中，能够保持生态环境良好，达到自然资源的合理永续利用。新型发展方式，坚持以人为本原则，以人的价值为最高价值，使得发展路径更加符合科学的价值目标，发展中的利益能够共享。同时尊重自然，保护自然，把自然纳为发展系统的有机组成部分来考虑，使发展的步伐和路径更加合理。

只有加快转变发展方式，才能切实加强和改进党的建设。历史的发展，将转变发展方式作为执政兴国的重要使命提出来。在领导科学发展、促进社会和谐的过程中提高党的执政能力、保持和发展党的先进性，使党的工作和党的建设更加符合科学发展观的要求，是引领我党发展进步、更好代表和实现最广大人民根本利益的必然要求。在新的发展轨道上，要牢牢把握历史赋予我们的难得发展机遇，协调社会利益关系，克服发展过程中的阻力，实现中华民族的伟大复兴。

第二节 发展方式转变应该是全面的

转变发展方式，不单单涉及经济发展方式，而且涉及经济、政治、文化、社会、生态等各个领域各个环节，是从方法论和系统论的高度对经济社会发展思路的全面完善。一辆汽车的行驶，需要方向盘、轮胎、支架、车身、发动机等零件的协调一致。如果哪一个部件出问题，就会出乱子。发展方式也是一个有机整体，无论是解决发展中面临的各种现实问题还是调整经济社会结构，都不能从单一的角度、用单一的方法来进行，而应该致力于整体推进，实现发展思路、发展路径的整体转型。从现有文献来看，我们主要是提转变经济发展方式应该放宽视野，从社会整体结构协调的角度来强调转变发展方式。结合当前我国经济社会发展的实际，应主要从以下几个方面破除关于发展方式的种种错误认识，下大力气推进发展方式的全面转变：

第一是从粗放型增长方式向集约型发展方式转变。注意扩大内涵生产，提高发展的质量和效益，而不是单纯追求数量的扩张；致力于通过科技创新来实现生产的升级换代，增加科技含量和文化含量，在主动参与市场竞争中提升竞争能力；走新型工业化道路，防止盲目发展和重复发展，以前瞻的眼光选择和布局项目；优化产业结构，发挥产业的聚集效应、互补效应和自生效应。

第二是从单一发展向综合发展转变。摒弃经济的唯一性，从系统的、整体的观点来把握经济社会发展，强调经济发展基础上的经济、政治、文化、社会、生态等方面的协调发展。发展的过程，不仅意味着社会产品的扩大和增加，同时也包括经济结构、经济体系和经济机制的完善，公民基本权利的实现，社会保障体系的健全，社会公平正义感的增强，生活质量和生活水平的持续提高等。特别是随着经济发展，要加大社会和文化转型的力度，更加重视发展社会事业和精神文化事业，把增加发展的文化含量贯彻到整个发展过程中去，使文化和社会事业的发展成为发展整体推进的过程。更加重视发展的整体协同效应，使越来越多的社会成员能够分享发展成果，减少社会失衡心理和行为，不断提高社会承受力。

第三是从集权型发展向民主型发展转变。发展不应该只体现某些人的个人意志，决策的科学性来自社会公众的充分参与和监督。发展项目的确定，发展过程的监督协调，应该成为一个有合理反馈的闭环，把防范和解决问题纳入整体系统，能够自动规避发展的风险。建立健全社会协商渠道和平台，保证所有决策及其执行都是柔性可控的，让一切权力在阳光下运用，防止公共资源的滥用。对每一个发展项目，应该实行严格的评估追责。

第四是从资源消耗型向资源节约型、环境友好型转变。实现这个转变，要抓好资源的节约和综合利用，构建资源节约型国民经济体系和资源节约型社会。以资源节约、环境友好作为评判标准，改进工作流程、工作方法。加强教育，完善机制，使资源节约、环境友好成为人们的自觉意识。大力发展循环经济，重视新技术、新能源的开发应用，在资源环境转型的新一轮变革中占据制高点。严格资源环境管理，科学规划、限制使用，把握代际利益的合理平衡，不以过度的索取换取一时的发展，保证发展的可持续性。

第五是从技术引进型向技术创新型转变。把增强自主创新能力作为科学技术发展的战略基点和调整产业结构、转变发展方式的中心环节，致力于建设创新型国家，提高原始创新、集成创新和引进消化吸收再创新的能力。鼓励企业、科研机构和社会个人参与创新，发挥各类创新主体的作用，全方位培育创新孵化器。加强合作交流，把握和体现新科技革命的主要趋势，在关键领域、关键技术上占领前沿。充分利用后发优势，把引进与消化吸收结合起来，争取在一些重要领域实现自主创新的跨越式发展，减少对于外部的依赖。建立更加合理的利益分享机制，加快创新成果的利用转化。建设创新文化，激发民间创造活力。建立完整的知识产权保护体系，增加社会创新的动力。

第六是从外需拉动型向内需主导型转变。对外开放不能放弃原则，不能用市场换产品和资本，不能在满足外部需求的过程中消耗宝贵的资源，增加资源的互补性。而要提高外贸产品的技术含量、文化含量，适应世界市场竞争的激烈要求。鼓励“走出去”，在一些项目的本土化过程中学到更多的经验、获得更多的分工利益。提升人力资本，促使生产价值链前移。重视内需，在更高层次、更高水平上满足民生需求，用更大的力度来开发国内市场，使内需真正成为经济社会发展的主要拉动力量，增强抗御国际国内市场风险的能力。

第七是从投资拉动型向居民消费拉动型转变。正确处理生产与消费的关系，采取各种措施推行扩大内需战略。更多地启动居民消费，同时在投资中不断增加民间投资的份额。保证国民收入随着经济社会发展程度稳步提高，使更多的人得到实惠。重视人民群众日益突出的精神文化需求，适时推进消费结构的升级换代，促进人的全面发展。建立完善社会基础保障体系，拓展消费空间。

第八是从倾斜型发展战略向均衡型发展战略转变。非均衡发展具有一般意义，也具有特殊意义。在一定时期，非均衡发展是必要的战略，是整体发展中的常态，是实现非常规跃迁的必要步骤。但非均衡发展不是无限度的、静止的，非均衡始终与均衡相统一，均衡发展是更高、更合理的发展目标。要形成合理的区域发展格局，排除区域歧视，引导要素在区域之间的正常流动和分工合作，防止生成发展不足的洼地和不发展的陷阱。

第三节
以结构调整为中心

转变发展方式从深层次讲就是要推动社会结构的转变。结构性缺陷最容易给现实中的社会经济生活带来相互矛盾的竞争规则，产生真空、交叉或冲突的领域，导致社会极化状态加剧。而且随着经济社会发展速度的加快，结构不良所内生的冲突越来越多，越来越表层化，越来越迫切需要突破。我们看到，当代中国各个方面、各个领域的社会关系表现出来的最明显、最重大特征就是结构的不平衡。当代中国社会转型中面临的一些顽固性问题都与社会结构有一定关系。如公共服务短缺是由于社会利益再分配结构不合理引起的，产权改革和市场化培育滞后是由于产权明晰和保护机制不健全引起的，粗放型增长方式难以从根本上转变是由于社会资源定价和使用机制不到位引起的，地区差异的加大与区域结构相关，重复建设与产业结构不无关系。所以说，中国经济社会的长期稳定发展以及发展方式的最终转变，归根结底还是要以结构调整为基础，使以利益结构为基础的各种结构走向全面合理化。

第一是产业结构（行业结构）：加快发展服务业，使三次产业之间的比重更加合理。降低服务业的进入门槛，大力发展现代服务业。培育壮大符合发展方式转变要求的战略性新兴产业，提高各次产业的整体素质。提升改造制造业，增强传统产业的主动竞争能力。合理确定企业组织的布局，克服“大而全”、“小而全”问题。适当推进农业现代化，加大产业联动的力度。

第二是城乡结构：无论是与世界主要国家相比，还是按现代化标准要求和工业化进程要求，中国的城镇化水平都比较低，特别是在城镇化的实质内容上与西方国家差距较大，一定程度上影响了经济结构向符合现代化要求的结构转变。要统筹城乡经济社会发展，从多方面增加对农业和农村发展的投入，加大对农业的支持和保护力度。用一体化的标准来规划建设农村基础设施，使农村宜居宜业。积极推进户籍管理制度改革，保护城乡居民的就业权利、生产权利和生活权利等，让农村人能够走得出，也能留得下。

第三是区域结构：发展方式的转变在各个地区不一定是同步的，但应该是协调推进的。要制定科学的区域规划和区域政策，加强对区域发展的协调和指导。各地区要遵循区域发展规律，树立新观念、明确新思路、采取新举措，既充分认识自身优势、明确自身定位，又统筹兼顾区域整体利益、加强区域内的协调沟通，实现优势互补和共同发展，不断在促进区域协调发展方面取得新的突出进展。

第四是投资结构：投资方向、投资结构决定着发展方式转变的方向。要引导投资进一步向民生和社会事业、农业农村、科技创新、生态环保、资源节约等领域倾斜；引导投资更多投向中西部地区；严格执行投资项目用地、节能、环保、安全等准入标准，有效遏制盲目扩张和重复建设；明确界定政府投资范围；鼓励扩大民间投资，放宽市场准入，支持民间资本进入基础产业、基础设施、市政公用事业、社会事业、金融服务等领域。对于产业发展和生态保护，都要按照科学的原则，事先做好设计和规划。规划一定要是长远的，不能盲目上项目，更不能再搞重复建设。要留足发展的空间，留足发展的空白点，区别确定发展功能区。

第五是消费结构：发展方式转变的效果可以在消费方式上得到最直接的体现。进一步释放城乡居民消费潜力，完善鼓励消费的政策，发挥消费作为“三驾马车”之一的重要作用；发展新型消费业态，拓展新兴服务消费；积极促进消费结构升级；发展节能环保型消费品，倡导与我国国情相适应的文明、节约、绿色、低碳消费模式。引导人们进行思想观念上的革命，彻底告别过去种种不良生活习气，养成尊重自然、节约资源、保护环境的自觉习惯。

第六是收入分配结构：发展方式能否顺利转变还取决于以收入分配为核心的利益结构是否合理。要努力提高居民收入在国民收入分配中的比重，提高劳动报酬在初次分配中的比重。努力扭转城乡、区域、行业和社会成员之间收入差距拉大的趋势，扩大中等收入者比重。根据经济社会发展的新要求，提高最低工资标准，提高薪酬和奖金水平。丰富居民投资渠道，增加财产性收入。完善社会保障体系，保证最低收入者的基础利益。

第七是社会意识结构：可以看到，一些地方不顾客观条件，搞盲目开发、过度开发、重复开发、无效益开发、破坏生态环境的开发，一些领导者片面追求政绩，置民生需求于不顾，一些社会成员想方设法片面追求自身利益，陷入精神迷惘、价值错乱、道德沦丧，这些问题的发生很多时候都是由于思想认识不到位或不准确而造成的。这就要想方设法提升人们的精神境界，改善人们的社会关系，提高人的素质，形成良好的社会风气，创造一种积极向上、顾及社会和他人、顾及子孙后代、顾及自然环境的和谐文化。通过经济、政治、文化、社会和生态事业的全面发展，使人民生活安稳，获得各种看得见的实际利益，从内心认同社会整体文明的价值目标体系，形成强大的凝聚力、感召力、向心力。

第四节 理顺体制机制

在现代化梯度转移的新一轮竞争中，制度的竞争是制高点，是效益器。落实科学发展观，转变发展方式，关键在于建立一整套能充分体现中国特色社会主义基本原则的制度，抓住一些关键环节，使科学发展观的各项要求制度化、规范化、常态化，构建充满活力、富有效率、更加开放、有利于科学发展的体制机制，从制度上保证发展方式合理化。当前来看，科学决策机制、节能减排机制、科学的政绩评价体系和监督体系、财政税收体制、价格体系和价格形成机制等，是促进发展方式转变必须进一步完善和重点监督落实的重点改革。

一、建立科学决策机制

实现科学发展离不开科学决策，科学决策是科学发展的基础。发展的失衡或扭曲，往往源于错误的决策，或者决策失去监督。没有科学的决策机制，发展方式从起点上看就不可能转型。决策原则、决策程序不仅要形成规范，而且要增强公正性、可操作性。建立完善决策公开制度、专家认证制度、征询意见制度、合法性论证制度、监督制度等，可避免决策的随意性、主观性。公共财政花每一分钱、砍每一棵树、修每一条路，都应该经过严格的决策程序。建构全程纠错机制，使决策能够适应实际情况的动态变化。

二、实施节能减排机制

在完成同等的发展任务时，消耗的能源越少越好，排放越清洁越好。实施有效的节能减排机制，真正把节能减排作为硬任务，才能使经济社会发展建立在节约能源资源和保护环境的基础上，才能切实转变发展方式。定期对节能减排状况进行评估通报，奖优惩劣，严守节能减排的红线。建立健全节能减排工作责任制和问责制，形成以政府为主导、企业为主体、全社会共同推进的节能减排工作格局。

三、形成科学的政绩评价体系和监督体系

曾几何时，由于评价指标体系上的偏颇，一些地方逐渐形成了片面的发展观和政绩观，过分追求 GDP 指标和相关经济指标的增长，而忽视了社会指标、人文指标、人的发展指标。在这种观念的影响下，为追求一时的增长速度和地区经济的发展，盲目上项目、大办企业、招商引资的现象比较普遍，这在某种程度上成为一些地方环境形势严峻、发展方式扭曲的重要原因。积极推动考核评价内容、程序和方法的转型，促使考核评价工作科学化、民主化、制度化，才能形成风清气正的用人导向和工作导向。

四、完善财政税收体制

财政和税收是党和国家履行职能的重要物质基础，是宏观调控的重要政策工具，是衡量发展方式的重要风向标。财政税收政策的导向，决定着整个社会对待资源环境的态度和取向，并影响发展方向转变的力度和方向。以科学发展观为统领，深化财政税收体制改革，完善财政税收政策，进一步充分发挥财政税收在资源配置中的应有职能作用，引导全社会致力于建设资源节约型、环境友好型社会，是当代中国经济社会发展的必然要求。

财政支出和转移以及税收政策的变化，都要符合发展方式转变的新要求。

五、健全价格体系和价格形成机制

价格体系和价格机制是市场经济的基础。在社会主义市场经济条件下，科学发展的导向应该在价格体系和价格机制中得到充分体现，通过市场配置来促进资源的合理利用，使发展方式转变的节奏与完善市场经济的节奏协调一致。要让价格成为反映要素禀赋状况的真实信号，推行资源能源节约为先、有偿使用、差别化的原则，让产品价格能够反映生产过程中的所有内部和外部成本，防止稀缺资源的价格扭曲及由此导致的错误发展方式。科学确定资源性产品价格、垄断行业价格、要素价格、公共产品价格等，探讨生态补偿价值、环境损害成本等全新问题，将市场的自发性和宏观调控的有序性有机结合起来。

六、理顺社会创新体制

尽可能营造有利于原始创新的良好文化环境，包容失败、允许突破。加强科技基础设施和创新服务体系建设，强化鼓励创新的法律保障和政策保障。加大对基础研究、前沿技术和重点技术的支持力度，抓住一些关键领域作为突破口，加快提高自主创新能力，加快提高科学技术转化应用的速度和效益，依靠科技来不断增强经济发展的后劲。提高科技人员的待遇，改进科技创新管理体制。坚持把创新精神贯穿到治国理政的各个环节，在全社会弘扬创新、创造和创业精神，把建设创新型国家战略落到实处。

七、建构精神文化建设机制

文化需要建设，文化重在建设，文化建设需要采取符合时代实际的路径来从整体上推进。科学发展观提倡在遵循文化建设固有规律的基础上，更加注重文化建设的综合效益，以全局的、协调的、动态的眼光来安排文化建设，使我们关于中国特色社会主义文化建设的思路更为客观、明晰，为突破文化建设的既有“瓶颈”提供新的强大武器。要按照科学发展观的要求，加快推进公益性文化事业单位的内部管理机制改革，加快推进经营性文化产业的市场化、现代化、集约化，通过文化事业和产业的协调发展来更好地满足社会日益增长的精神文化需求，促进社会的精神文化转型。始终把公共文化服务体系的建设作为分内职责，因地制宜地制定实施可行的公共文化发展战略，把提供公共文化服务作为公共服务的重要内容。

第九章
发展与伦理

良性的发展也是和谐发展，在具体发展过程中需要建构和强化和谐伦理的导向。在经济社会发展中充分发挥道德伦理的作用，使发展成为一个人心向善的过程，同时通过人心向善来保障和扩充发展的成果。

第一节
和谐伦理的含义

和谐社会要求人们尊重社会和谐、维护社会和谐、追求社会和谐，和谐社会建设涉及经济、政治、文化、生态、社会等不同领域。在转型时期各种社会问题和矛盾多发的条件下，社会思想观念纷繁复杂、碰撞激烈，建设以社会主义核心价值为主的和谐文化成为突出任务。和谐伦理是和谐文化的重要组成部分，是和谐社会的道德基础，主要指在构建社会主义和谐社会的过程中人们所应当遵循的符合社会进步要求的伦理道德观念、准则和规范的总和。和谐伦理的形成，标志着社会成员有着共同的价值观和行为导向，在总体上形成了有助于健康发展的正常人际氛围和观念共识，形成了有助于社会和谐的深层思想基础。

首先，和谐伦理的依附主体应该包括全体社会成员。也就是说，和谐伦理概括了社会正常运转所需要的普遍行为理念，其规约的对象不能将某些社会成员排除在外，而应该对所有社会成员都有约束力，为所有社会成员所认同。只有在多数人认同并遵从某种伦理规范时，才能形成一定的伦理氛围，使人类社会生活更加趋于合理。当然由于所处社会情境的不同，不同人群、不同社会成员、不同社会阶层对于和谐伦理的理解具有差异，其伦理行为也有非常不同的特点。在现实生活中，和谐伦理不一定能为全体社会成员所接受和遵循，其所依附的主体只能是部分社会成员。然而，如果一种和谐伦理体系能够概括和代表大多数人的立场，成为大多数人的选择，说明这种伦理体系能够成为社会主体的自觉。

其次，和谐伦理的空间范围涉及社会生活的各个领域、各个组织，包括家庭、学校、企事业单位、公共场所等。只要有社会成员，只要有社会成员活动的空间和场所，和谐伦理就可以而且应该发挥作用。在适当尊重地区传统和习俗的基础上，各个地区在同等程度上受社会共同伦理的制约，产生地区之间的分工与合作。无论是政务、商务，还是各种社会和个人事务，都与和谐伦理具有内在或外在的联系。无论是社会经济生活、政治生活和精神文化生活，还是社会生态的合理化使用，都必须在一定的伦理框架内运转，不能超出一定的伦理限度。伦理的下限在某种程度上反映出和谐伦理的边界，代表社会伦理最基本的最低层次的要求，属于任何时候、任何人都不能违背的禁忌。值得注意的是，随着人类社会关系的复杂化和人类活动空间的日益扩大，和谐伦理的指涉半径在逐渐扩大，一些新的社会关系成为伦理规范的对象，一些新的社会规范成为和谐伦理的内容。

再次，和谐伦理的主流价值在于包容和谐，在于和谐观念、和谐精神、和谐的内在信念，在于知荣辱、讲正气、促和谐的社会风气。从根本上讲，和谐是一种美德，一种境界。社会伦理结构受制度、传统、人的素质等的综合影响，一般不会随意改变。在一个既有的社会伦理结构中，什么是善什么是恶，什么可为什么不可为，什么是高尚的什么是卑下的，界限十分清楚，不能模糊也不容模糊。伦理的重要功用就是以基本的道德规范引导和纠正社会行为，使大多数人成为遵纪守法、诚实守信的人，成为按照现行社会伦理规范待人处世的人，从而维护社会基本秩序。孔子很早就提出“君子和而不同，小人同而不和”，所谓“同”是完全相同的事物简单相加，没有不同的因素、不同的声音、不同的意见，不产生新的状态、新的东西，而“和”是多种因素的并存与互补，是一种有差异的统一。社会成员在一定的社会范围内工作、生活，要想获得有效合作、共同进步的氛围和效果，当然不愿意总是与别人产生矛盾、冲突乃至对抗。如果追求和谐成为社会的主流，大家都提倡和实行和谐伦理，就更容易取得共识和理解，社会合力会大大增强。

最后，和谐伦理的规范体系主要涵及那些符合真善美标准的，融时代性与传统性于一体的，积极向上的道德准则。和谐伦理之所以成为大多数社会成员的内在规范，是因为它能够经受社会历史的考验、符合社会实践的趋向、体现道德规律的要求。和谐伦理对于人际关系的要求“男女平等、尊老爱幼、扶贫济困、礼让宽容”等，对于个体品质的要求“爱国、敬业、诚信、友善”等，对于生活方式的要求“科学、健康、文明、勤俭”等，都是在长期的历史过程中沉淀下来的优秀伦理风尚。胡锦涛同志提出的以“八荣八耻”为核心的社会主义荣辱观，把热爱祖国、服务人民、崇尚科学、辛勤劳动、团结互助、诚实守信、遵纪守法、艰苦奋斗等伦理要求概括在一起，是马克思主义世界观、人生观、价值观的集中反映，是新时期和谐伦理的重要内容。

第二节
和谐伦理的重要作用

随着中国经济社会转型进入新的阶段，构建社会主义和谐社会上升为国家和社会的重大战略选择。能否在新的历史条件下顺利构建社会主义和谐社会，关系到最广大人民的根本利益，关系到巩固党执政的社会基础、实现党执政的历史任务，关系到全面建成小康社会的全局，关系到党的事业兴旺发达和国家的长治久安。随着构建社会主义和谐社会从“点题”到“破题”再到“解题”，和谐伦理建设也迫切需要提上日程。

首先，和谐伦理是社会和谐的深层基础。和谐社会是一个具有多重含义的新概念，体现目标与过程之间的有机统一，包含主体、规则、结构的多重和谐，是充满活力与安定有序相统一的社会。我们认为，主体和谐是和谐社会最为重要的含义，社会各方面的和谐归根结底都以主体之间的和谐为前提和目标。主体和谐包括人与社会之间的和谐、人与自然之间的和谐、人与人之间的和谐以及人与自身之间的和谐，是这四种和谐的内在统一。从深层次来看，这四种和谐都以一定的伦理准则为基础，以伦理关系的内在和谐为保障。人与社会之间的和谐，意味着一个社会中制度架构符合公平正义，社会成员间的差距控制在合理范围内，社会各种资源得到有效的配置和利用。人与自然之间的和谐，表明人们在利用和改造自然的过程中，能够保持生态环境良好，达到自然资源的合理永续利用。人与人之间的和谐，就是人们之间关系融洽，各种利益主体能够在竞争合作中自觉发挥积极性和创造性。人与自身之间的和谐，要求人们对于自身价值和社会价值有全面正确的认识，在自我实现、自我超越的过程中享受社会生活。

其次，经济、政治、精神文化和社会事业的和谐发展，都需要一定的和谐伦理作为支撑。在市场经济条件下，人们的经济交往和竞争越来越广泛直接、复杂多样，存在各种经济伦理规范，只有每个参与者都按这些规范行事才能使市场经济活动顺畅，才能更好地实现各自的经济利益，而违背规范则将受到一定的经济惩罚，也会在某种程度上损害社会秩序。随着社会物质生活水平的提高，社会政治需求明显增强，使社会政治观念、政治制度、政治行为更加符合规范化、公正化的伦理要求显得尤其必要。在社会发展过程中最大限度地满足人们日益增长的精神文化生活需求，一个最为重要的任务就是要使社会成员树立良性的伦理道德观念，不断提高思想道德素质。而把加快发展社会事业作为社会重点工程，也反映出关怀弱者、重视社会发展成果的普惠性的伦理向度。

再次，和谐伦理建设是社会转型时期的现实要求。每一种社会进步都不可避免地伴随着辩证性，当代中国经济社会的持续快速进步在伦理道德层面上也带来了一定的负面影响。比如伦理理想淡漠。在物质利益的强力驱动下，社会的整体风气明显趋于浮躁、功利，传统价值取向逐步被抛弃，整个社会缺乏理想信仰，道德权威遭受前所未有的怀疑，对于完美人格的追求变得很少见。比如伦理观念失衡。传统的伦理观念在某些社会成员头脑中还有影响，有的死灰复燃，有的卷土重来，改革开放以后个人主义、利己主义、拜金主义、享乐主义等西方现代社会占主流的伦理观念冲击着很多人的心灵，各种各样的伦理观念在同一个舞台上表演，新旧之间、中西之间的伦理观念冲突十分明显，导致不少人长期以来奉行各种错误伦理观念。比如伦理评价错位。人们一味迷信法律、制度或权力的权威，而不了解甚至根本不承认什么道德标尺，总以为伦理道德是一种软力量，没有强制力，致使荣辱不分、善恶颠倒的现象时有发生、放肆蔓延，违背道德的行为很多时候得不到应有的惩罚，在无形中更加助长了非道德意识和行为。比如伦理选择扭曲。一些地方、一些部门、一些单位、一些个人见利忘义到了匪夷所思的地步，在面对利益的诱惑时做出不适当的行为选择，为了个人利益可以不择手段，对于伦理后果可以毫不顾忌，损害社会利益可以铤而走险，伦理道德的底线不时被突破，产生了极其恶劣的社会影响。为了有效克服社会转型期的以上各种伦理负面现象，我们应该重视发挥伦理道德在社会生活中的作用，营造以和谐为核心的伦理氛围，提倡追求真正的伦理生活，使人们的伦理限度、伦理取向、伦理价值、伦理行为更加理性化，以伦理修养的普遍提高促进社会和谐。

最后，和谐伦理建设还是从根本上克服伦理泛化问题的必然要求。社会生产力水平的制约，传统思想根深蒂固的影响，以及社会转型的不彻底性，社会主义市场经济条件下非道德主义思想发展的同时，也出现了一些伦理泛化倾向和现象。有的在潜意识中还认为伦理至上，用道德义愤排斥社会变革，在感叹社会“道德滑坡”中失去社会参与的积极性。有的总是谈论伦理高调，强调口水法庭压倒一切，长期忽视法律和制度的规范作用。有的抱残守缺，不能适应社会前进的步伐，甚至妄图恢复一些传统的伦理教条。用伦理审判替代制度规范和法律法规，实际上在某种程度上摒弃了制度和法律的调节作用。这样，在公共管理领域，在整个社会生活领域，潜规则盛行，伦理顾忌、感情因素任何时候都是人们不得不考虑的重要因素，公开的规则被有意无意地搁置和僭越。对以伦理评价为基础的潜规则高度认同，社会民主意识和法制意识不强，权力很容易失去监督，社会行为也很容易陷入困境。一些正当的生活意识受到伦理高压，人们不敢或不愿勤奋致富，不敢或不愿创业创造，不敢或不愿公开享受，社会选择呈现扭曲状态，社会总体创造性长期以来受到压抑。伦理泛化的恶果告诉我们，应该真正认识和发挥伦理在社会生活中的作用，使伦理在社会生活中的地位复归原位。要彻底摒弃斗争式、绝对对立式的伦理体系，发挥和谐伦理的独特教化作用，通过评价、说理、事实感化、榜样或示范，培养人们的伦理情感、信念和品质，提升人们的精神境界，改善社会风气。

第三节
和谐伦理的限度

由于各方面的原因，伦理在社会生活中的重要作用也受到各种各样的限制。正确认识和发挥和谐伦理的应有作用，需要把握好和谐伦理的作用限度。理性尊重社会应有的边界，把伦理的领域还给伦理，把制度和法律的领域还给制度和法律，才能从整体上建构良性的社会运转体系。

第一是时间限度。社会是发展变化的，人的实践活动是一个“历时”的过程，是在时间中形成、存在、延续、变动的线性与非线性相交替的过程。和谐伦理是一个历史范畴，不同的时代有不同的伦理观，伦理的和谐是相对的、动态的。伦理观念、伦理体系不断从简单走向丰富，是一个生长着、延续着的动态过程。过去、现在和未来的不同向度的伦理，在内容和形式上、在作用对象上都是大不相同的。任何伦理都具有现实的针对性，一种伦理观念在某一个时间是有效的，但到了另一个时间很可能就成为过时的、无效的。代表社会发展趋势的伦理观念，往往不能为当时的人们所接受。现实的和谐伦理，因而必须充分体现时代发展的要求。

第二是空间限度。每一种文明都有自己的传承场，在一定的地域和场域范围内发挥作用。不同民族、不同国家、不同地区的伦理习俗存在差异，接受和践行社会主流伦理体系的方式也存在差异，伦理观念和伦理行为更不可能整齐划一。在这个地方视为正统的伦理观念和伦理行为，在另一个地方则可能被视为异端，出现伦理评价上的矛盾和冲突。伦理调整不能消灭这种空间差异性，但要尽可能适应这种空间差异性，使社会主流伦理体系与各地风俗习惯结合起来，在尊重差异的基础上达成伦理共识，建设和谐伦理。

第三是条件限度。和谐伦理是具体的历史的自然和社会环境的产物，必须面对其所处的复杂多样的现实条件。恩格斯指出：人们总是自觉不自觉地“从他们进行生产交换的经济关系中吸收自己的道德观念”，“一切以往的道德论归根结底都是当时的社会经济状况的产物”。作为思想上层建筑的重要内容，和谐伦理总是受制于一定的历史背景、文化传统、民族习俗、社会结构、经济发展水平。不同类型的伦理体系，具有相应的主体、环境、客体、任务和途径。如果某一方面的条件不具备，或者超出其所处的社会历史条件，和谐伦理就难以建构和走向成熟，其作用也就很难得到正常发挥。

第四是领域限度。是非、善恶、美丑属于不同的评价体系，对应着不同的社会领域。虽然伦理关系覆盖整个社会生活，但社会行为和社会心理并不都是可以进行伦理评价，都要言伦理善恶的。“不是所有对我们重要的东西都必须有道德价值”。“经验告诉我们，并不是对人的每一种活动都可以作出道德判断的，我们生活的大部分活动，就其自身来说，都走出善恶之外。构成我们全部日常活动，即工作和游戏、操劳生计和进行娱乐活动，都是大量复杂的动作，这些动作完成得有好有坏，但都谈不上是‘善’还是恶。走路时怎样迈步，写字时怎样握笔，弹钢琴时怎样动指头，所有这些，从伦理学的观点看来，都是无关紧要的。这类活动中受到道德评判的例外情况，很容易证明那只不过是表面上的现象”。而且不同社会领域虽然会遵循一定的共同的社会正义理念，但这种理念的具体内容和发挥作用的机制很可能是极为不同的。

第五是方式限度。伦理是一种非强制、软性的社会调整方式，伦理的软性在于它不具有法律和行政手段那样的强制性，一般只是靠舆论、习俗、传统、信仰、情感、教化等力量来监督和实施。这些方式的一个共同之处，就是最终都靠主体自律来得以实现。“我们可以将普遍规则所指示的义务合法化，但是道德责任仅仅单独存在于对个体的质询中，并且要由个体来承担”。从长期来看，自律是比他律更为有效的制约机制，但就某一种社会现象或某一个社会主体来看，可能出现自律乏力、他律又不能及的尴尬状况。

第六是情感限度。“道德这个概念意味着全人类共有的某种情感，这种情感使同一对象能得到普遍的评价，使每一个人，或大多数人，都对它有一致的意见和决断。”由伦理引起的社会情感，可以化为自觉的社会行为意识，也可以表达对于社会现象的内心看法，构筑社会共识和交流的平台。然而伦理情感毕竟是带有主体色彩、群体色彩或个体色彩的，往往是在某一种利益立场上产生的，具有相当程度的非规范性、不稳定性，其所得出的结论有时候不免有失客观性和公允性。对任何事情都站在某种伦理情感立场上来评估，随意宣泄伦理义愤，反而会误导社会情感、激化社会矛盾。

第四节
和谐伦理建设的切入点

和谐伦理建设是构建社会主义和谐社会的重要内容，是新时期的一项伟大事业，需要全体社会成员长期不懈的努力才能完成。从和谐伦理的含义、作用和限度综合起来看，当前应该注重从以下一些方面来切入：

第一是修复底线伦理。无论如何，不能因为非道德现象的客观存在而降低普世道德的标准。坚持社会基本伦理规范的作用，不断扩大而不是无限制缩小社会基本伦理规范的领地，不断提升而不是无限制降低底线伦理的层次。走出荣耻混淆甚至颠倒的价值倾向，回归社会生活的正当意义，坚持符合社会整体原则的伦理立场。对于违背底线伦理的行为，要给予必要的惩罚和谴责，形成维护底线伦理的强大舆论场和制约力。有了这样一种舆论场和制约力，某些社会成员的行为有可能突破底线伦理的限制，但始终只能是追逐特定利益的个体行为，不会在短时间内打破社会伦理的深层结构，从而使底线伦理的共识和限度能得到有效的维护，使社会基本的伦理秩序不至于遭受侵害和破坏。

第二是倡导核心伦理。任何社会都有自己的核心价值和核心价值体系，在共同理想信仰和基本价值观的基础上引领各种社会思潮和社会行为，通过尊重差异、减少分歧来增加共识、凝聚力量。中国特色社会主义的核心伦理，以马克思主义伦理观和社会主义伦理导向为基本内容，反对任何形式的极端利己主义。马克思主义指导思想、社会主义的理想信仰、以爱国主义为核心的民族精神、以改革创新为核心的时代精神，任何时候都不能放弃，否则就会动摇根本，失去主心骨，也就难言和谐。社会主义市场经济条件下全社会的价值导向，是一种把国家和人民利益放在首位而充分尊重公民个人合法利益的新型义利观。市场经济的发展并没有使国家、集体和个人的利益对立起来，人们必须坚持在集体主义原则立场下相互关心、相互爱护、相互帮助，以商品交换中发展个人利益。当然，集体利益应当最大限度地保护、覆盖和扩充个人利益，而不是取代个人利益。覆盖面越广，群众性基础也越广泛、深厚，才能为个人利益与集体利益在市场经济生活中提供相结合的衔接点，动员组织起最大多数个体主动去维护集体利益。

第三是培育人生伦理。伦理范畴也包括生活态度，树立正确的人生观是人们和谐地参与社会生产生活的基础。人生在世的目的或意义，看起来是一个十分简单的问题，实则相当复杂。复杂之处在于问题因人而异，答案也因人而异。要教育引导人民群众辩证地看待为自己与为他人、为物质与为精神、为权力与为自由等人生目标之间的关系，自觉把人生价值与时代、国家和人民的命运联系在一起，自觉遵循一些肯定性和禁止性的人生规范。个人与他人之间的关系，不仅是个人依赖于他人、他人依赖于他人的关系，而且个人与他人之间又存在紧密的合作、协调。为物质与为精神是人们生活目的中不可缺少的两个重要组成部分，其中物质目标是人生的基础目标，精神目标是人生的高层次目标，物质目标的实现程度是衡量人生成就的重要指标，精神目标的实现程度则是人生奋斗内容和结构的体现。人们在生产生活中，不仅追求具体物质或精神产品，而且也追求着一定的对于身处其间或与之相伴的生产生活的权力，追求思想自由、人身自由、言论集会结社自由等。

第四是重塑人际伦理。和谐社会需要和谐的人际关系，和谐的人际关系需要和谐的人际伦理。随着市场经济活动的深入推进，社会诚信缺乏的问题比较严重，重塑以社会理解、社会信任和社会合作为主的和谐人际伦理是十分必要的。社会信任与社会理解是成正比的，社会信任系数越高的社会事业，得到的社会理解就越多。社会成员之间的信任度高，意味着社会成员之间具有共同的愿景，社会成员之间的分工与合作更为顺利，社会团结系数自然就高。在社会成员间增强信任不仅有助于直接加强沟通了解，而且有助于增强相关社会成员对于事物的理解，从而不仅提高相关社会成员的思想道德修养，而且提高社会整体道德水平。建构充分的社会理解和社会信任，需要人们增强社会诚信意识和社会责任感，在相互之间的交往活动中坚守不欺诈、不违约等基本伦理要求，主动承担相应的社会责任，促使平等友爱、互帮互助、融洽和谐人际环境的形成。

第五是改善职业伦理。现代社会是一个职业社会，人们总是处于一定的职业关系之中，职业关系的和谐有助于社会的整体和谐。职业伦理是职业活动中的基本行为规范，是一种高度社会化的角色道德。它一般通过人们的职业工作、职业关系、职业态度、职业作风及职业效果得到具体表现，随着社会劳动分工的专业化和深化而不断发展。在我国的现实生活中，由于缺乏一种类似宗教虔诚的“天职”观念，职业道德意识普遍比较差，爱岗敬业精神严重不足，在一定程度上使行业不正之风蔓延，助长了病态心理、病态利益的产生，令广大人民群众深恶痛绝，这种状况应该而且必须予以扭转。在新时期促进职业关系的和谐，必须把“爱岗敬业、诚实守信、办事公道、服务群众、奉献社会”等职业伦理的基本要求落到实处。

第六是加强制度伦理。制度建设是创造安定团结的社会秩序和社会氛围的根本途径，伦理制度化、制度伦理化的双向互动对于整个社会来说是极为有益的。社会和谐实际上就是指社会生活和社会结构的有序性，即社会主体、社会活动、社会行为在社会规范体系内融洽协调。诸多社会问题产生或长期得不到解决，最后根源还是在于制度不完善，制度本身难以体现社会核心伦理要求和总体伦理要求。当法律、法规、规章制度的条文完善而合理时，就会减少人为因素不确定性的影响，形成可供遵循的社会规则体系，使人们各在其位、各谋其政、各司其职、各尽其责。和谐伦理建设不是空洞乏力的道德说教，不是虚假表面的一团和气，而是要不断增强制度的伦理合理性和伦理合法性基础，使伦理观念和伦理行为尽可能制度化，靠制度确立起必要的社会运行框架、秩序和理念，建构起合理的奖惩机制和行为准则，激励人们投身认识世界和改变世界的实践。中国正在进入制度完善的关键期，从法律上、政策上、体制上努力营造公平的社会环境，制定收入分配、利益调节、社会保障、公民权利保障、政府施政、执法司法等方面的切实措施，使之更加体现和谐伦理的内在要求，便于社会成员依靠制度来维护自己的正当权益，平等地参与劳动创造、参与市场竞争、参与社会生活，从而有效减少伦理越轨行为。

第十章 发展与控制

有控制的发展才有可能是协调的发展。整合社会管理资源，提高社会管理水平，健全党委领导、政府负责、社会协同、公众参与的社会管理格局，在服务中实施管理，在管理中体现服务，能够为发展提供良好的社会环境。为此，要建立有效的指挥系统、信息系统、执行系统，各部门齐抓共管，综合防控，确保发展过程中控制到位。从人力、物力和财力各方面，保持一支必要的机动力量，以便突发事件来临时能及时处理。增强公民、企业、各种组织的社会责任，把和谐社区、和谐家庭等和谐创建活动同群众性精神文明创建活动结合起来，广泛吸引群众参与，建立民主公平的社会控制机制。

第一节 充分发挥党的领导作用

随着社会主义市场经济体制的深化，各方面的风险和挑战在增加。有些是常规性风险，通过社会结构的内在矛盾运动不时地表现出来，并随时与经济社会发展中的新因素纠缠在一起，造成的危害更多更频繁。比如，我国经济社会发展长期以来都是以资源粗放消耗为基础，自主创新不足，产业结构趋同、低层次，而随着世界资源环境形势的进一步紧迫化，这种发展模式的固有弱点将更加暴露无遗。有些则是不确定性风险，可能在某个时候因为某个原因而突然发生，对经济社会系统的冲击极为猛烈，应对起来十分棘手。比如一些突发性自然灾害，一些重大群体性对抗事件，给我们带来了巨大的挑战。现在看来，应对这些常规和非常规的风险，应该树立一种新的系统性思路，未雨绸缪，建立健全风险管理体系，做好充分的准备。对执政党来说，要以自身的改革推进社会管理体制的整体改革，改进党管理社会的方式，最大限度地降低系统性风险。在风险面前，要始终保持头脑清醒，组织党员干部全力应对，把损失降到最低，并尽可能化风险为机遇。有了这样一种意识和机制，就能确保党的事业不被突如其来的风险所冲击、所破坏。

首先要始终维护中国特色社会主义建设的大局。干什么事情，都有一个统一思想、协调行动的问题，只有有了共同的目标和方向，有了共同的思想基础，才能心往一处想、力往一处使，才能步伐一致、干成事情。共产党员无论处于何时何地何事，必须顾全党、国家和人民的大局，并且用这种顾全大局的精神教育群众。这是共产党员革命觉悟的重要表现，也是巩固全国安定团结的重要保证。中共十七大高举中国特色社会主义的旗帜，鲜明地指明了当代中国继续前进的方向，有助于从根本上代表、维护和实现中国最广大人民的利益，有助于在新的历史时期统一思想、排除干扰、凝聚力量、共同前进。竖起这面旗帜，既表明我们党将中国特色社会主义事业进行到底的决心和信心，又表明我们党始终从历史的高度引领人民实现自身的根本利益。

其次要坚决杜绝政治生活中的派性。毛泽东指出："党外无党，帝王思想；党内无派，千奇百怪。"对于党内派别和派别活动，不能简单地一概否定，要采取科学的态度对待，承认党员在一定范围内的思想言论自由和集体活动的自由。需要强调的是，党是无产阶级的先进分子所组成的统一的战斗集体，反对破坏党的团结统一的任何形式的派性和派别活动。党的干部特别是领导干部，在处理党内关系方面要坚守"五湖四海"的原则，这也就是说，要团结一切忠实于党的利益的同志，团结大多数。共产党员一定要有共产主义者的伟大胸襟，严于律己，宽以待人。在处理同志的关系上，只问他是否坚决执行党的路线，遵守党的纪律，不应因私怨而耿耿于怀，排挤打击，不应因亲疏而有不同的对待。绝对禁止搞宗派活动，搞小圈子；不允许拉拢一部分人，排斥一部分人；抬一部分人，压一部分人。在党和群众的关系上，同样要防止和反对宗派主义倾向。共产党员在人民群众中是少数，必须把亿万群众团结在党的周围，同心同德地为实现“四化”而奋斗。共产党员必须在群众中起模范作用，吃苦在前，享受在后，满腔热情地团结非党内同志一道工作。在干部工作中要坚持正派公道的作风，坚持任人唯贤，反对任人唯亲。严禁以派性划线，严禁利用职权在党内拉私人关系，培植私人势力。共产党员应该忠于党的组织和党的原则，不应该效忠于某个人。任何人不得把党的干部当作私有财产，不得把上下级关系变成人身依附关系。

再次要有效应对不同思想观念的冲击。在现代社会，随着科学技术的发展和社会管理的公开化、透明化，人们接收信息、传播信息的渠道越来越丰富多样。社会民主程度的不断提高，极大减少了“黑箱操作”的可能性，更多的信息成为公共信息，公众可以方便地知晓。报纸、杂志、电视、电话等传统媒体影响不减，网络等新兴媒体发展迅猛，信息内容越来越多，信息覆盖面越来越广，信息传播速度越来越快。纷繁变幻的信息流中，鱼龙混杂、碰撞激烈，人们不可避免地接触到不同的思想观念，一些错误的思想观念不免沉渣泛起，对不少人产生影响。对于这些影响，党的思想理论不应回避，不应置之不顾，而是要充分尊重和利用信息多样化，既不损害人们信息共享的权利，又要时刻注意提高人们的分辨能力，对各种错误的思想观念给予适当的批评，在与不同思想观念的交锋中提高党的思想理论的竞争力。

最后要充分调动最大多数人的积极性。从 1978 年算起，以社会主义市场经济为导向的中国特色社会主义在我国已经进行了 29 年之久，在经济社会快速发展的同时，社会经济成分、社会分配方式的多样化，社会结构的复杂化，成为显而易见的事实。与之相伴随，社会利益群体独立化、分化的趋势十分明显。过去相对稳定的阶级阶层在收入水平、生活水平、利益指向、思想倾向等方面都发生了很大的变化，阶级阶层之间、阶级阶层内部都出现了具有相对独立利益要求的不同利益群体，尤其是涌现了一些新兴的社会阶层和社团组织。社会成员之间的收入和财富差距明显扩大，社会心理失衡现象增多，社会冲突事件不时出现，构建和谐社会的任务十分突出。党的思想理论作为中国特色社会主义事业的指导思想，应该全面认识和反映不同社会阶级阶层、不同社会利益群体的利益诉求，在巩固阶级基础的同时扩大群众基础，团结一切可以团结的力量，努力形成经济社会发展的最大合力。实践证明，我们党在这方面的成绩不错，得到了公认。在国际金融危机背景下，国际社会对中国共产党有了进一步认识。美国有线电视新闻网（CNN）前驻华首席记者齐迈克曾感慨地说，中国只用了30年的时间就把英国和美国在工业革命时期需要100年才能完成的使命完成了，极大地改善了中国人民的生活，仅凭这一点他就要“给中国共产党打一个高分”。

第二节 发挥政府在矛盾调控中的主导作用

为人民服务是社会主义国家的根本宗旨，实现、维护和发展人民群众的利益是我们所有政策的出发点。公共部门代表人民履行公共管理职能，在社会主义市场经济条件下，随着宏观调控和微观调控的分离，公共部门的职能应该越来越公开化、规范化、科学化，建立一种高效、有序的运转和协调控制体系。

一、协调内部利益关系

政治制度作为统治阶级实现自身统治的主要形式，必须协调好其自身内部的各种利益关系。只有理顺决策参与机制和权力分享机制，使权力的分配和决策机制民主化、公开化、科学化，才能保证公共管理目标的实现。也只有通过健全惩罚和监督机制，才能防止公共利益的虚假化乃至异化。合理的权力结构，应该保证权力正常地发挥作用，既能使被领导者对权力有积极的回应，又能对权力起一定的监督制约作用；既能保证各部门相互协调地发挥功能，又能保证各部门相互制约和监督；既能保证权力在规定的时间内达到预期目的，又能保证不断地给权力系统补充新的能量。合理的权力结构要求对各权力主体进行合理的分解和组合，以达到相互平衡的和谐状态，避免权力过分集中；合理的权力结构要求科学界定各权力主体的职能和作用范围，清晰权力边界，既彼此独立，各司其职，又相互支持，密切配合，减少权力的摩擦成本，控制越权行为。由于公共部门及其工作人员在政治结构和社会结构中处于强势地位，在政府运作或社会管理活动中掌握和行使一定的权力，担任一定的职务，在社会决策中占据主导权，很多时候公共部门在行使权力、制定政策时，往往过分追求部门利益的最大化，使得公共利益部门化、虚幻化，甚至出现部门领导个人和集体腐败。而且一旦这种部门化的利益通过某种程序和制度得到固化，就会形成难以改变的惯性和刚性，沦为阻碍改革发展的既得利益。对此，应该保持足够的警惕，并建立相应的预防和监督机制。

二、协调各种社会利益关系

任何社会的统治机构，不仅要面对其内部各种政治集团之间的复杂利益关系，而且要面对其外部各种社会力量之间的复杂利益关系。公共管理制度的一个日常性的重要任务，就是协调各种社会利益关系，防止社会利益冲突的发生。这就要通过疏通表达和参与机制，使社会各个阶层的利益都能得到适当的保护。为了协调社会各阶层之间利益要求上的矛盾和冲突，必须开展系统的、经常性的公民教育，实现战略认同，扩大有序的公民参与。要建立双向沟通的渠道，允许公民在法治框架下发表政见，使公民有方便的表达意见的机会，各个阶层都有自身合法的利益表达机构和渠道。扫除各种公共参与的障碍，动员更多的公民关心和投身于社会活动，促进社会协商对话，创造公共权利能够得到充分尊重的社会环境。

三、注意保护新兴社会阶层的利益

良好的制度，在坚持基本价值的基础上，应该是一个充满弹性和活力的整体结构体系。要根据社会发展的需要，适时地保护新兴社会阶层的利益，吸收各种新鲜血液，团结各种可以团结的力量，通过调动他们的积极性来促使社会结构的良性循环。反之，如果自甘僵化，盲目拒斥乃至完全反对新生的社会力量，最终只能脱离社会历史发展的需要，从而窒息自身的生命力。改革开放以来，我国社会结构发生了一些值得注意的新变化，一些适应时代要求的新型利益群体有了生长的土壤，或从无到有，或从小到大，已经成为具有相对独立性的不可忽视的社会力量。这些新的社会阶层不仅在经济上有着自己的要求，而且参与政治和社会活动的愿望也越来越强烈。如何用历史的发展的观点来看待他们，及时坚定地把他们团结起来，使他们为国家和社会做出更多贡献，这是一个崭新的关系到执政基础的重大问题。

四、提高矛盾处理能力

一是要善于引导群众、宣传群众、说服群众。二是要善于疏通民主渠道，建立和完善民意表达机制。三是善于见微知著，取得化解矛盾的主动权。四是善于依法执政，依法化解矛盾。五是善于依靠群众自己解决矛盾，努力构建人民调解机制。六是善于学习，解决新形势下做群众工作“本领恐慌”的问题。

第三节 充分发挥第三方组织在矛盾调控中的作用

重视发挥社会团体作用。发展和规范律师、公证、会计、资产评估等机构，鼓励社会力量在教育、科技、文化、卫生、体育、社会福利等领域兴办民办非企业单位。发挥行业协会、学会、商会等社会团体的社会功能，为经济社会发展服务。发展和规范各类基金会，促进公益事业发展。引导各类社会组织加强自身建设，提高自律性和诚信度。促使全国基层工会组织不断发展，打造一批社会影响相当大的社团组织和若干在全国颇有影响的基金会及各种教育、文化、研究、医疗、慈善、环保、互助、维权等社团组织。党政机关、企事业单位内部的群众社团组织也要加快发展，如摄影协会、书画协会、集邮协会等几乎遍及大小单位。街道社区自发组织成立的戏迷会、秧歌队、武术协会、合唱队及各种志愿组织，广大农村地区成立的林果业、农业协会、生产合作组织及花会、香会、庙会等各种传统性群众组织也都迅速发展。对这些社会组织，要有效利用起来，使之成为凝心聚力、化解矛盾、集思广益的公共平台，成为公共生活不断发育的载体。

第十一章
发展的原则

发展是有原则的发展。把握发展的基本原则，是判断发展价值取向、确立发展战略策略的重要前提。发展原则是发展主体、客体与条件的总和，是对发展趋势发展战略的总体揭示。

第一节
依靠人与为了人相统一

人是文明建设不变的主体，文明是人创造的。中国古代的荀子说过，人“最为天下贵”。毛泽东则说，世间一切事物中，人是第一个可宝贵的。如果没有人的思想、智慧、想象力和创造力，一切物质资源都不会发生作用。人的价值无法估量，是任何物的东西所不能取代的。人是创造社会财富的过程中唯一的能动因素，人本身的天赋、创造性和主体能力的充分发展是社会财富中最本质的东西。人的需求和欲望与生俱来，是社会发展的原初动力，人类奋斗所争取的一切都同人的利益有关。人的生命弥足珍贵，是人进行一切活动的前提，是人之为人的平等权利。依靠人的力量，必须尊重人的需求、人的生命，尊重人的理想、人的自由，让每一个人都能平等追求和享受自身的权利和利益。三大文明都是人的本质力量的展示。

人是社会的主体，是社会生活和社会活动的实际践行者，其素质如何决定着社会文明发展的程度。整体文明促进人的发展，人在创造文明中也发展着自身，使主体力量不断增强。自从人与文明相结合，人类适应的环境就不再是单纯的自然环境，而在越来越广阔的程度上包括社会环境。人依据自然规律去利用自然、改造自然，在改造环境的同时也改变自身。罗马俱乐部的创建人奥雷利奥·佩西说："人类万事的精华是人的素质和能力"，"人类命运所依赖的最重要的因素是人类素质——不仅是某些杰出人物的素质，更重要的是鉴于上几十亿人的普通素质"①。

人不仅是手段，也是目的。整体文明的发展依赖人的主体力量的发挥，其出发点和归宿同样也指向人本身，让人享有应该和可以享有的各方面成果是文明发展的本质价值所在。康德鲜明地提出了"人是目的"的命题。"人，总之一切理性动物，是作为目的本身而存在的，并不是仅仅作为手段给某个意志任意使用的，我们必须在他的一切行动中，不管这行动是对他自己的，还是对其他理性动物的，永远把他当做目的看待……人之为物，其在本身就是目的，而且是这样一种目的，这种目的是不能为任何其他目的所代替的，是不能仅仅作为手段为其他目的服务的，因为如果没有人，就根本没有什么具有绝对价值的东西了。"② 圣西门说："人们应当把自己的社会组织得尽量有益于最大多数的人，人们应当把在最短期间内用最圆满的方式改善人数最多阶级的精神和物质的事业，作为自己的一切劳动和一切活动的目的。"③

人的发展是现代文明的崇高主题。社会主义作为人类历史上全新的社会类型，必须致力于人的全面发展，使"人以一种全面的方式，也就是说，作为一个完整的人，占有自己的全面的本质"。④ 马克思把工业的发展看作"一本打开了的关于人的本质力量的书"，把人类历史看成是不断地"追求着自己目的的人的活动"。人的全面发展是以经济增长为基础的经济、政治、文化、社会、生态等方面的全面发展，是以客体为基础的客体和主体

---

① 佩西著：《人类的素质》，中国展望出版社 1988 年版，第 25 页。

② 北京大学哲学系外国哲学史教研室编译：《西方哲学原著选读》下册，商务印书馆 1981 年版，第 316 页。

③ 董果良、赵鸣远译：《圣西门选集》下卷，商务印书馆 1962 年版，第 226 页。

④ 马克思、恩格斯著：《马克思恩格斯全集》第 42 卷，人民出版社 1979 年版，第 123 页。

的有机统一。既注重发展人们的经济利益，满足人们的物质需求，也要发展人们的政治、文化和社会利益，满足人们的全面需求。

第二节 继承借鉴与着力创新相统一

无论对文明的发展过程怎样划分，文明发展的每一阶段都是前一阶段文明发展的继续。虽然在文明发展史中也出现过突然中断或突然消失的现象，或是文明跳跃、突变的现象，但这只是个别的现象，文明的发展总体上是连续不断的，每一阶段的文明都必须积极继承前一阶段文明发展的成果，并在继承的基础上寻求文明的进一步发展。

每一种文明都有自己的传承场。必须尽可能继承以往社会的文明成果。例如西欧近代文明是在批判继承古希腊、阿拉伯、中国、印度及其本土文明成果基础上发展起来的。又如，美国的现代文明是在批判继承西欧殖民主义精神、非洲民族的文明成果以及美洲土著民族的优秀文明成果基础上发展起来的。“正如一个文明可以欢迎或排斥来自其他文明的成分一样，它也可以接纳或拒绝它自己历史的残存物。”①

文明多样性是整体文明之间相互借鉴的基础。汤因比在《历史研究》中曾列举过世界20多种文明，现在世界上也大致有西方文明、儒教文明、日本文明、伊斯兰文明、印度文明、斯拉夫东正教文明、拉丁美洲文明和非洲文明等不同类型。这些不同的整体文明需要相互交流和开放，海纳百川，兼容万物，学习、吸取和借鉴其他文明的长处。江泽民指出：“世界是丰富多彩的。各国文明的多样性，是人类社会的基本特征，也是人类文明进步的动力。应尊重各国的历史文化、社会制度和发展模式，承认世界多样性的现实。世界各种文明和社会制度，应长期共存，在竞争比较中取长

① ［法］费尔南·布罗代尔著：《文明史纲》，肖昶等译，广西师范大学出版社2003年版，第50页。

补短，在求同存异中共同发展。”[①] 2005 年 9 月 15 日，胡锦涛在出席联合国成立 60 周年首脑会议时发表讲话指出：“文明多样性是人类社会的基本特征，也是人类文明进步的重要动力。在人类历史上，各种文明都以自己的方式为人类文明进步作出了积极贡献。存在差异，各种文明才能相互借鉴、共同提高；强求一律，只会导致人类文明失去动力、僵化衰落。各种文明有历史长短之分，无高低优劣之别。……应该加强不同文明的对话和交流，在部分比较中取长补短，在求同存异中共同发展，努力消除相互的疑虑和隔阂，使人类更加和睦，让世界更加丰富多彩；应该以平等开放的精神，维护文明的多样性，促进国际关系民主化，协力构建各种文明的和谐世界。”[②]

整体文明的发展是一个动态的过程，需要不断加以创新。中国古代很早就有关于创造新事物的看法，《国语·周语》中有“以创制天下”之语。荀子在《易传》里提出“富有日新”的看法。创新作为人的自觉能动性的本质表现，使人的智慧和文明成果不断积累，从而才会有人类社会历史的进步和人自身的发展。马克思认为：“这种活动、这种连续不断的感性劳动和创造、这种生产，正是整个现在的感性世界的基础，它哪怕只中断一年，费尔巴哈就会看到，不仅在自然界将发生巨大的变化，而且整个人类世界以及他自己的直观能力，甚至他本身的存在也会很快就没有了。”[③]

创新为整体文明增添活力。丰富多变的社会实践在解决现实社会问题时，会在人与自然、人与社会、人与人的各种关系中带来新变化、新问题和新情况，从而对整体文明提出新的挑战。社会形态的更新、民族的融合、生活方式的变化、新的思想观念和体系的形成，都会导致整体文明的创新。同时每一时代人都面临着自己的任务，大量未知的事物和许多深层的问题需要探索和回答，如果墨守成规、不思进取，就会放慢甚至停止整体文明发展的步伐，最终为时代和人民所抛弃。在全球化时代，创新带来的竞争更是前所未有。

① 江泽民著：《论“三个代表”》，中央文献出版社 2001 年版，第 184 页。

② 《人民日报》2005 年 9 月 16 日。

③ 马克思、恩格斯著：《马克思恩格斯选集》第 1 卷，人民出版社 1995 年版，第 77 页。

第三节
实践探索与理论把握相统一

文明既是一个民族的智慧长期积累的结果，又是一个民族的精神不断创新升华的结晶。

社会实践是人们为求得生存与发展而探索和变革客观世界与主观世界的历史性活动，是人类的基本存在方式。“哲学家们只是用不同的方式解释世界，而问题在于改变世界”。人类文明是通过实践活动创造的，实践是文明的源头活水。工业革命极大地提高了劳动生产率，推动了生产技术的根本性创新，促进了生产力的飞速发展。人们从事各种实践活动，能够结合自身的需要塑造出客体未来的理想形态和功能，使世界成为适合人类生存与发展的世界，使人的本质力量展现在各种文明成果之中。毛泽东认为：人在实践中实现主体和客体的辩证统一。改变外界，同时又改变自己。

“凡是把理论引向神秘主义的神秘东西，都能在人的实践中以及对这个实践的理解中得到合理的解决。”① 整体文明面临的各种问题，只有依靠实践活动的深入来解决。只有深入实际，尊重群众的首创精神，敢闯敢干，大胆创新，不断探索和创造新的文明实现形式，才能在实践中不断总结经验，纠正错误，使整体文明不断提升。实践活动的主体是最广大的人民群众，只有唤起人们解决历史任务的兴趣与热情，动员人们投身于实践活动中，才能现实地解决一定的历史任务，有力推动整体文明的进步。马克思指出：“历史活动是群众的事业，随着历史活动的深入，必将是群众队伍的扩大。”②

人在实践活动中是充满理性的，能够运用既有的思想理论成果来指导和规范自己的行为。文明发展的进程，是理性的自我完善。先进的理论，

① 马克思、恩格斯：《马克思恩格斯选集》第 1 卷，人民出版社 1995 年版，第 56 页。

② 马克思、恩格斯：《马克思恩格斯全集》第 2 卷，人民出版社 1957 年版，第 104 页。

往往是文明的先声和号角。黑格尔对精神文化跨入近代文明做过描述："在这以前，精神的发展一直走着蜗步，进而复退，迂回曲折，到这时才宛如穿上神靴，大步迈进。人获得了自信，信任自己的那种作为思维的思维，信任自己的感觉，信任自身以外的感性自然和自身以内的感性本性；人在技术中、自然中发现了从事发明的兴趣和乐趣。理智在现世的事物中发芽滋长；人意识到了自己的意志和成就……现实世界又重新出现了，成为值得精神关注的对象；思维的精神又可以有所作为了"。①

社会实践的进行依赖于思想理论的自觉指导。思想理论在反映实践客体状况的同时也表达了实践主体的利益和愿望，在指明实践预期结果的前提下，提出实现目标的途径与手段，引导实践过程沿着预定的目标顺利展开。整体文明的发展，始终离不开理论的指导。培根说："如果物质世界的各个领域，也就是说地球、海洋与星体的领域，已经在我们的时代大大地打开和表露在我们的面前，而理智的世界仍然关闭在旧时发现的狭隘人，那就是很可耻的事情了"。② 思想理论在整体文明发展中的重要作用，要求人们不断进行理论创新，在回答和解决时代课题中前进。福泽谕吉指出："学者身当增进文明的大任，坐视文明精神日渐衰退而不以为忧，真足令人长叹息和痛哭了。"③

第四节 提高效率与促进公平相统一

文明发展的路径，需要在不同的价值取向间做出选择。现代文明应该在现代价值观的指导下来进行，既要致力于解决效率问题，也要重视兼顾公平。正是在效率与公平的相互促进过程中，社会发展目标才能全面实现，

① 黑格尔：《哲学史讲演录》第4卷，商务印书馆1978年版，第4页。

② 北京大学哲学系外国哲学考古室编：《十六—十八世纪欧洲各国哲学》，商务印书馆1975年版，第32页。

③ 福泽谕吉：《劝学篇》，吉林出版集团有限责任公司2011年版，第30页。

社会文明程度才能不断提高。

认识和处理公平与效率的关系，应该持科学、辩证的态度。公平与效率是一对矛盾吗？应该说不是。公平与不公平是矛盾，效率与低效率是矛盾。这是就制度来说的，就是社会资源在一定制度框架内的配置产生的后果。追求效率是力求使人的活动产生最多的产出，追求公平是要使社会资源的使用更为合理，在此意义上两者可以说是一致的。效率是公平的基础，公平是效率的保障。公平和效率相互为对方让路都是很正常的，阿瑟·奥肯指出："如果公平和效率双方都有价值，而且其中一方对另一方没有绝对的优先权，那么在它们冲突的方面，就应该达成妥协。为了效率，要求牺牲某些平等；为了平等，要求牺牲某些效率。然而，作为更多地获得另一方的必要手段，或者得到其他有价值的社会成果的可能，无论哪一方的牺牲都必须是公正的。"①

效率始终不可丢弃，效率优先是人类文明发展必须遵循的第一位原则，没有效率就没有社会进步。效率的核心在于资源的优化配置，使经济社会活动取得最大效果。效率高，表明主体通过实践活动有效作用于客体，主体的力量物化于客体中，社会物质文明、精神文明、政治文明和生态文明都能稳步发展。不讲效率，就会无谓地浪费本来很稀缺的社会资源，削弱社会存在的基础，更难以推动社会整体文明的前进。特别是当整体文明的总体水平还比较低下时，提出效率优先具有尤其重要的针对意义。

在注重效率的同时不可忽视公平。追求公平，是整体文明的本质属性。文明之所以区别于野蛮，之所以具有历史进步意义，主要在于它的公平性。整体文明的进步，能使社会成员更多地享受生产生活的丰富成果。在一个公平的社会环境中，规则体系理性化，为人们提供相同的规则，提供均等的机会，为人们开辟能力提升和发挥的广阔空间。社会成员共享社会收益，处于和谐状态。公民平等参与社会政治生活，这是一个社会民主化程度的重要内容。当代中国现实生活中还存在着一些不可回避的问题，需要用公平理念来加以调整。因而，更加注重公平，是现实的迫切需要，是构建和谐社会的支点。

随着文明的发展，人们将享有更多的公平。公平是一个历史范畴，不同的时代有不同的公平标准。"平等的观念，无论是以资产阶级的形式出

① ［美］阿瑟·奥肯著：《平等与效率》，王奔译，华夏出版社 1999 年版，第 86 页。

现，还是以无产阶级的形式出现，本身都是一种历史的产物，这一观念的形成，需要一定的历史条件，而这种历史条件本身又以长期的以往的历史为前提。所以，这样的平等观念说它是什么都行，就不能说是永恒的真理。”①只有到未来的崭新的文明社会实现之时，完全的公平才能彻底实现，“社会化的人，联合起来的生产者，将合理地调节他们与自然之间的物质交换，将它置于他们的共同控制之下，而不让它作为盲目的力量来统治自己；靠消耗最小的力量，在最无愧于和最适合他们的人类本性的条件下来进行这种物质交换。”②

第五节 全面推进与突出重点相统一

社会主义整体文明作为一个整体，包含多方面的内容，这些内容是相互联系、相互促进甚至是相互渗透的，需要站在全局的角度来统筹考虑、共同推进，不能忽视其中任何一个领域或任何一个方面。但是在发展社会主义整体文明的过程中，需要面对的矛盾和问题复杂多样，不能面面俱到、平均用力，而要注意抓住主要矛盾和主要问题，找到整体文明发展的突破口，确定好不同时期的发展重心和发展方略，争取使本来就有限的资源发挥出最大的作用。

全局不等于全部，但作为一种整体局面和格局，决定着事物发展的趋势和走向，决定着事业的成败。经济全球化和科学技术的发展，使经济社会生活各个方面的联系越来越紧密，一个部门一个环节上的失误，都有可能影响到整体。建设社会主义整体文明，一定要把握全局、协调各方，使不同地区、不同部门、不同主体的工作服务于全局，而不是各自为政。注重从深层的社会结构上解决问题，促使产业结构、城乡结构、地区结构、

① 马克思、恩格斯：《马克思恩格斯选集》第3卷，人民出版社1995年版，第448页。

② 马克思：《资本论》第3卷，人民出版社1975年版，第926-927页。

分配结构、利益结构的合理化，使经济、政治、文化、生态各个方面适时适当地同步推进，防止出现“一条腿长，其他腿短”的失衡状况。在看待问题时，要既见树木又见森林，不放过整体文明发展中出现的具体问题，有效地解决一些“瓶颈”问题；同时也要看到主流和方向，使各种努力和行动符合客观实际，与社会整体文明发展的大势相一致，从而收到更好的效果。

整体是由部分组成的，各个部分通过有机的联系而成为整体，而不是随意排列、杂乱无章的，其中有主次之分，也有重点和非重点之别。一般而言，重点是影响全局的关键点，是决定全局的关节点。统揽全局，要体现并落实到把握重点上。关键抓住了，关节点抓好了，就能掌握整个链条，取得全局工作的主动权。建设社会主义整体文明是一项巨大的社会系统工程，情况错综复杂，任务艰巨繁重，如果不把重心放在那些最重要、最有决定意义的问题和工作上，就难以取得实效。要具体分析制约整体文明发展的主要原因所在，有针对性地解决一些重点问题、重大问题，就能更好地带动整体、推动全局。反之，如果重点问题长期被忽视，得不到解决，就会引发一系列连锁效应和放大效应，直接或间接地影响整体发展。

由此看来，全面推进与突破重点需要辩证地把握，两个方面都要重视、都不能走向偏颇。既要始终注意胸中有整体，善于从宏观上厘清思路，紧紧抓住带方向性、根本性、长远性、基础性的工作不放，又要始终重视细节，从微观上透视规律，把握节奏，科学安排，抓好落实。从整体抓重点，以重点带整体，社会主义整体文明就能够不断跃进到新的水平。而且在很多时候，全局和局部、整体和重点往往是相对的，其辩证关系也需要正确把握。“涓涓细流，汇成大海”，每一个地区、每一个部门都有各自不同的全局，但对于全国来说又是局部，因而要明确本地区、本部门在社会主义整体文明发展中所处的位置及前进方向，把自己所承担的责任与整体工作联系起来，在错综复杂的局面中找出主要矛盾和矛盾的主要方面，分清轻重缓急，把本地区、本部门的工作作为实现社会主义整体文明的必要步骤和环节努力完成好。

第六节
立足现实与面向未来相统一

在一定的空间进行的人的实践活动是一个“历时”的过程，整体文明是在时间中形成、存在、延续、变动的线性与非线性相交替的过程。整体文明的发展从简单走向丰富，是一个不断生长着、延续着的动态过程。只有既具有现实性，又具有理想性的整体文明才是充满生机与活力的。

每一种文明都是具体的、历史的自然和社会环境的产物，必须面对其所处的复杂多样的现实条件。在选择整体文明建设的方法和路径时，必须立足于实践的客观需要，把握现实提供的有利条件和机遇，促使整体文明走上正确的方向。要以实践作为检验事业成败的标准，大胆地试、大胆地闯、大胆地干，想方设法提高社会文明的整体水平。同时也要全面深刻地认识所面临的各种问题，不断总结经验，纠正错误，寻找解决问题的有效思路，为整体文明的发展扫除障碍。实际问题处于不停的发展变化之中，社会整体文明也必须随着时代、实践的发展而不断发展。

现实是未来的基础，立足现实离不开对未来的追求。从理想层面上讲，社会主义整体文明是一种未来的指向，是眼前难以实现的理想。它在很大程度上并不是现在已经达到的状态，而是现在一切工作所努力达成的可能目标。这样的目标，可能是针对长时期的长远目标，也可能是针对最近的现实目标。当然，无论是作为长远目标，还是作为现实目标，社会主义整体文明对于现实社会生活都具有相当大的引导作用，人们对于富强、民主、文明、和谐的追求时刻产生整体文明得以不断前进的动力和凝聚力。

由此可见，社会主义整体文明是目标与过程之间的辩证统一。作为目标，社会主义整体文明同科学社会主义创始人提出的共产主义远大理想，同现阶段建设中国特色社会主义的共同理想是完全一致的。只有到了未来生产力发展充分、社会成员素质大为提升的社会中，社会主义整体文明才可以说真正地、完整地得以建成。作为过程，社会主义整体文明是具体的、历史的，是分阶段、有层次的，绝非一蹴而就的。对于建设社会主义整体文明，既要看到诸多有利条件，坚定信心，积极推进，着眼于未来，胸怀远大理想，任何时候都不忘记社会主义整体文明建设的根本目标体系和价值导向；又要看到我国仍然处于并将长期处于社会主义初级阶段，从现在做起，脚踏实地，绝不可急于求成，根据实际情况，首先从能够办得到的事情做起，积极解决现实中的问题，一步一个脚印，扎扎实实地加以推进，让人们能够切实享受到社会主义整体文明的成果。

第十二章
发展与规律

“天下之势，以渐而成；天下之事，以积而固。”中国共产党从来都是一个注重把握规律、按规律办事的党，在尊重规律、认识规律、运用规律中实现理论和实践的新发展。党领导人民长期不懈探索，在治党执政兴国上取得了巨大成就，也获得了关于共产党执政规律、社会主义建设规律、人类社会发展规律的一些基本认识。中共十八大以来，以习近平同志为总书记的党中央提出治国理政的一系列新思想，深化了对“三个规律”的认识。这些基本认识是来源于实践、完善于实践、应用于实践的中国特色社会主义规律论，是运用辩证唯物主义和历史唯物主义总结当代中国和世界发展实践而得出的必然结论，是科学认识未来发展趋势、重点、方略的望远镜和显微镜，是党执政兴国必须长期坚持和发展的成功之道。联系改革开放以来特别是中共十八大以来以习近平同志为核心的党中央治国理政的成功实践，认真全面地把握运用这些规律性认识的重要性显得尤为突出。

第一节
不断深化对“三个规律”的认识

中国共产党带领人民取得革命、建设、改革中一个又一个胜利，用几十年时间走完了发达国家100多年走过的发展历程，综合国力、人民生活水平大幅提高，逐步走上了一条实现民族复兴的中国特色社会主义道路，一个承载了100多年民族独立富强梦想的东方社会主义大国屹立于世界历史潮头。在这样的时刻，我们更有底气和自信，对如何带领人民执好政、继续坚持和发展中国特色社会主义、坚定不移顺应和推动人类社会发展有了更多更深刻的认识。

“物有本末，事有终始。知所先后，则近道矣。”我们党成为执政党，是历史的选择、人民的选择。我们党是以把握和顺应历史规律的面貌而登上历史舞台的，是以代表和创造历史规律的形象而跃上执政舞台的，也是以恢复和探索历史规律的姿态而步入建设和改革舞台的。在长期执政探索中，我党始终坚持理论先导、执政为民、联系群众、发展为要、制度为本，不断提高治党执政兴国的能力，对执政目标、方式、手段、条件、方略的认识更加完善。我们从实际出发，坚定不移走中国特色社会主义道路，深化对社会主义本质、内涵、制度、战略、条件的认识，不断完善社会主义建设的基本内容、战略布局和具体方法，使社会主义在中国大地上真正枝繁叶茂。我们以人类社会发展为己任，超越对抗竞争，扩大合作协商，看清大势和主流，对人类社会发展趋势、方向、前景、载体的认识更加深刻，在世界发展中的贡献越来越突出，在全球治理变革中承担更多的责任，走出一条符合中国实际、产生巨大国际影响力的中国特色社会主义道路。我们党坚持以马克思主义为指导，先后形成了毛泽东思想、邓小平理论、“三个代表”重要思想、科学发展观等理论成果，中共十八大以来以习近平同志为总书记的党中央又提出了治国理政的一系列新理念、新思想、新战略，对共产党执政规律、社会主义建设规律和人类社会发展规律的认识不断深入。这些规律性认识来之不易，是500多年社会主义长期发展的深刻记忆，是中国共产党执政60多年特别是改革开放30多年以来经验教训的高度凝结，表明我们党在思维上、行动上、战略上越来越理性成熟。这些规律性认识，体现了国际共产党执政兴衰存亡的镜鉴，体现了当代中国发展实践的得失，形成了中国这样的发展中大国关于怎样建设党、怎样建设社会主义、怎样有效促进发展的基本认识，是指导我们长期执政兴国、治党治国治军的重要理论遵循。

我们现在处于治党执政兴国的又一个关键时期，进入全面建成小康社会的决定性阶段，即将迎来改革开放40周年、中国共产党成立100周年，这是实现社会主义现代化和中华民族伟大复兴中国梦的承上启下的关键之际，是一个应该大有作为的战略机遇期。历经革命、建设和改革，我们党已经从领导人民为夺取全国政权而奋斗的党，成为领导人民掌握全国政权并长期执政的党；从受到外部封锁和实行计划经济条件下领导国家建设的党，成为对外开放的发展社会主义市场经济条件下领导国家建设的党。我们党肩负着带领全国各族人民实现“两个一百年”奋斗目标、实现中华民族伟大复兴的历史使命，同时也面临着“四大考验”、“四种危险”，要不断提高“四自”能力。在世界经济进入深度调整期的背景下，我国处于增长速度换挡期、结构调整阵痛期和前期刺激政策消化期这三期叠加的状态，经济发展进入新常态，面临的机遇和挑战都前所未有。面对世情国情党情的变化，我们要保持定力、循理明道，继续努力解决转变发展方式、防止中等收入陷阱、提高拒腐防变能力等重大课题，把推进伟大事业与推进伟大工程结合起来，努力加快实现强国梦、富民梦、兴军梦、党建梦、文化梦、民生梦、公平梦、创新梦、和平梦。从各个方面看，今天的执政条件、建设条件、发展条件与过去不可同日而语，认识和运用“三个规律”就显得尤为重要。新的历史条件下，如果不注意、不善于从规律的高度把握和运用党执政兴国的历史经验，不改进工作作风和方法，社会主义建设的具体要求就可能落空，执政兴国的历史使命就难以实现。只有自觉主动地从规律上探求经验教训，琢磨透影响社会历史发展根本走势的关键因素，才能使我们党更好地坚持真理、修正错误，使党的工作和事业顺应人民的要求、顺应历史和时代发展的趋势，减少前进中的阵痛和挫折，在当今更加复杂激烈的综合竞争中立于不败之地。

第二节
把握共产党执政规律

党的先进性和党的执政地位都不是一劳永逸、一成不变的。执政规律是对执政源泉、执政资源、执政方式等执政基本问题的规律性认识。中国共产党在长期执政条件下要继续夯实执政地位、完善执政方略、提高执政效果，必须不断巩固和扩大五个基础。

一、坚持以马克思主义及其中国化的一系列理论成果为指导，不断推进理论创新，坚定“三个自信”，是党执政必须强化的理论基础

共产党是以马克思主义为理论武装、代表无产阶级及普通劳动群众利益的政党。马克思、恩格斯领导建立了世界上第一个无产阶级政党。他们虽然没有直接执政的经验，但在巴黎公社时期，从思想纯化、分工负责、加强监督等方面对于无产阶级政党执政的规律性有所论述。列宁领导俄国人民建立世界上第一个社会主义国家，开始了共产党执政的实践，提出了注重思想政治教育、实行民主集中制、强化纪律约束等建党原则。

中国共产党的建立和发展始终坚持以马克思主义为指导，重视从思想上建设党是我们党的一大特点和优良传统。思想理论上成熟坚定，党的一切纲领、一切行动才有主心骨，才能保持正确的航向，才能充分体现社会历史发展的客观要求。思想理论上虚化、弱化乃至产生偏向，党的旗帜和纲领就会走形变样，党的事业必将遭受挫折，党的变质和堕落也就不可避免。始终注重运用马克思主义理论立党、治党、兴党，用马克思主义及其不断发展的理论成果锤炼党、武装党，保持党的先进性、纯洁性，成为党长期以来形成的政治优势，是党执政兴国的前提条件。

新中国成立以来中国共产党执政60多年的历史经验表明，重视理论建设和理论武装是党的一项根本建设。通过经常性的思想理论教育，提高全党的马克思主义理论水平，坚定道路自信、理论自信和制度自信，不断增强看齐意识，能够有效促使全党思想上和行动上的团结统一，为实现执政目标奠定不可或缺的强大思想基础。其一是加强思想理论武装。以马克思主义中国化的最新成果武装全党，开展经常性的学习教育，提高全党的马克思主义理论水平，思想上、政治上、行动上步调一致。实践推进到哪儿，理论武装就跟进到哪儿。其二是加强理论创新。适时提出符合实际的新思想、新观点，处理好理论上的源流、新旧、破立关系，把握指导思想上脉之所系、述之所进，勇于创新、善于创新，使党的理论跟上时代步伐。其三是加强理论的实际运用。大力弘扬党的理论联系实际的优良学风，用科学有效的办法解决知行不一、言行不一的学风问题，致用笃效，真正做到

学而信、学而用、学而行。

二、坚持立党为公、执政为民，密切联系群众，始终代表最广大人民群众的根本利益，是党执政必须夯实的群众基础

马克思主义认为，人民群众是社会历史的真正创造者，是物质生产和其他生产活动的主体，是推动社会前进和变革的决定性力量。相信谁、依靠谁、为了谁，是否始终站在最广大人民群众的立场上，是区分唯物史观和唯心史观的重要标志，是判断马克思主义政党的重要标志。保持和扩大同最广大人民群众的密切联系，最大限度地调动和保护人民群众的积极性、主动性和创造性，始终赢得人民群众的支持，是共产党执政的力量源泉。

群众路线是党的根本工作路线。共产党执政，一刻都不能脱离全心全意为人民服务的根本宗旨，真正尊重人心向背决定执政地位的客观定律，时刻防备历史周期律的倾覆。在感情立场上，永远不能站错，从思想深处解决好“我是谁、为了谁、依靠谁”的问题。党只有一心为公，立党才能立得牢；只有一心为民，执政才能执得好。无论在任何时候、任何情况下，我们党制定和实施的路线方针政策都必须充分体现立党为公、执政为民的根本要求，坚持以人民拥护不拥护、赞成不赞成、高兴不高兴、答应不答应作为衡量标准，让人民群众成为政绩评价的主体，把体现人民群众的意志，实现好、维护好、发展好最广大人民的根本利益作为一切工作的根本出发点和归宿，不断提高人民群众的参与感、获得感、幸福感。

党执政的群众基础需要根据时代条件的变化不断扩充。中国共产党是工人阶级的先锋队，也是中华民族的先锋队。必须坚持党的阶级基础构成主体不变，注重从工人、农民、知识分子、军人、干部中发展党员，不断提高我国工人阶级队伍的思想道德素质和科学文化素质，提高党员队伍的整体素质，使党的阶级基础不断增强，先进性不断强化。同时应该看到，改革开放以来，我国社会阶层的构成发生了深刻的变化，出现了民营科技企业的创业人员和技术人员，受聘于外资企业的管理技术人员、个体户、私营企业主、中介组织的从业人员、自由职业人员等社会阶层。这些新的社会阶层是人民群众的重要组成部分，是中国特色社会主义的重要建设者，其中汇集了一批优秀知识分子，应当根据党的事业的需要，把他们中“承认党的纲领和章程”、“自觉为党的路线和纲领而奋斗”、“经过长期考验”、

“符合党员条件”的优秀分子吸收到党内来，从而不断巩固扩大党的群众基础。

三、坚持发展是第一要务，集中精力办好自己的事情，不断提高综合国力和人民群众的物质文化生活水平，是党执政必须聚焦的物质基础

发展是硬道理，是解决中国一切问题的关键，这是我们党执政兴国的一条重要经验。解放生产力，发展生产力，是社会主义本质的重要内涵。由于各种复杂的原因，我们对社会主义的认识曾经迷茫不清，导致偏离唯物史观的基本原理。十一届三中全会以来，我们党确立以经济建设为中心，坚持四项基本原则、坚持改革开放的“一个中心、两个基本点”的基本路线，把生产力发展提到前所未有的位置，使得我国的综合国力得到快速大幅提升。

党的一切工作的开展都以一定的物质条件为基础。发展生产力的根本目的是切实提高人民群众的生活水平，让人民群众分享改革发展的成果。在发展中要更加重视民生，多谋民生之利，多解民生之忧，解决好人民群众最关心、最直接、最现实的利益问题，在学有所教、劳有所得、病有所医、老有所养、住有所居等方面不断取得进步，并且不断提高生活质量，努力让人民群众过上幸福美好生活。

党执政的成效最终体现为物质生产力的发展程度，党的先进性体现为能否代表先进生产力的发展要求。习近平总书记强调，中国特色社会主义是全面发展的社会主义。我国发展虽然取得了巨大成效，但我国仍处于并将长期处于社会主义初级阶段的基本国情没有变，人民日益增长的物质文化需要同落后的社会生产力之间的矛盾这一社会主要矛盾没有变。这就决定了我们必须坚持以经济建设为中心，坚持以人民为中心的发展思想，聚精会神抓好发展这个党执政兴国的第一要务，实现更高质量、更有效率、更加公平、更可持续的发展。同时，要协调推进政治建设、文化建设、社会建设、生态文明建设以及其他各方面的建设，实现社会主义市场经济、社会主义民主政治、社会主义先进文化、社会主义和谐社会、社会主义生态文明全面进步，为经济发展提供更好制度保障和环境条件。同时，发展必须是遵循经济规律的科学发展，必须是遵循自然规律的可持续发展，必须是遵循社会规律的包容式发展。

四、坚持科学执政、民主执政、依法执政，促使国家治理体系和治理能力现代化，是党执政必须完善的制度基础

坚持科学执政、民主执政、依法执政，反映了我们党对共产党执政规律认识的深化和对党长期执政经验教训的深刻总结，反映了我们党对自己所处的历史方位和所承担的历史使命的清醒认识，反映了我们党把推进党的建设新的伟大工程同推进中国特色社会主义伟大事业紧密结合的高度自觉。遵循科学执政、民主执政、依法执政的要求，才能建立完善执政的各项基本制度机制，才能更加有效地完成人民和时代赋予的执政使命。

科学执政、民主执政、依法执政之间存在相互统一的密切联系。科学执政强调科学制定实施党的理论和路线的方针政策，科学设计、组织、开展各项执政活动。民主执政强调为人民执政、靠人民执政，发展中国特色社会主义民主政治，推进社会主义民主政治的制度化、规范化、程序化。依法执政强调坚持依法治国、建设社会主义法治国家，领导立法，带头守法，保证执法，不断推进国家政治、经济、文化、社会生活的法制化、规范化。

制度带有根本性、长期性、全局性。提高党科学执政、民主执政、依法执政的水平，要努力实现“第五个现代化”，完善和发展中国特色社会主义制度，推进国家治理体系和治理能力现代化。中国特色社会主义制度，包括人民代表大会的根本政治制度，中国共产党领导的多党合作和协商制度，民族区域自治制度和基层群众自治制度的基本政治制度；以公有制为主体，多种所有制经济共同发展的基本经济制度，中国特色社会主义法律体系，以及建立在基本政治经济制度上的其他政治制度、经济制度、文化制度、社会制度等。这些基本的制度体系符合中国特色社会主义的方向和人民当家做主的原则，要毫不动摇地坚持，防止犯系统性、颠覆性、常识性错误，同时以国家治理体系和治理能力现代化为重点推动中国特色社会主义制度更加成熟、更加定型，为党和国家事业发展、为人民幸福安康、为社会和谐稳定、为国家长治久安提供一整套更完备、更稳定、更管用的制度体系，不断提高运用中国特色社会主义制度有效治理国家的能力。

五、坚持党要管党、从严治党，增强自我净化、自我完善、自我革新、自我提高能力，培养造就一大批高素质执政骨干队伍，是党执政必须打牢的组织基础

要办好中国的事情，关键在党。坚持党的领导，不断加强和改善党的领导，党才能长期执政、执好政。邓小平同志曾说："中国要出问题，还是出在共产党内部。"习近平总书记指出："如果管党不力、治党不严，人民群众反映强烈的党内突出问题得不到解决，那我们党迟早会失去执政资格，不可避免被历史淘汰。这决不是危言耸听。"正因为如此，党要管党、从严治党成为中国共产党自身建设的一贯要求和根本方针。

我们党非常重视管党治党，有着强烈的"赶考"意识，始终着力于在解决问题中清除杂质、提高能力。新形势下，党面临的执政考验、改革开放考验、市场经济考验、外部环境考验十分复杂，一些地方和单位基层党组织软弱涣散，缺乏凝聚力和战斗力，一些党员干部理想信念动摇、宗旨意识淡薄，形式主义、官僚主义、享乐主义和奢靡现象依然存在，精神懈怠危险、能力不足危险、脱离群众危险、消极腐败危险依然严峻。对此不能有丝毫松懈，要把管党治党作为政治责任，从根本上解决失之于宽、失之于松、失之于软的问题，使从严治党的一切努力都集中到增强党自我净化、自我完善、自我革新、自我提高能力上来，确保党在国际形势深刻变化的历史进程中始终走在时代前列，在应对国内外各种风险和考验的历史进程中始终成为全国人民的主心骨，在发展中国特色社会主义的历史进程中始终成为坚强的领导核心。

人是执政的主体，执政成效在很大程度上取决于能否培养造就一支具有铁一般信仰、铁一般信念、铁一般纪律、铁一般担当的党员干部队伍。推进党建设新的伟大工程，要以严、紧、硬的要求全面加强党的思想、组织、作风、反腐倡廉、制度和纪律建设。在思想建设方面，加强理想信念教育，经常补"钙"强"骨"；在组织建设方面，认真执行民主集中制，培养选拔党和人民需要的好干部，严格管好干部；在作风建设方面，常抓不懈，大力弘扬"三严三实"，把从严治党延伸到基层；在反腐倡廉建设方面，有腐必反，有贪必肃，不断消除腐败现象滋生的土壤，以实际成效取信于民，永葆共产党人清正廉洁的政治本色；在制度建设方面，更加严格制定和落实制度，把权力关进制度的笼子里；在纪律建设方面，严明党的纪律，狠抓执纪监督，增强看齐意识。

第三节 把握社会主义建设规律

推进社会主义建设，必须把握社会主义初级阶段的基本国情，必须贯彻正确的发展理念，必须抓住“五位一体”的基本内容，必须协调“四个全面”的战略布局，必须辩证处理一系列重大关系，必须打造强大先进的国防实力，必须构建和谐共赢的国际环境。

一、正确认识我国仍处于并将长期处于社会主义初级阶段的基本国情，坚持和发展中国特色社会主义，实现社会主义现代化和中华民族伟大复兴，是中国特色社会主义建设的总依据和总任务

我国正处于并将长期处于社会主义初级阶段，这是我们党制定路线方针政策的根本依据，是中国特色社会主义理论体系的立论基础。在当代中国，建设和发展中国特色社会主义，首要问题就是要搞清楚什么是初级阶段的中国特色社会主义，在初级阶段怎样建设中国特色社会主义。中共十八大将社会主义初级阶段作为建设中国特色社会主义的总依据。习近平总书记在十八届中共中央政治局第一次集体学习时指出：“强调总依据，是因为社会主义初级阶段是当代中国的最大国情、最大实际。我们在任何情况下都要牢牢把握这个最大国情，推进任何方面的改革发展都要牢牢立足这个最大实际。”他特别强调：“不仅在经济建设中要始终立足初级阶段，而且在政治建设、文化建设、社会建设、生态文明建设中也要始终牢记初级阶段；不仅在经济总量低时要立足初级阶段，而且在经济总量提高后仍然要牢记初级阶段；不仅在谋划长远发展时要立足初级阶段，而且在日常工作中也要牢记初级阶段。”

从社会主义初级阶段的实际国情出发，我们党明确了中国特色社会主

义建设的总任务。中共“十八大报告”指出，建设中国特色社会主义，总任务是实现社会主义现代化和中华民族伟大复兴，并且强调了“两个百年”的奋斗目标：在中国共产党成立一百年时全面建成小康社会，在新中国成立一百年时建成富强、民主、文明、和谐的社会主义现代化国家。实现全面建成小康社会、建成富强、民主、文明、和谐的社会主义现代化国家的奋斗目标，实现中华民族伟大复兴的中国梦，就是要实现国家富强、民族振兴、人民幸福，既深深体现了今天中国人的理想，也深深反映了我们先人们不懈追求进步的光荣传统。

对社会主义初级阶段的认识，是一个动态的过程。总体上讲，既要看到社会主义初级阶段基本国情没有变，也要看到我国经济社会发展每个阶段呈现出来的新特点。经过 30 多年改革开放，我国社会生产力、综合国力、人民生活水平实现了历史性跨越，我国基本国情的内涵不断发生变化，我们面临的国际国内风险、难题也发生了重要变化。提出要准确把握、主动适应经济发展新常态，就是适应国际国内环境变化、辩证分析我国经济发展阶段性特征做出的判断。这就需要我们把握现实状况的变化，不断丰富中国特色社会主义的实践特色、理论特色、民族特色、时代特色。习近平同志指出：“坚持和发展中国特色社会主义是一篇大文章，邓小平同志为它确定了基本思路和基本原则，以江泽民同志为核心的党的第三代中央领导集体、以胡锦涛同志为总书记的党中央在这篇大文章上都写下了精彩的篇章。现在，我们这一代共产党人的任务，就是继续把这篇大文章写下去。”

二、坚持创新、协调、绿色、开放、共享发展，全面提高发展的质量和效益，是中国特色社会主义建设的基本理念

“理者，物之固然，事之所以然也。”长期以来的发展实践使我们越来越深刻地认识到，发展理念是发展行动的先导，是管全局、管根本、管方向、管长远的东西，是发展思路、发展方向、发展着力点的集中体现。发展理念上的迷误，说明对于规律的认识不清和不当，会带来背离发展规律的严重后果。在社会主义建设的整个过程中，必须始终注意首先要树立正确的发展理念，从根源上防止发展的极端化、失衡化、盲目化现象。

中共十八届五中全会提出了“创新发展、协调发展、绿色发展、开放

发展、共享发展”的五大发展理念，是在深刻总结国内外发展经验教训的基础上形成的，也是在深刻分析国内外发展大势的基础上形成的，集中反映了我们党对经济社会发展规律认识的深化，也是针对我国发展中的突出矛盾和问题提出来的。坚持这五大发展理念，更加重视发展的质量和效益，是破解发展难题、增强发展动力、厚植发展优势的必然选择。

五大发展理念侧重点有所不同，分别强调的是解决发展动力、发展不平衡、发展内外联动、社会公平正义的问题。对每一个理念，都要深入理解，把握其中蕴含的尊重规律、按规律办事的客观逻辑，把握其基本内涵和实践要求。五大发展理念都体现了对于现实中不可违背的客观规律的把握，创新发展的要义是以重要领域和关键环节的突破带动全局，协调发展的要义是从客观事物的内在联系上把握事物、认识和处理问题，绿色发展的要义是人类发展活动必须尊重自然、顺应自然、保护自然，开放发展的要义是主动顺应经济全球化潮流，共享发展的要义是践行以人民为中心的发展思想。五大发展理念相互贯通、相互促进，构成具有内在联系的集合体，要统一贯彻，不能顾此失彼，也不能相互替代。哪一个发展理念贯彻不到位，社会主义建设都会受到影响。

三、推进经济、政治、文化、社会、生态“五位一体”协调发展，促进生产关系与生产力、上层建筑与经济基础相互适应，不断开拓生产发展、生活富裕、生态良好的文明发展道路，是中国特色社会主义建设的基本内容

社会主义是一个包含丰富内容的有机体，是全面发展、全面进步的社会。社会主义建设应该抓住哪些方面重点展开，如何做到既突出重点又统筹兼顾，关系到社会主义建设的兴衰成败。

在中华人民共和国成立初期，我们强调政治是统帅、是灵魂，强调抓革命、促生产、促工作、促战备，甚至逐步演变为奉行“以阶级斗争为纲”。邓小平同志作为改革开放总设计师，提出把我们党的工作重点转移到经济建设上来，认为物质文明和精神文明建设都是中国特色社会主义的重要内容。江泽民同志提出中国特色社会主义经济、文化、政治“三大纲领”的布局，即经济上要建立中国特色社会主义市场经济；文化上要发展中国特色社会主

义的先进文化；政治上要建设中国特色社会主义民主政治。胡锦涛同志指出，随着我国经济社会的不断发展，构建社会主义和谐社会的任务更加突出，中国特色社会主义事业的总体布局更加明确地由社会主义经济建设、政治建设、文化建设“三位一体”发展为社会主义经济建设、政治建设、文化建设、社会建设“四位一体”。中共十八大根据我国经济社会发展实际，确定了我国社会主义的总体布局为中国特色社会主义的经济建设、政治建设、文化建设、社会建设和生态文明建设的“五位一体”的总布局。

“五位一体”总体布局的提出，表明我们党对社会主义建设基本内容的认识更加全面深入。把握“五位一体”，要深刻认识到五个方面缺一不可，紧密联系，相互促进，构成一个整体，要形成联动效应，实现社会主义市场经济、社会主义民主政治、社会主义先进文化、社会主义和谐社会、社会主义生态文明全面进步；深刻认识到五个方面的建设具有不同的侧重点，体现了不同领域的工作着眼点；深刻认识不同历史时期有不同的建设重点，中共十八大把生态文明建设纳入总体布局，使生态文明建设的战略地位更加明确，有利于把生态文明建设融入经济建设、政治建设、文化建设、社会建设各方面和全过程；深刻认识不同时期每一个建设也有不同的重点内容，在一定时期内具体推进每项建设时要结合现实的需要采取更加有效的措施。

四、坚持全面建成小康社会、全面深化改革、全面依法治国、全面从严治党的战略布局，从根本上解决治国理政的一系列深层次问题，是中国特色社会主义建设的必然路径

一个明确可行的战略布局，决定着社会主义建设各项措施的成效。我们党在全国执政 60 多年来，经过几代中国共产党人接力奋斗，治党治国理政的经验越来越丰富，对社会主义建设战略布局的认识越来越深刻全面。中共十八大以来，以习近平同志为核心的党中央从坚持和发展中国特色社会主义全局出发，提出并推动形成了全面建成小康社会、全面深化改革、全面依法治国、全面从严治党的重大战略布局。这个战略布局，进一步明确了社会主义建设的奋斗目标、发展动力、制度保障和领导力量，分阶段、有重点、有策略地综合推进，构筑了中国特色社会主义从抽象到具体、从理论到现实的总体路径。

深刻理解贯彻“四个全面”战略布局：一是要充分认识“四个全面”的全面性，其中每一个全面都是大的战略，都包含着目标、原则、要求，四者共同构成了一个集成系统，体现于社会主义建设全方位、全过程、全要素之中，进一步明确了有效达到社会主义建设既定目标的可行路径。二是要充分认识“四个全面”的协调性，每一个全面针对的是社会主义建设的一个方面，需要实施一系列方针政策和措施，落实宏观政策要稳、产业政策要准、微观政策要活、改革政策要实、社会政策要托底的政策组合，每一个全面有战略目标也有战略举措，其内部和相互之间要紧密协同配合，避免相互打架，形成发展的合力。三是要充分认识“四个全面”的战略性，它们体现党中央对于社会主义建设的总体顶层设计，包含着明确的战略举措、战略要求，体现为结构调整、民生优先、生态保护、网络强国、创新驱动、“一带一路”、军民融合等一系列具体战略，必须加大落实力度。

五、始终正确处理改革发展稳定、市场经济与宏观调控、效率与公平、需求与供给、各种经济成分之间、不同群体之间、中央与地方、地方与地方之间、城乡及其内部、民族宗教等一系列重大关系，是中国特色社会主义建设的辩证方法

社会主义建设要讲辩证法，把“两点论”和“重点论”结合起来，始终正确认识和处理建设过程中必须面对的一系列重大关系。1956 年，毛泽东在政治局扩大会议上做了《论十大关系》的报告。1995 年，江泽民在中共十四届五中全会闭幕会上做了《正确处理社会主义现代化建设中的若干重大关系》的讲话。这两个重要讲话，都专门阐述了社会主义建设必须注意处理好的辩证关系。中共十八大以来，习近平总书记也在很多场合对社会主义建设中需要处理的重大关系做了系统阐述。事实证明，处理好这些重大关系，通过科学辩证的方法调动各种积极因素，是社会主义建设必须面对和解决的经常性课题。

社会主义建设是一项庞大的系统工程，始终存在一些矛盾和问题，需要认真对待、妥善处理。要学会分析主要矛盾和矛盾的主要方面，不能平均用力，而要抓住重点，突破薄弱环节。对矛盾可能带来的风险，有充分的估计和防备。对现实复杂矛盾，要全面认识处理，防止失去平衡。同异

并举，抓住结合点的要害，做好融通、促进、转化工作。不放过细节小节，小中见大，以小见大，把工作做细、做实、做足。坚持底线，以人民利益为重，争取大多数、团结小部分，求解最大公约数，发挥最小公倍数的作用。做好统筹兼顾这篇大文章，一是会统，统一有序调度，集中力量办大事；二是会筹，谋划在前，精心考虑事物的过程和后果，提出适当的解决思路；三是会兼，综合各方利益需求，不忽视合理的要求，找到并扩大结合点；四是会顾，照顾弱势群体，有保底措施，扩大包容度。

顺利推进社会主义建设，必须始终注意处理一些基本的重大关系。一是改革发展稳定之间的关系。既要充分发挥改革的动力作用，又要在改革中不断提高发展的实效，还要在改革发展中始终维护社会稳定，既做改革的促进派、发展的引领者，又做社会和谐的维护者，促使改革的力度、发展的速度和社会可承受程度辩证统一。二是市场竞争与宏观调控之间的关系。这是社会主义市场经济不可忽视的两个方面，要坚定不移地发挥市场决定性作用，尊重市场建立、运行的客观规律，同时加强宏观调控，建构完整、公平、统一的社会基础运行制度体系和经常性的有效监管体系，解决民生问题，调节社会结构，发挥社会机构的作用，使政府作用到位而不越位，有为而不变异。三是效率与公平之间的关系。注重效率与公平的相互促进，构建权责清晰、调控有序的激励相容体系，调动社会成员的积极性，同时解决差距过大问题，推行工资分配、用人制度改革，完善社会补偿机制，保障机会公平、过程公平、规则公平、结果公平。四是需求与供给之间的关系。立足国内，重视消费需求的开发，注意消费需求的变化趋势，加大供给侧结构性改革力度，减少无效供给，提高供给质量。五是不同经济成分之间的关系。在社会主义市场经济条件下，坚持公有制主体地位的同时，允许非公有制健康发展，这就使不同经济成分之间存在竞争与合作并存交融的复杂关系，需要采取有效的方式发挥两种积极性，使社会主义基本经济制度更加完善、更具活力。六是不同群体之间的关系。随着市场化程度的加深，不同利益主体之间的利益要求出现较大差别，收入和财产差距日益明显，协调好不同利益群体之间的矛盾，是改革发展稳定的必然要求。七是中央与地方、地方与地方之间的关系。坚持中央集权制的政权体系，既发挥中央的权威作用，又给予地方必要的独立性和机动性，合理划分中央与地方之间的事权财权，是确保中央决策部署在地方得到落实的必要条件。根据国家整体的需要，确定各具特色和重点的地区发展战略，正视和加快缩小地区之间的差距，有助于社会主义社会的整体发展。八是城乡及其内部间关系。城乡之间差距的形成有着复杂原因，需要从新的历史阶段的要求出发综合考量城乡发展在全局中的地位和作用，以一体化标准逐步建立城乡统一的基础设施、空间规划、社会保障等，实行以城补乡、以工促农、城乡互补。城市和乡村内部也存在一些矛盾，需要认真处理，保持各自内部的稳定协调。九是民族宗教关系。对于经济发展落后的民族地区，要给予必要优惠照顾，加强团结，增强中华民族意识，消除恐怖根源。引导宗教健康发展，为构建社会主义和谐社会贡献力量。

六、建设一支听党指挥、能打胜仗、作风优良的人民军队，加快推进国防和军队现代化，是中国特色社会主义建设的重要保障

中华人民共和国成立伊始，毛泽东就高瞻远瞩地提出："中国必须建立强大的国防军，必须建立强大的经济力量，这是两件大事。"国防建设是社会主义现代化建设的战略任务，能够为经济社会建设提供必不可少的安全保障，也能够对经济社会发展产生重要的拉动作用。中共十八大报告指出："建设与我国国际地位相称、与国家安全和发展利益相适应的巩固国防和强大军队，是我国现代化建设的战略任务。我国面临的生存安全问题和发展安全问题、传统安全威胁和非传统安全威胁相互交织，要求国防和军队现代化建设有一个大的发展。"这是对当今世界军事发展新趋势、新特点和国防建设以国家核心安全需求为导向的基本规律的深刻把握。

国防和军队建设从来都不是随意进行、漫无目标的，而是必须始终紧紧围绕社会主义建设的内在需要。建设一支听党指挥、能打胜仗、作风优良的人民军队，是党在新形势下的强军目标。听党指挥是灵魂，决定军队建设的政治方向；能打胜仗是核心，反映军队的根本职能和军队建设的根本指向；作风优良是保证，关系军队的性质、宗旨、本色。要坚持用强军目标统领军队建设、改革和军事斗争准备，坚持党对军队绝对领导的根本原则和人民军队的根本宗旨不动摇，牢固以战斗力为唯一的根本标准来推进军队革命化、现代化、正规化建设，永葆人民军队本色。

深化国防和军队改革是实现中国梦、强军梦的时代要求，是强军兴军的必由之路。要按照中共十八大以来以习近平同志为核心的党中央的要求，深入贯彻新形势下军事战略方针，全面实施改革强军战略，着力解决制约

国防和军队建设的体制性障碍、结构性矛盾、政策性问题，推进军队组织形态现代化，进一步解放和发展战斗力，进一步解放和增强军队活力。根据军队改革总体方案，要加快在领导管理体制、联合作战指挥体制改革上取得突破性进展，在优化规模结构、完善政策制度、推动军民融合发展等方面的改革上取得重要成果，努力构建能够打赢信息化战争、有效履行使命任务的中国特色现代军事力量体系，完善中国特色社会主义军事制度。

七、坚持和平发展，构建互助理解共赢的新型国际关系，是中国特色社会主义建设必备的国际环境

中国这样的发展中大国搞社会主义建设不能孤立封闭，必须充分对接和利用外部条件，统筹国际国内两个大局，让各种外部因素能够为我所用。要树立世界眼光、把握时代脉搏，把当今世界的风云变幻看准、看清、看透，从林林总总的表象中发现本质，尤其要认清长远趋势。要充分认识当前国际格局发展演变的复杂性，在把握时代主题的同时看到各种国际竞争的尖锐性，把我中有你和你中有我充分结合起来。

随着中国国际地位和国际影响的明显增强，世界各国对于中国发展道路的选择越来越关注。是坚持和平发展，还是搞侵略扩张，是继续对外开放，还是关起门来，是一味夺利，还是互利合作，不仅关系到中国自身的发展，而且关系到整个世界。中国梦是和平、发展、合作、共赢的梦，不认同“国强必霸”的陈旧逻辑。中国反对各种形式的霸权主义和强权政治，不干涉别国内政，永不称霸，同世界各国一道推动建设持久和平、共同繁荣的和谐世界。

中国在总结实践经验的基础上，不断丰富和发展对外工作理念，走有自己特色的大国外交道路。坚持合作共赢，推动建立以合作共赢为核心的新型国际关系，坚持互利共赢的开放战略，把合作共赢理念体现到政治、经济、安全、文化等对外合作的方方面面。在此基础上，我们同所有国家发展友好合作，为社会主义建设画好最大的外部同心圆。一是针对发达国家、发展中国家、周边国家的不同情况，采取相应的外交战略，既突出重点，又照顾全局，既巩固传统友谊，又深化合作交流。二是采取多种方式，在加强经济合作、战略对话的同时，开展全方位外交，深入开展同各国议会、政党、地方、民间等各方面交流合作，扩大人文领域对外交流，增进中国人民同各国人民的相互了解和友谊。三是作为一个崛起中的社会主义

大国，积极参与多边事务和全球性问题治理，承担相应国际义务，发挥建设性作用，推动国际政治经济秩序朝着更加公正合理的方向发展。

第四节
把握人类社会发展规律

中国发展是人类社会发展的重要组成部分，始终把握和代表人类社会发展的必然趋势和路向、推动中国与世界协同共享发展是全球化条件下的必然选择。

一、社会主义经历一个长过程发展后必然代替资本主义，是人类社会发展不可逆转的总体趋势

马克思主义认为，资本主义社会同以往一切社会一样，有其产生、发展和灭亡的规律，资本主义必然要被社会主义所代替，这是不以人的意志为转移的客观规律。在资本主义社会，这种社会化的大生产却是在资本主义私有制的基础上实现的，生产资料和产品并不归劳动者共同占有，这就必然会产生社会化的大生产同资本主义私人占有之间的矛盾。资本主义基本矛盾在经济生活中，表现为个别企业生产的有组织性和整个社会生产的无政府状态之间的矛盾，生产无限扩大的趋势同劳动群众有支付能力的需求相对缩小之间的矛盾。马克思、恩格斯在《共产党宣言》中明确指出："资产阶级的灭亡和无产阶级的胜利是同样不可避免的。"

马克思主义认为，人类社会的历史发展是有规律的，从原始社会到奴隶社会、封建社会、资本主义社会，再从最后一个私有制社会——资本主义社会过渡到社会主义、共产主义社会。推动人类社会由一种社会形态过渡到另一种社会形态的根本动因是社会的基本矛盾运动，即生产力与生产关系之间、经济基础与上层建筑之间的矛盾运动。社会主义代替资本主义正是这一基本规律的必然要求。但是，社会历史的发展是必然性和曲折性的交错与统一。每一次社会制度的更迭，无不经过曲折反复的斗争，每一

个新的社会制度的诞生，无不经历一个从不成熟到成熟的曲折过程。社会主义代替资本主义的历史趋势是不可逆转的，但这将是一个长期而曲折的历史过程。

当代资本主义国家在所有制、劳资关系、分配制度等方面采取了一些温和的调整措施。这些变化只是资本主义国家在其发展过程中进行的自我调节、改善和改良，虽然在一定程度上促进了资本主义的经济发展和社会进步，但并没有改变资本主义社会的性质。因此，要全面辩证地分析资本主义的新情况、新变化。既要看到它变的一面，认清资本主义新情况给全球社会带来的复杂影响，认清“两个决不会”的正确性；又要看到它不变的一面，在资本主义私有制度下，工人阶级的雇佣地位，资本与劳动的对立，资本主义固有的基本矛盾及其派生出来的三种矛盾，经济危机及其引发的各种社会矛盾等方面都没有变化。2008 年以来席卷全球的经济和金融危机，及由此引发的一直难以解决的全球性经济滞胀，欧美等国家持续出现的社会主义运动，都充分说明了这一事实。

世界社会主义 500 年波澜壮阔的历史进程告诉我们：中国特色社会主义是科学社会主义理论逻辑和中国社会发展历史逻辑的辩证统一，是历史的结论、人民的选择。在当代中国，坚持和发展中国特色社会主义，就是真正坚持社会主义。中华人民共和国成立 60 多年特别是改革开放 30 多年来，我国经济实力、综合国力大幅提升，人民生活显著改善，国际地位空前提升，中国特色社会主义展现出强大的生命力。同欧美一些国家受困于金融危机、债务危机相比，同一些发展中国家陷入发展陷阱相比，同西亚北非一些国家政局动荡、社会混乱相比，我国的发展可以说是风景这边独好。事实雄辩地证明：中国特色社会主义这条路，走得对、走得好。随着中国特色社会主义不断发展，我们的制度必将越来越成熟，我国社会主义制度的优越性必将进一步显现，我们的道路必将越走越宽广。如邓小平同志所指出的，到 21 世纪中叶，中国基本实现社会主义现代化，“这不但是给占世界总人口四分之三的第三世界走出了一条路，更重要的是向人类表明，社会主义是必由之路，社会主义优于资本主义”。

二、在长期竞争中加强包容合作，建设人类命运共同体，是人类社会发展的必然途径

和平与发展依然是当今时代的两大主题，和平、发展、合作是不可阻

挡的世界潮流。当前，世界多极化、经济全球化深入发展，国际体系变革的要求突出，国际社会正面临越来越多新的历史课题。共同用好发展机遇，共同努力合作应对各种风险，成为各国人民的愿望。

社会主义与资本主义既存在长期的竞争，又存在长期的合作，对抗中有融合，融合中有对抗。如何在社会主义与资本主义长期并存中处理好两种制度之间的关系，关系着社会主义的前途命运，也关系着整个人类社会的前途命运。对于社会主义来说，要做好长期竞争准备，防止资本主义的渗透与对抗，不犯颠覆性错误。同时，要适当搁置分歧、主动参与交流竞争，紧抓住战略机遇及其动态变化，分享世界共同发展的红利，不断增强自身发展的基础，防范被开除“球籍”的风险。在这种长期双向竞争中，要立足于团结大多数，增强和平正义的力量，同时承担应有的国际责任，主动消除各种误解，争取话语权和制度制定参与权，形成更高层次的相互理解和包容。

打造人类命运共同体，是对人类社会发展进步潮流的深刻把握，是国际社会共同破解当下发展与安全难题、正确处理相互关系所应秉持的共同愿景和目标。打造人类命运共同体，要求世界各国从经济、政治、安全、文化、生态等方面扩充合作交流的机会和内涵，摒弃传统的我赢你输、赢者通吃的旧思维，在更大范围、更深程度上推进利益深度融合。要有人类意识，大家平等相待，不能以大压小、以强凌弱、以富欺贫；要有命运意识，抓住全球共同发展的机遇，统筹应对传统和非传统安全威胁；还要有共同意识，减少对抗，扩大共识，兼容并蓄，共同应对各种问题，推动全球治理变革，推动人类文明实现创造性发展。

三、促进人的自由全面发展，促进人与社会关系、人与自然的和谐，是人类社会发展的根本价值

判断人类社会发展的价值标准是具体的而不是抽象的，是现实的而不是虚幻的，是主动的而不是被动的，是长远的而非短期的。把价值标准抽象化，会使价值立场虚无化；忽视现实的人及其发展，会引起价值主体错位。不考虑现实国情、历史文化传统，会导致价值盲从。不注重根本性整体性价值，会失去应有的价值目标。

马克思主义研究人类社会发展，始终是同对人类前途命运的深切关怀联系在一起的。追求人类解放，实现人的自由而全面发展，是马克思主义

的理论主题。马克思、恩格斯认为，未来社会是每个人获得自由而全面发展的社会，“代替那存在着阶级和阶级对立的资产阶级旧社会的，将是这样一个联合体，在那里，每个人的自由发展是一切人的自由发展的条件”。人的自由全面发展，是指在生产力高度发达、人民精神境界极大提高，私有制和旧时社会分工消亡的基础上，实现人的智力和体力的全面充分发展，实现人的能力和个性的自由充分发展，使“个人关系和个人能力的普遍性和全面性”充分发展。人的自由全面发展的实现，是一个随着社会生产力和文化发展而不断发展的漫长历史过程，但是其所指向的理想境界体现了以人为本的现实价值取向。

实现人的自由全面发展，是人与社会、人与自然两种和谐的统一。要始终将现实的人作为价值主体和归宿，最大限度地调动人的积极性主动性，建立尊重和发展人的主体性的社会机制，促使人与人之间的矛盾化解，构建社会主义和谐社会。同时要尊重自然界的基础地位，努力使人的活动不产生破坏自然的严重后果，实现人的发展与资源、环境的共生共荣。人类社会的任何发展，都必须同时充分考虑这两方面的代价，不能凌驾于社会规律、自然规律之上。

四、尊重各个国家发展的自主性和多样性，结合实际确立完善多种所有制、多种分配方式并存的具体社会形态，是人类社会发展的实现形式

人类社会发展是普遍性与特殊性的统一，不可能简单照搬照套同一种方式，只能采取同本国实际相结合的具体形式。社会历史环境是千差万别、千变万化的，使得人类社会发展的具体实现形式是丰富多样、动态变化的。各个国家、民族可以结合自身的生产力状况、历史文化传统和国内外环境做出正确的选择，不是只有一种模式，更不是只有永恒不变的模式，强行推广和简单复制某种模式，不符合一个国家的内在发展逻辑，往往也会事与愿违、恶果连连；发展道路在实际中的展开也是多样化的，因为面临情况的不断变化而表现出不同的特点和方式，产生不同的效果。一般发展规律的运用也不总是一种轨迹、一种结果，而是呈现不同的特点和形式。发展的历史趋势是确定性与不确定性的统一，前进性与曲折性的统一，不是直线式的，会碰到各种各样的特殊情况，发展的前景带有不确定性。

马克思和恩格斯运用辩证唯物主义和历史唯物主义，分析了资本主义

社会的发展规律，论证了人类社会矛盾运动的基本规律和社会主义代替资本主义的必然性，为无产阶级革命指明了方向。至于具体道路怎么走，马克思和恩格斯曾经设想，社会主义将首先在资本主义发达的英、法、德三国取得胜利。但他们没有排除落后国家取得革命胜利的可能性，认为像俄罗斯这样经济文化欠发达的东方国家在一定的条件下，“可以不通过资本主义制度的卡夫丁峡谷”，直接走向社会主义。未来社会主义建设的道路和模式在不同的国家当然会是不同的，这“完全取决于人们将不得不在其中活动的那个既定的历史环境”。社会主义没有固定不变的发展道路和模式，而是经常变化和改革的。

在世界发生翻天覆地变化的今天，无论什么主义、什么制度、什么模式、什么道路，都在经历时代和实践的检验。世上没有完全相同的两片叶子，各国国情千差万别，不存在最好的、万能的、一成不变的发展模式，只有最适合本国国情的发展道路。各国选择什么样的道路，实行什么样的发展战略，必须充分考虑其自身生产力的发展状况、承接的历史文化传统、参与国际竞争中的比较优势。要充分尊重各国人民自主选择发展道路的权利，不干涉别国内部事务，不把自己的意志强加于人。“鞋子合不合脚，自己穿着才知道。一个国家的发展道路合不合适，只有这个国家的人民才最有发言权。”世界是丰富多彩而不是简单划一的，历史向世界历史的转变为人类社会尊重和发展这种多样性提供了可能。各种文明、不同的社会制度和发展道路应彼此尊重，在竞争比较中取长补短，在求同存异中共同发展。要尊重各国自主选择的社会制度和发展道路，尊重彼此核心利益和重大关切，客观理性看待别国发展壮大和政策理念，努力求同存异、聚同化异，这样整个世界才能实现多样性的稳定发展。

改革开放以来，中国在坚持马克思主义基本原理与中国实际相结合的基础上，在遵循现代化发展规律的基础上，走出了一条社会主义与市场经济相结合的独具特色的成功道路。中国道路符合中国实际，体现中国特色，同时它也是对人类社会发展规律的新探索，为世界特别是广大发展中国家提供了一种可资借鉴的新模式。在发展模式上，中国道路的成功表明了“单一发展模式与模式可输出理论的简单和偏颇”，要更加注重历史发展规律的实际运用，比如在所有制和分配方式的具体运行中允许不同所有制与分配方式同时并存、相互结合；在发展趋势上，中国道路的成功证明了社会主义的巨大生命力，打破了资本主义永恒秩序的理性神话。中国实现现代化是人类历史上前所未有的大变革，意味着比现在所有发达国家人口总和还要多的中国人民将进入现代化行列。在现代化理论方面，中国道路的成功证实了既发挥自身优势又积极参与推动全球合作的现代化战略的可行性，扩充了现代化的含义。这也可以说是中国对于人类社会发展的另一种重要贡献。

第五节
在深化“三个规律”认识中不断推进理论创新

新的历史条件下，风险和挑战依然严峻，各种问题层出不穷。面对艰巨复杂、不可轻视的改革发展大业，应当以“三个规律”为基础，进一步重视理论学习和运用，更好地把握时代脉搏、民心取向、实践前沿。

一、深入把握习近平总书记系列重要讲话对于“三个规律”的认识，用系列重要讲话武装头脑、指导行动

我们党对“三个规律”的认识来之不易。坚持和发展中国特色社会主义，必须通过制度完善把这些规律性认识固定下来、弘扬起来，通过长期的实践把这些规律性认识付诸行动。习近平总书记系列重要讲话提出了治国理政的一系列新理念、新思想、新战略，把“三个规律”的认识提升到了新境界。深入学习贯彻习近平总书记系列重要讲话，必须从规律上把握“讲话”的重大意义、主要内涵和逻辑体系，把“讲话”精神转化为思想意识、制度机制和实际行动，推动治党执政兴国和中国特色社会主义建设取得新成就、迈上新台阶。

规律性认识是被实践证明为行之有效的原则、理念的集中体现，是必须长期坚持的基本认识。有了规律性认识，就能在错综复杂的人类社会发展中寻踪探源、正本清流，在细枝末节中看清大流和本质，做到头脑清醒、立场坚定、本领高超。对于规律缺乏认识，就会陷入无知而迷茫的状态，面临问题时“知其然不知其所以然”，推进工作时“以其昏昏使人昭昭”，

万事不循理明道，其后果不堪设想。曾几何时，一些基本认识却一度在实践中被淡忘、冲击了，党和人民事业遭受严重挫折。事实一再表明，逆规律行事不得人心，也必将遭受惩罚。切实贯彻“三个规律”，一是注重将其转化为工作动力，学习领会其中体现的科学立场和观点，提高遵循规律的自觉性。二是注重将其转化为工作方法，深入把握规律中对于工作原则的要求，用规律来认识和解决问题。三是注重将其转化为工作思路，善于根据规律分析客观情况，提出有针对性的可行的战略方案。四是注重将之转化为工作习惯，使坚持“三个规律”成为常态，形成时时处处维护规律的良好氛围。

二、重视理论创新，做到坚持与发展的统一

对“三个规律”的已有认识从来没有阻塞通往真理的大道。党在持之以恒坚持科学理论的同时，始终坚持解放思想、实事求是、与时俱进，以理论创新为己任，继续大力推进马克思主义基本原理与中国实际相结合的历史进程，从不故步自封，从不僵化停滞，而是在坚持中发展、在发展中坚持，不断深化认识、总结经验，为“三个规律”增添新内容。

不断推进理论创新，发展21世纪中国马克思主义，在理论与实践的互动中丰富“三个规律”：一是着力防止规律的应用落入套套，打破思维定式乃至偏见，多从新角度提出和解决问题。二是着力防止规律的应用掉入陷阱，把变与不变结合起来，解决常规方法不管用、新方法不会用的问题。三是着力防止规律的应用步入困境，破除天花板效应、地板效应、围城效应，给予规律调整一定的空间，不让规律成为束缚思想和行动的死板绳索。四是着力防止规律的应用停滞，不能安于现状、不思进取，要善于适当打破工作中的消极循环，从关键节点增加生机活力。

三、正确对待和运用规律，提高按规律办事的能力

规律性认识是对于事物发展状态、方法和趋势的科学认识，是客观存在的确定性法则和规矩。规律从实践中来，必须回到实践中去。当然，运用规律时要注意条件的限制和变化，要注意主体性，避免盲目性、简单化。在认识“三个规律”方面，我党已经积累了一些宝贵经验，得出了关于执

政理政、治党兴国的一系列规律性认识及与之配套的重大战略措施。现在的关键就是要使广大党员干部学会运用这些规律性认识来分析和解决问题，提高从规律上思考和开展工作的能力，聚焦落实好已经确定的重大发展战略，自觉遵循发展之道、为政之律、治理之术，减少认识上和工作上的失误，确保把坚持和发展中国特色社会主义的伟大事业继续推向符合发展潮流的新阶段。

在切实推动尊重规律、运用规律方面，一个重要的问题是要着力建立更加明确严格的激励约束机制和终身追责机制，以上带下、上下结合，鼓励在实践中把握和顺应经济社会发展的内在规律，把握和顺应经济社会发展的新情况、新趋势，万事都要问清楚要不要做、能不能做、怎么做好，把握好原则界限、战略重点、创新方向，更加追求发展的质量和效率，更加主动、最大限度降低发展的代价，最大限度提升人民群众的满足感、获得感，使得那些忽视和违背规律的行为能够及时得到监督和惩治，形成以规律为上、不跟规律对着干、不触碰规律底线的良好社会风气。

四、研究新情况新问题，推动“三个进一步解放”

把握规律并不意味着解决了所有问题。规律性认识不是简单的结论，而是要在面临新情况、解决新问题的过程中得到验证和扩充。认识和运用规律时要有强烈的问题意识，以重大问题为导向，抓住重大问题、关键问题进一步研究思考，及时解答，着力推动解决我国发展面临的一系列突出矛盾和问题，进一步解放思想、解放和发展社会生产力、解放和增强社会活力。

以问题意识深化对规律的认识，一是加强对新情况新问题的调查监测，从各个渠道搜集了解实情，把握问题发展的新态势，把握规律产生作用的条件变化。二是加强对新情况新问题的比较分析，透过现象中看清本质，心中有数，不断丰富对规律内容的认识。三是加强对新情况、新问题的风险研判，对重大问题事先预估衡量，全面认识规律作用的复杂性。四是加强对新情况新问题的对策应对，联系本地区本部门实际贯彻落实“三个规律”及与之相匹配的理论、路线方针政策，使重大改革发展措施落地生根，提高规律应用的实效性。

第十三章 发展与和谐

和谐是人类永恒的梦想。从古代到现代，从西方到中国，多少思想家、政治家热切欢呼和谐社会的到来。没有和谐，就没有社会进步；没有和谐，就没有社会稳定。随着当代中国步入加快推进改革开放的新阶段，和谐成为社会主义的本质特征，建设社会主义和谐社会成为一个历史的必然选择，成为一个重大的现实课题。

第一节 和谐的含义

我们认为，和谐是一个具有多重含义的新概念。它体现了目标与过程之间的有机统一，包含主体、规则、结构的多重和谐，是充满活力与安定有序相统一的社会，涵盖人与社会、人与自然之间的内在和谐，我们应该从这些方面出发全面把握和谐的内在含义和特点。

一、和谐体现了目标与过程之间的有机统一

从理想层面上讲，社会主义和谐社会是一种未来的指向，是一个治国

理想；从现实层面上讲，社会主义和谐社会则是一种治国方略、治国机制，是现实社会生活中追求和谐的过程。我们一般在使用和谐概念时，这两个不同层面的含义是交织在一起的，体现了目标与过程之间的有机统一。

作为目标，社会主义和谐社会与科学社会主义创始人提出的共产主义远大理想，与现阶段建设中国特色社会主义的共同理想是完全一致的。社会主义和谐社会并不是现在已经达到的状态，而是我们现在一切工作所努力达成的可能目标。这样的目标，可能是针对长时期的长远目标，也可能是针对最近的现实目标。当然，无论是作为长远目标，还是作为现实目标，社会主义和谐社会对于现实社会生活都具有相当大的引导作用。现实中存在很多不和谐因素，我们构建社会主义和谐社会，就是要从现在起致力于消除这些不和谐因素，为实现最终和谐创造各方面的条件。只有到了未来生产力发展充分、社会成员文明程度大为提升的社会中，真正的、完整的和谐才能实现。

作为过程，社会主义和谐社会是具体的、历史的，是分阶段、有层次的，而绝非一蹴而就的。客观世界是一个过程的集合体。如同巩固和发展社会主义制度需要一个很长的历史阶段一样，构建社会主义和谐社会同样需要经过长期奋斗、不懈努力才能逐步实现。对于构建社会主义和谐社会，既要看到诸多有利条件，从现在做起，坚定信心，积极推进；又要看到我国仍然处于并将长期处于社会主义初级阶段，着眼于未来，绝不可操之过急，绝不可急于求成。必须从社会主义初级阶段的基本国情出发，按照中央的部署和要求，结合各地的不同情况，首先从能够办得到的事情做起，一步一个脚印，扎扎实实地加以推进。

二、和谐包含主体、规则、结构的多重和谐

从社会构成的综合要素来看，和谐既包含主体（社会成员）之间的和谐，也包含社会交往规则和社会结构的和谐。

(1) 社会成员之间的和谐。在社会主义市场经济发展和完善的过程中，我国社会出现了利益主体多元化的明显趋势，出现了诸多具有不同利益诉求的社会阶级阶层和利益群体。这些不同的利益主体，在社会交往中不可避免地会出现矛盾、冲突乃至对抗。构建社会主义和谐社会，就是要使社会成员之间的关系保持在可控范围以内，使各种社会矛盾得到协调，社会

冲突和对抗减少甚至消失。让各种利益主体、各个社会阶层都能够参与社会主义市场经济，自觉发挥主动性、积极性、创造性，各安其责，各司其职，通过各自的努力获得回报。利益主体之间的差距保持在一个合理的范围内，既防止平均主义，又不能走向两极分化。各社会阶层都享有平等的发展机会，都能从改革发展中受益，在共同利益基础上实现劳动合作和利益共享。

（2）社会交往规则的和谐。这就要求形成一整套能够顺利调整社会关系的机制。建立完善、规范的社会主义市场经济的内在机制，使市场发挥基础性作用，在供求、价格等市场规律支配下起到有效调配社会资源的作用。建立相应的惩罚机制，预防和纠正市场内在的自发性、盲目性引发的偏误。与此同时，社会政治权力得到合理配置，社会活动能够在民主和法制的框架下运行。公平和正义是社会文明进步的重要标志，是构建社会主义和谐社会的重要基础。机会平等是社会公平与正义的重要体现，是实现社会和谐至关重要的条件。社会主义社会理所当然要保证社会成员的基本权利，保证他们享有大致相同的基本发展机会，保证他们都能够接受教育，都能够进行劳动创造，都能够平等地参与市场竞争、参与社会生活，都能够依靠法律和制度来维护自己的合法权益，形成合理、和谐、融洽的人际关系，形成讲诚信、讲道德、讲法制、讲秩序的行为规范。在社会主义和谐社会，各阶层之间相互开放，流动机制不断完善，只要社会成员具备相应能力，就有机会按照自己的意愿得到相应社会位置。效率和公平的关系能够得到正确处理，在经济生活中把效率放在第一位，在政治生活和社会生活领域把公平放在第一位，形成合理、公正的社会分配结构。

（3）社会结构的和谐。主要是指产业、城乡、地区等结构合理。各次产业发展的比例合适，没有空心化、过分重型化等畸形现象。发挥比较优势，经济效率高。具有相当的技术含量，产业高度化程度适宜。城乡、地区之间均衡发展，消除二元结构。城乡和谐发展的重要标志是，城乡二元结构逐步被打破，城乡劳动力市场一体化，城镇化逐步实现，农民逐步减少，城乡收入差距逐步缩小。实现区域之间均富、合作、互补、平等，相互促进，共同发展。社会主义市场经济条件下经济领域与政治、社会、自然等其他领域发展平衡。经济、政治、文化各个子系统之间协调发展，各个子系统内部相互适应、相互促进、有序发展。在经济发展的同时，人民享有充分的民主权利，生活水平得到不断提高，社会保障体系健全，社会秩序稳定，各种稀缺性自然资源得到可持续的利用，人与人、人与自然之间的关系融洽。

三、和谐是充满活力与安定有序相统一

社会主义和谐社会是充满活力与安定有序相统一的社会，强调社会主义和谐社会既要追求效率，也要追求秩序；既要尽可能调动最大多数人的积极性主动性和创造性，也要想方设法维护社会稳定团结的局面。只有同时做到了充满活力与安定有序，才能在稳定中促进发展，在发展中保持稳定，真正造就社会和谐。

社会主义和谐社会绝不是绝对静止的、死气沉沉的社会，而首先应该是充满活力的社会。要全面贯彻尊重劳动、尊重知识、尊重人才、尊重创造的方针，不断增强全社会的创造活力。激发各行各业人们的创造活力，坚决破除各种障碍，使一切有利于社会进步的创造愿望得到尊重、创造活动得到支持、创造才能得到发挥、创造成果得到肯定。市场经济鼓励人们的创造活动。只有不断地鼓励人们创造出新产品、新工艺、新方法、新制度，社会生产力才能大踏步提高，才能极大地促进物质文明、政治文明、精神文明建设。我们一定要鼓励和支持海内外各类人员在我国社会主义现代化建设中的创造活动，形成与社会主义初级阶段基本经济制度相适应的思想观念和创业机制，在效率优先兼顾公平的基础上鼓励人们先富起来，营造出鼓励人们干事业、支持人们干成事业的社会氛围。放手让一切劳动、知识、技术、管理和资本的活力竞相迸发，让一切创造社会财富的源泉充分涌流，以造福于人民。

社会主义和谐社会是安定有序的社会。和谐本身是一种有序状态，和谐社会必然是运行有序的社会。社会运行有序，就是在社会生活的方方面面，都有章可循，出现偏差时社会纠偏机制能够及时发挥作用。安定和有序是相对于混乱和无序而言的。安定是经济、政治、社会的平和稳定状态，混乱是社会的动荡和不稳定状态。有序是社会的组织程度较高的有秩序状态，无序是社会的无政府、无组织的无秩序状态。由于我国政治、经济、文化、社会领域等各种条件的约束和主观上的问题，作为社会主义题中应有之义的平等、民主、自由等的实现程度在当前总体上还不高，社会有序运行所需的法律、体制、机制、秩序、规范、组织、管理等还有不少问题，

因而我们面对着大量严重的权利侵害现象、党群干群以及不同社会阶层之间存在不同程度的关系紧张现象、刑事犯罪案件发生率上升现象等。社会安定有序在当前成为人们普遍的渴望和需求。我们要构建社会主义和谐社会，必须在党的领导下，通过发展经济、协调关系、化解矛盾，逐步解决好经济社会发展中的这些负面影响，达到社会环境的安定和社会运行的有序。

四、和谐涵盖人与社会、人与自然之间的内在和谐

社会主义和谐社会既包括人与社会之间的和谐，也包括人与自然之间的和谐，是这两种和谐的内在统一。人与社会之间的和谐，意味着一个社会中制度架构合理，人与人之间关系融洽，社会各种资源能得到有效的配置和利用。人与自然之间的和谐，意味着人们在利用和改造自然的过程中，能够保持生态环境良好，达到自然资源的合理永续利用。人与社会之间的和谐，是构建社会主义和谐社会的重要内在目标；人与自然之间的和谐，则是人与社会之间的和谐的重要前提条件。

促进人与社会之间的和谐，需要大力推动民主法治，进一步优化制度环境。社会主义民主是体现绝大多数人意志的新型民主。只有推进社会主义民主的制度化、规范化和程序化，扩大公民有序的政治参与，保证人民依法实行各项民主权利，才能使人民群众各方面的积极性、主动性、创造性更好地发挥出来，促进执政党和参政党、中央和地方、各阶级阶层和利益群体之间、各民族之间等社会关系和谐。同时坚持依照宪法和法律规定，通过各种途径和形式管理国家事务、管理经济和文化事业、管理社会事务，保证国家各项工作都依法进行，逐步实现社会主义民主的制度化、法律化，才能不断推进社会主义法制，建设社会主义法治国家，为促进人与社会之间的和谐营造制度的、法律的环境。

促进人与社会之间的和谐，还要在全社会倡导并形成诚实守信、互帮互助和全体人民平等友爱、融洽相处的社会氛围和人际关系。市场经济讲求效率，但也不可忽视公平。在建立和完善社会主义市场经济的过程中，既要大力鼓励人们积极投身和参与市场竞争，尽量发挥各自的积极性、主动性，追求自身的合法的利益，也要在全社会范围内大力提倡团结互助、扶贫济困的良好风尚。也就是说，鼓励人们在社会生产生活中力求相互团

结、相互帮助，在可能条件下救助贫困群体和弱势群体。这样，使贫困群体和弱势群体真正感受到来自社会和他人的温暖与帮助，帮助他人的人也能从另一个方面体现自身的价值，从而有效地增加社会总福利和满足感。

讲究平等友爱是一个社会文明程度的重要标志。它表明这个社会科学文化发达、思想道德高尚、人际关系和谐、社会秩序良好的具体状况。平等友爱，也是衡量一个人道德水平高低和有无教养的尺度。因而平等友爱不是无关紧要的小事，是关系一个人的文明素质、一个社会文明程度的大事。在社会公共生活中，人与人之间的关系是相互依存的关系，谁也不能脱离人们的帮助而生活，这就产生了彼此互助的问题。当一个人身处困境时，大家乐于相助，把别人的困难当作自己的困难，设身处地、将心比心，给予热情而真诚的帮助和关怀，这就是助人为乐。助人为乐是人基于共同幸福与个人幸福之间辩证关系的深刻认识而实施的理性行为，是社会主义人道主义的反映，是一个有道德的、高尚的人的基本标志。

从现实和长远意义上看，形成平等友爱、融洽和谐的人际环境是社会主义和谐社会的内在要求。一方面，建设社会主义和谐社会，是针对现实生活中各种不和谐现象而提出来的。不和谐现象产生的深层原因之一，就是缺乏相应的社会环境，人们之间由于受传统因素和现代因素双重交织的影响而存在着比较深的交往障碍，人身之间的不平等、淡漠、隔阂等现象还比较严重。提倡建设平等友爱、融洽和谐的人际环境，正是立足于要解决现实社会生活中存在的这种种问题。另一方面，社会主义和谐社会中的“和谐”，本质上是人与人之间的一种理想的社会关系。建设社会主义和谐社会需要大力发展生产力，推动社会主义市场经济的不断完善和发展，想方设法增强全社会的创造活力，但绝不能以此来损害人之间的社会关系。大力提倡平等，鼓励友爱，促使人际关系融洽和谐，也是建设社会主义和谐社会的重要内容。

历史上的无数事实表明，人与自然之间的关系不和谐，必然危及人与人之间的关系，人与社会之间的关系。如果生态环境遭受严重破坏，资源能源供应高度紧张，人们的生产生活环境就会恶化，人与人、人与社会之间的和谐只能成为空话。值得注意的是，随着我国经济的快速发展，我国生态环境形势相当严峻，一些地方环境污染、生态破坏问题相当严重，资源环境与经济社会发展的矛盾十分突出，如果不立即着手解决，将使人与自然之间的关系遭受令人难以想象的破坏。

促进人与自然之间的关系和谐，就要科学认识和正确运用自然规律，学习尊重自然规律，按自然规律办事，更加科学地利用自然为人们的生活和社会发展服务，坚决禁止各种掠夺自然、破坏自然的行为。要引导全社会树立节约资源的意识，大力发展循环经济，加快建设资源节约型社会、环境友好型社会，促进自然资源系统的良性循环。加强环境污染治理和生态建设。保证人民群众在生态良性循环的环境中生产生活，促进经济发展与人口、资源、环境相协调。增强全民族的环境保护意识，在全社会形成爱护环境、保护环境的良好风尚。

第二节 通向和谐之途

促使社会和谐是一项社会系统工程，必须从多方面全面推进，以经济发展为物质基础，以制度完善为根本保障，以文化繁荣为精神支撑，以社会管理为重要内容，以生态平衡为基本目标。

一、经济发展是构建和谐的物质基础

经济发展是社会和谐的物质基础。根据唯物史观，经济是社会存在和运行的决定性因素。通过经济的迅速发展，增加劳动资料、劳动对象和劳动成果的品种、规格，提高其质量，扩大其应用范围，才能使人们拥有更多的生存资料、享受资料和发展资料，进而促进社会和谐。

（1）经济发展有助于促进社会进步。物质生产活动是人类历史的前提，是人类求生存与求发展的基础；物质性成果不仅是人们从事政治活动必不可少的物质条件，而且为人们从事精神文化活动提供有效的手段并积累宝贵的第一手材料。随着生产力的发展，人类逐步摆脱对自然的依赖和历史必然性的盲目统治，由此不断迈上自由的台阶、获得人自身的全面发展。在经济发展带动社会进步的历史进程中，人们的利益将获得更多实现机会，

主体间矛盾也将逐步得到缓解。在当代中国，紧紧抓住发展这个执政兴国的第一要务，创造更丰富的社会物质财富，增强国家的整体实力，提高人民群众的物质生活水平，社会和谐度就会不断提高。

（2）经济发展有助于维护社会稳定。一般而言，经济实力的强弱与社会是否稳定有序呈现正相关关系。经济实力强、经济发展水平高的地方，人们生活安康，人心思定，社会矛盾相对较少；而在经济落后的地方，人们往往因生活水平较低而产生心理波动，社会矛盾将会不断积累甚至加剧。经济发展是解决和克服社会不稳定因素的根本手段。在经济的快速发展中，每一个人的正常利益都有所实现和提高，群体之间及群体内部各成员之间关系将变得更加融洽，纷争也会大大减少甚至消失，社会不稳定现象发生的可能性大为降低。因此，在当代中国，通过经济发展妥善处理好各方面的利益关系，就会使各种社会力量得到有效的整合，从而保持整个社会的稳定秩序。

（3）经济发展有助于解决社会问题。中国尚处于由传统计划经济体制转向社会主义市场经济体制的历史变革进程中。快速的社会转型带来失业、贫困、心理失衡、社会冲突等难题。这些难题不下大力气解决，社会和谐就不可能实现。经济发展不仅为社会和谐奠定物质基础，而且往往是直接解决各种社会问题的有效手段。经济发展能够创造新的就业机会，促进就业结构的转型升级，有效解决失业问题。贫困是社会不安的“病灶”，而经济发展则是减少甚至消除贫困现象的主要途径。尤其重要的是，只有占据经济发展的制高点，才能在社会舞台上自动获得强势话语权，提高对大众的解释力和说服力，从而有效地避免和抵制各种不和谐音，切实解决乃至消除社会矛盾冲突。

二、制度完善是构建和谐的根本保障

社会和谐实际上就是指社会生活和社会结构的有序性，即社会主体、社会活动、社会行为在社会规范体系内融洽协调。诸多社会问题产生或长期得不到解决，最终根源还是在于制度不完善。制度在现代化建设中带有根本性、全局性、稳定性和长期性。加强制度建设，对于创造安定团结的社会秩序具有根本性意义。

（1）制度完善能够优化社会秩序。制度以规范的形式确定社会资源使用的主要原则，保证经济社会资源在一定政治体系内得到有效配置与利用。法律、法规、规章、制度的完善与合理，将减少人为因素不确定性的影响，使人们的利益诉求得到理性的引导；由此保障人们各在其位、各谋其政、各司其职、各尽其责，社会秩序就得以建立和维护。同时，制度作为对社会交往活动的规范，以统一的、强制性的形式要求人们普遍接受并严格遵守，对符合社会整体利益的行为采取支持与认可的态度，对违反或破坏社会运行的行为实施禁止与惩处，把人们千差万别的行为纳入统一的轨道中，使社会生活保持一种预期的秩序性。当代中国的进一步发展凸显了法治化、民主化要求，加速完善社会主义法律体系和公共管理制度显得尤为迫切。

（2）制度完善能够保障社会权益。由制度所确定的社会运行框架、秩序和理念，建构起合理的奖惩机制和行为准则，激励人们投身认识世界和改变世界的实践，群体之间及群体内部各成员之间的关系变得融洽，社会负面现象得到约束和遏制。从法律上、政策上、体制上努力营造公平的社会环境，制定收入分配、利益调节、社会保障、公民权利保障、政府施政、执法司法等方面的切实措施，便于社会成员依靠制度来维护自己的正当权益，平等地参与劳动创造、市场竞争、社会生活。制度赋予人们以民主权利，社会主义民主政治的制度化、规范化和程序化促使广大人民当家做主，在公开公平的氛围中参政议政、建言献策，进而达到自我管理、自我服务、自我教育、自我监督的良好效果。

（3）制度完善能够缓解社会矛盾。制度的实质就是调节相互冲突的社会利益的秩序安排，建立一种高效、有序的运转和协调体系。制度具有“定分止争”、“定分止乱”的作用，可以有效协调社会利益矛盾，推动利益矛盾动力作用的正常发挥。制度完善，可以加强对日常利益矛盾的经常性监测和调控，加强对利益冲突的经常性处理，把矛盾解决在萌芽状态、解决在局部和基层，把冲突产生的负面后果控制在社会可承受范围内。良好的制度，在坚持社会基本价值的基础上，应该是一个充满弹性和活力的整体结构体系。要根据社会发展的需要，适时地推进制度创新，保护新兴社会阶层的利益，团结各种可以团结的力量，通过调动他们的积极性来促使制度结构的良性循环。

三、文化繁荣是建设社会主义和谐社会的精神支撑

文化繁荣是人民生活进步的内在要求，是关系社会长治久安的深层因素。中国共产党始终代表中国先进文化的前进方向，为激励人民奋勇前进提供思想保证、精神动力和智力支持，借助多种形式的文化建设来夯实社会凝聚力。

（1）文化繁荣为社会成员提供思想引导。社会成员一般通过社会化的途径，接受某种思想理论并以此为依据从事社会行为。没有科学的思想理论指导，社会就会失去主心骨，出现一盘散沙甚至四分五裂的局面。推进中国特色社会主义文化建设，牢牢坚持马克思主义在社会主义意识形态领域的指导地位，用邓小平理论、“三个代表”重要思想、科学发展观和习近平治国理政新理念、新思想、新战略武装全党、教育人民，将有力巩固全党全国人民的共同思想基础。在文化引导中消除腐朽思想观念的影响，反对、抵制和打击对立的文化价值观和文化渗透行为，防范社会基本文化倾向被侵蚀。重视文化创新，增强思想理论工作的创造力、说服力、感召力，基础理论和应用研究并举，将使社会主流意识形态获得强大的生命力。

（2）文化繁荣为社会前进提供精神动力。社会前进需要精神基础或精神支柱，包括人的心理、思维、伦理道德和信仰理想等。这些因素的作用合在一起，构成强大的精神动力，成为对发展的精神支持，具体表现为对发展战略、发展方向的认同及在实践中采取相应的实际行动为预定的总目标而尽力。日常心理的向背决定人们是否真心实意追随某项事业，进而制约着发展的成败。人们的思维方式从多方面体现出来，影响着发展策略的选择及发展的方向。伦理约束的好坏以及是否为大多数人接受，是社会文明程度的重要尺度，为发展提供适宜的社会环境。信仰和理想，是人生奋斗的源泉，反映出对历史发展规律的体认，决定着发展能否一代接一代地传承相继。

（3）文化繁荣为社会发展提供素质支持。一个社会是否和谐，一个国家能否实现长治久安，很大程度上取决于全体社会成员的思想道德素质和科学文化素质。道德从根本上讲是源自于人之本性的一种需要，以道德信念为核心的道德人格对人的道德实践起着最稳固、最深层、最重要的作用，只有通过理性的自我选择，外部命令才能转化为内部责任，个人利益行为及人们之间的利益关系才能得到一种经常性的有效调控。发展教育科学文

化事业，培养德智体美全面发展的中国特色社会主义建设者和接班人，可为社会稳定奠定坚实的人力资源基础。在全社会普及科学知识，弘扬科学精神，形成崇尚科学、鼓励创新、反对迷信和伪科学的良好氛围，在一定程度上也能有效地减少社会动荡。

四、社会管理是构建和谐的重要要求

加强社会管理是建设社会主义和谐社会的一个重要要求。只有通过建立有效的社会建设和管理体制，才能推动社会整合，保障社会安全，促进社会稳定，推动社会发展进步，从而实现社会和谐。

（1）社会管理要求发展社会事业。健全的社会事业是社会主义和谐社会的有机组成部分。促进社会和谐，必须完善社会保险体系，进一步完善城镇职工基本养老保险制度和失业保险制度，坚持社会统筹和个人账户相结合完善城镇职工基本医疗保险制度，继续推行职工工伤和生育保障制度，多渠道筹集和积累社会保险基金，在有条件的地方探索建立农村养老、医疗保险制度。和谐社会离不开对社会弱势群体的保护，未来我国社会救助体系的整体框架和目标应该是以最低生活保障和灾民救助制度为基础，以医疗、教育、住房、司法等专项救助为辅助，以优惠政策相配套，以社会互助为补充，切实保障困难群众的基本生活。社会福利和慈善事业是社会和谐的高级融合剂，必须加大对社会福利和慈善事业的宣传力度，增强公民和企业的社会责任感，坚持按照投资主体多元化、服务对象公众化、运行机制市场化、服务方式多样化、服务队伍专业化与志愿者相结合等原则推进社会福利社会化，营造全社会关心、支持慈善事业的社会氛围。

（2）社会管理要求建立社会诚信。社会主义和谐社会是安定有序的社会，也是诚信友爱的社会；是经济、政治、社会的平和稳定状态，也是社会组织程度较高的公信社会。建设社会主义和谐社会是针对现实生活中各种不和谐现象而提出来的，不和谐现象产生的深层原因之一就是缺乏相应的社会环境，人们之间由于受传统因素和现代因素双重交织的影响而存在比较深的交往障碍，人身之间的不信任、淡漠、隔阂等现象还比较严重。提倡建设平等友爱、融洽和谐的人际环境，正是立足于解决现实社会生活中存在的这种种问题，促使整个社会互帮互助、全体人民和谐共处。在加强社会管理中推进社会诚信，必须大力弘扬社会含义的荣誉观，致力于构筑社会信用系统，最大限度增加社会公信程度，降低社会运行成本。

（3）社会管理要求创新社会体制。深入研究社会管理规律，完善社会管理体系和政策法规，整合社会管理资源，才能形成社会管理和社会服务的合力。为此，要逐步建立健全党委领导、政府负责、社会协同、公众参与的社会管理格局。中国共产党在社会管理格局中的地位是领导核心，要发挥总揽全局、协调各方的重大作用。随着政府职能的转变，政府必须有所为，有所不为，从根本上转变计划经济体制下形成的政府管理经济社会的方式、方法，提供与现代市场经济体制相适应的政府公共服务和社会管理。由于社会资源的扩散，单位控制向社区管理转化以及公共服务领域的泛化，社会事务不再只是政府与各级管理部门的公务，而是整个社会与个体都需要积极参与的事项。采取多种形式开展创建和谐单位、和谐企业、和谐社区活动，为达到社会和谐的理想效果而不断努力。

五、促进生态平衡是构建和谐的基本目标

历史唯物主义指出，社会结构是由自然环境、人口因素、生产方式、政治上层建筑和思想上层建筑五大要素组成的统一整体。自然环境是社会发展的前提性条件，是维持社会存在和运行的基础。“人们所处的各种自然条件——地质条件、山岳水文地理条件、气候条件以及其他条件。任何历史记载都应当从这些自然基础以及他们在历史进程中由于人们的活动而发生的变更出发。”① 这说明，以自然环境为主要内容的社会维持系统的不断优化，本身就是一种现实的生产力。过去，发展至上主义者的短视行为在不少地方导致对自然环境的破坏，在某种程度上损害了社会的维持系统，从而也损害了社会整体系统。只有重视生态建设和生态平衡，使人与自然形成良性循环，在利用自然过程中保护好自然，才能从根本上缓解各种要素的稀缺问题。随着生态破坏对人类生存的威胁的凸显，生态观念的转变显得更加迫切，追求生态恢复的意识和行为成为优先选项。社会越来越倾向于把保护生态环境前置，使之成为经济社会发展全过程必须充分考虑的因素，成为融入社会制度和文化的自觉理念。建设生态文明新时代，促使人的生活质量真正全面提高，成为社会的关系全局的重大任务。

---

① 马克思、恩格斯著：《马克思恩格斯选集》第1卷，人民出版社1995年版，第67页。

第十四章
发展战略的辩证法

深入学习习近平总书记治国理政思想，可以发现贯穿其中的一个重要特点就是具有深邃的战略思维，体现了认识解决改革发展中重大现实问题的战略辩证法。2014 年 8 月 20 日，习近平总书记在纪念邓小平同志诞辰 110 周年座谈会上的讲话指出："战略思维，是邓小平同志一生最恢宏的革命气度，也永远是中国共产党人应该树立的思维方式。"2015 年 1 月 23 日，中央政治局就辩证唯物主义基本原理和方法论进行第二十次集体学习，习近平总书记在主持学习时强调，辩证唯物主义是中国共产党人的世界观和方法论，我们党必须不断接受马克思主义哲学智慧的滋养，更加自觉地坚持和运用辩证唯物主义世界观和方法论，增强辩证思维、战略思维能力，努力提高解决我国改革发展基本问题的本领。

第一节
为什么要认真学习运用战略辩证法

战略简单讲就是战争的总体谋略。"战略"一词最初是军事用语，见诸公元 3 世纪末西晋司马彪《战略》一书。德国近代军事学家克劳塞维茨在

《战争论》一书中，对作为军事术语的“战略”做了明确的定义，即“战略是为了达到战争目的而对战斗的应用，因此战略必须为整个军事行动规定一个适应战斗目的的目标，也就是拟制战争计划，并且必须把达到这一目标的一系列行动同这一目标联系起来，也就是拟制各个战局的方案和部署其中的战斗”。克劳塞维茨为战略所下的定义是：“为了达到战争目的而对战斗的运用。”① 瑞士 A. H. 若米尼认为：“战略是在地图上进行战争的艺术，是研究整个战争区的艺术。”② 美国经参谋长联席会议批准的军事战略的定义是：“运用一国武装力量，通过使用武力或以武力相威胁，达成国家政策的各项目标的一门艺术和科学。”毛泽东从军事的角度也曾对“战略”下过定义，“战略问题是研究战争全局的规律的东西”，“研究带全局性的战争指导规律，是战略学的任务”。1980 年英文版译出的《简明不列颠百科全书》对“战略”下的定义是：“在战争中利用军事手段达到战争目的的科学和艺术。”《中国大百科全书》给“战略”下的定义为：“指导战争全局的方略。即指导者为达成战争的政治目的，依据战争规律所制定和采取的准备和实施战争的方针、策略和方法”。综合起来，战略就是关于全局性根本性长远性问题的科学系统的对策。战略思维，就是认识和解决战略问题的科学思维方式，是科学世界观、方法论的集中体现。坚持和发展中国特色社会主义是一场具有许多新的历史特点的伟大斗争。《习近平总书记系列重要讲话读本》明确指出，习近平总书记系列重要讲话，总是善于从全局角度、以长远眼光看问题，从整体上把握事物发展的趋势和方向，体现出恢宏的战略思维。学习习近平总书记战略辩证法，具有重大的政治意义和现实意义、长远意义。

一、增强战略定力

战略定力是保持对决策基本方向、基本思路的准确判断，保持战略定力是决策及实施的基本前提。习主席对于中国经济社会发展新阶段的战略谋划，系统回答了新形势下中国向何处去的问题，对要解决好什么问题、怎么切实解决都做出了科学谋划。他还要求，党员干部要着力增强战略定

① ［德］克劳塞维茨著：《战争论》第 1 卷，商务印书馆 1978 年版，第 175 页。

② ［瑞士］A. H. 若米尼著：《战争艺术概论》，解放军出版社 1986 年版，第 87 页。

力、政治定力、法治定力、道德定力等。

他在纪念毛泽东同志诞辰120周年座谈会上的讲话（2013年12月26日）中指出：“我们党领导的革命、建设、改革伟大实践，是一个接续奋斗的历史过程，是一项救国、兴国、强国，进而实现中华民族伟大复兴的完整事业。”“党的十八大以来，我们所做的一切工作，就是要团结带领全党全国各族人民坚持党的十一届三中全会以来的理论和路线方针政策，把以毛泽东同志为核心的党的第一代中央领导集体、以邓小平同志为核心的党的第二代中央领导集体、以江泽民同志为核心的党的第三代中央领导集体、以胡锦涛同志为总书记的党中央开创和发展的伟大事业坚持好、发展好。”“道路决定命运，找到一条正确道路是多么不容易。中国特色社会主义不是从天上掉下来的，是党和人民历尽千辛万苦、付出各种代价取得的根本成就。改革开放前的社会主义实践探索，是党和人民在历史新时期把握现实、创造未来的出发阵地，没有它提供的正反两方面的历史经验，没有它积累的思想成果、物质成果、制度成果，改革开放也难以顺利推进。一切向前走，都不能忘记走过的路；走得再远、走到再光辉的未来，也不能忘记走过的过去。”“我们要把党和人民90多年的实践及其经验，当做时刻不能忘、须臾不能丢的立身之本，既不妄自菲薄、也不妄自尊大，毫不动摇走党和人民在长期实践探索中开辟出来的正确道路。”

2014年8月，习近平总书记在纪念邓小平同志诞辰110周年座谈会上明确指出，战略问题是一个政党、一个国家的根本性问题。战略上判断得准确，战略上谋划得科学，战略上赢得主动，党和人民的事业就大有希望。我们要学习邓小平同志“放眼世界，放眼未来，也放眼当前，放眼一切方面”的世界眼光和战略思维，学习他善于抓住关键、纲举目张的思想方法和工作方法，站在时代前沿观察和思考问题，把党和人民的事业放到历史长河和全球视野中来谋划，以小见大、见微知著，在解决突出问题中实现战略突破，在把握战略全局中推进各项工作。习近平总书记指出：“一个党要立于不败之地，必须立于时代潮头，紧扣新的历史特点，科学谋划全局，牢牢把握战略主动，坚定不移实现我们的战略目标。”

二、拓宽改革发展思路

早在20世纪90年代初，邓小平同志就曾指出：“发展起来以后的问题不比不发展时少”，而且“问题也会越来越多，越来越复杂，随时都会出现新问题”。解决改革发展面临的现实问题，是推动中国特色社会主义事业前进的重要法宝。

中国改革开放30多年以后，经济科技实力和人民生活水平得到较快提高。但是，经济社会发展中也出现不少亟待解决的重大问题，如发展的协调性问题、发展的导向性问题、发展的控制性问题。党、人民、社会、国家、军队、国际战略等方面都面临着重大的抉择，能不能更好地治党治国治军，走出一条与当今世界潮流相符合的中国特色社会主义复兴之路，是全党全社会所期盼的。中共十八大一闭幕，习近平总书记就向世界描绘了一幅中华民族伟大复兴的图景——中国梦。这个愿景还有着具体的时间和清晰的线路图，就是“两个一百年”奋斗目标。为实现这个奋斗目标，党中央立足中国实际，坚持问题导向，形成了以“五位一体”总体布局和“四个全面”战略布局为关键、以新发展理念为引领、以增进人民福祉为根本的治国理政新理念、新思想、新战略。只有深入学习把握其中的战略辩证法，才能以科学的精神努力实干，紧紧抓住社会主义现代化建设面临的主要任务和主要矛盾，不断在克服困难中前进。

三、提升国际视野

当今世界正发生复杂深刻的变化，国际金融危机的深层次影响继续显现，世界经济缓慢复苏、发展分化，国际投资贸易格局和多边投资贸易规则酝酿深刻调整，恐怖主义危害深远，全球性问题突出，文化交流竞争加深，世界科技和物质生产力酝酿新一轮革命，各国面临的发展问题依然严峻。当今的发展不再可能是关起门来的发展，不再可能是单打独斗，而是要不断开阔视野。习近平早在1990年3月的《从政杂谈》中就指出：“一个县也可以说是一个小社会。‘麻雀虽小，五脏俱全’，中央有什么机构，县一般也有与其大体相对应的部门。县一级工作，从政治、经济、文化到老百姓的衣食住行、生老病死，无所不及。有人说，县级工作，除了外交活动外，国家各项事务无所不有。其实，有时候县里也会遇到接待外宾的事情，随着开放程度的提高，外宾比肩接踵而来也是可期待的。县级领导还得真懂一点外交。一个县小则十几万人，大则百把万人，一个决策下去，其影响非同小可，来不得半点含糊。”这里仅就一个县来说，但所体现的开阔视野和战略思维适合于治党治国治军各个方面。

2013 年 1 月 28 日，习近平在主持中央政治局学习时强调，走和平发展道路，是我们党根据时代发展潮流和我国根本利益做出的战略抉择。我们要以邓小平理论、“三个代表”重要思想、科学发展观为指导，加强战略思维，增强战略定力，更好统筹国内国际两个大局，坚持开放的发展、合作的发展、共赢的发展，通过争取和平国际环境发展自己，又以自身发展维护和促进世界和平，不断提高我国综合国力，不断让广大人民群众分享和平发展带来的利益，不断夯实走和平发展道路的物质基础和社会基础。2014 年 12 月，习近平在中央政治局第十九次集体学习时指出，要树立战略思维和全球视野，站在国内国际两个大局相互联系的高度，审视我国和世界的发展，把我国对外开放事业不断推向前进。2015 年 9 月 15 日，他在主持召开中央全面深化改革领导小组第十六次会议时强调，以开放促改革、促发展，是我国改革发展的成功实践。改革和开放相辅相成、相互促进，改革必然要求开放，开放也必然要求改革。要坚定不移实施对外开放的基本国策、实行更加积极主动的开放战略，坚定不移提高开放型经济水平，坚定不移引进外资和外来技术，坚定不移完善对外开放体制机制，以扩大开放促进深化改革，以深化改革促进扩大开放，为经济发展注入新动力、增添新活力、拓展新空间。这一系列重要论述表明，中国发展战略始终要树立全球化的国际视野，要始终善于运用外部力量来促进自身发展，在解决自身问题中搭建国际共同发展的平台。如果丢弃这种互联互通、合作沟通的战略眼光，重新走向狭隘闭塞，既不符合时代潮流，也终将失去进一步赶超发展的大好历史机遇。

第二节 战略辩证法的主要内容

马克思主义哲学的主要研究对象包括社会、自然和人类思维三大领域，与这三个领域相对应的哲学理论是唯物史观、辩证唯物主义、唯物主义辩证法，唯物主义辩证法主要包括对立统一、质量互变、否定之否定三大规律。我们对于习近平总书记战略辩证法的概括，主要从五大角度概括为五个方面的内容。

一、根本立场是以人民为中心

新的历史条件下，习近平总书记代表党和国家，从内政外交国防各个领域，在政治和经济建设战略、社会发展战略、生态文明战略、军事战略、文化战略等多个方面，阐明了战略思维价值取向必须牢牢定位于人民群众的利益实现上，必须继续坚持和发展中国特色社会主义，为党和国家发展全局定调导航，防止颠覆性失误。这是对唯物史观基本原理的回归。

1. 坚持人民立场

“民者，万世之本也。”马克思、恩格斯在《共产党宣言》中指出，过去的一切运动都是少数人或为少数人谋利益的运动。无产阶级的运动是绝大多数人的、为绝大多数人谋利益的运动。共产主义是全人类解放的崇高事业，是以普通人民群众为依托和指向的。唯物史观是群众史观，不是英雄史观，也不是形形色色的神学唯心史观。列宁认为，“马克思学说中的主要的一点，就是阐明了无产阶级这个社会主义创造者的具有世界历史意义的作用。”毛泽东同志深刻指出：“从四万万五千万人民的利益出发……讨论其他任何别的问题，就是这个出发点，或者叫做立场。还有什么别的出发点、别的立场没有？没有了。为了全党与全国人民的利益，这就是我们的出发点，就是我们的立场。”正如习近平总书记所言：“人民立场是中国共产党的根本政治立场，是马克思主义政党区别于其他政党的显著标志。”

2012 年 3 月 1 日，习近平同志在中央党校春季学期开学典礼上的讲话中提出：“我们共产党人的最高利益和核心价值是全心全意为人民服务、诚心诚意为人民谋利益。作为党员和党的干部，都要经常思考和解决好入党为了什么、当干部干些什么、身后留下什么的问题，决不可为个人或少数人谋私利，而应该始终坚守共产党人全心全意为人民服务的精神家园。”2012 年 11 月 15 日，习近平同志当选总书记后，在中共十八届中央政治局常委与中外记者见面时的讲话《始终与人民心相印共甘苦》中指出，“全党同志的重托，全国各族人民的期望，这是对我们做好工作的巨大鼓舞，也是我们肩上沉沉的担子。”他提出民族富强、人民幸福、从严治党的三大责任，“这个重大的责任，是对民族的责任”。“我们的责任，就是要团结带领全党全国各族人民，接过历史的接力棒，继续为实现中华民族伟大复兴而努力奋斗，使中华民族更加坚强有力地自立于世界民族之林，为人类作出新的更大的贡献”；“这个重大的责任，就是对人民的责任”。“我们的责任，就是要团结带领全党全国各族人民，继续解放思想，坚持改革开放，不断解放和发展社会生产力，努力解决群众的生产生活困难，坚定不移走共同富裕的道路”；“这个重大的责任，就是对党的责任。”“我们的责任，就是同全党同志一道，坚持党要管党、从严治党，切实解决自身存在的突出问题，切实改进工作作风，密切联系群众，使我们的党始终成为中国特色社会主义事业的坚强领导核心。”

2013 年 1 月 5 日，习近平总书记在新进中央委员会的委员、候补委员学习贯彻中共十八大精神研讨班开班式上指出：“衡量一名共产党员、一名领导干部是否具有共产主义远大理想，是有客观标准的，那就要看他能否坚持全心全意为人民服务的根本宗旨，能否吃苦在前、享受在后，能否勤奋工作、廉洁奉公，能否为理想而奋不顾身去拼搏、去奋斗、去献出自己的全部精力乃至生命。”2014 年 2 月 7 日，习近平总书记在接受俄罗斯电视台专访时明确提出：“我的执政理念，概括起来说就是：为人民服务，担当起该担当的责任。”

2. 坚持正确道路

“求木之长者，必固其根本，欲流之远者，必浚其泉源”。以人民为中心，必然要求坚持和发展中国特色社会主义的战略方向。这方面的历史经验教训极其深刻。习近平指出，“道路问题是关于党的事业兴衰成败第一位的问题，道路就是党的生命”。2012 年 11 月 29 日，习近平总书记率中央政治局常委和中央书记处的同志到国家博物馆参观《复兴之路》展览。在展览过程中习近平总书记深情地指出：“现在，大家都在讨论中国梦，我以为，实现中华民族伟大复兴，就是中华民族近代以来最伟大的梦想。”习近平总书记深情地说：“我们的责任，就是要团结带领全党全国各族人民，接过历史的接力棒，继续为实现中华民族伟大复兴而努力奋斗，使中华民族更加坚强有力地自立于世界民族之林，为人类作出新的更大的贡献。”他指出：“一个党要立于不败之地，必须立于时代潮头，紧扣新的历史特点，科学谋划全局，牢牢把握战略主动，坚定不移实现我们的战略目标。”

3. 坚持共享发展

2015年庆祝五一国际劳动节暨表彰全国劳动模范和先进工作者大会上，习近平指出，我们要始终实现好、维护好、发展好最广大人民的根本利益，让改革发展成果更多更公平地惠及人民。全心全意为工人阶级和广大劳动群众谋利益，是我国社会主义制度的根本要求，是党和国家的神圣职责，也是发挥我国工人阶级和广大劳动群众主力军作用最重要、最基础的工作。我们一定要适应改革开放和发展社会主义市场经济的新形势，从政治、经济、社会、文化、法律、行政等各方面采取有力措施，促进社会公平正义，实现好、维护好、发展好最广大人民的根本利益，特别是要实现好、维护好、发展好广大普通劳动者的根本利益。要面对面、心贴心、实打实做好群众工作，扎扎实实解决好群众最关心、最直接、最现实的利益问题，最困难、最忧虑、最急迫的实际问题。

2016年1月18日，习近平在省部级主要领导干部学习贯彻中共十八届五中全会精神专题研讨班上强调：中共十八届五中全会提出的共享发展理念，其内涵主要有四个方面。一是共享是全民共享。这是就共享的覆盖面而言的。共享发展是人人享有、各得其所，不是少数人共享、一部分人共享。二是共享是全面共享。这是就共享的内容而言的。共享发展就要共享国家经济、政治、文化、社会、生态各方面建设成果，全面保障人民在各方面的合法权益。三是共享是共建共享。这是就共享的实现途径而言的。共建才能共享，共建的过程也是共享的过程。要充分发扬民主，广泛汇聚民智，最大激发民力，形成人人参与、人人尽力、人人都有成就感的良好局面。四是共享是渐进共享。这是就共享发展的推进进程而言的。一口吃不成胖子，共享发展必将有一个从低级到高级、从不均衡到均衡的过程，即使达到很高的水平也会有差别。我们要立足国情、立足经济社会发展水平来思考设计共享政策，既不裹足不前、锱铢必较、该花的钱也不花，也不好高骛远、寅吃卯粮、口惠而实不至。这四个方面是相互贯通的，要整体理解和把握。习近平指出："以人民为中心的发展思想，不是一个抽象的、玄奥的概念，不能只停留在口头上、止步于思想环节，而要体现在经济社会发展各个环节"。"要着力践行以人民为中心的发展思想"。"我们要不断解决人民最关心最直接最现实的利益问题，努力让人民过上更好生活。"

4. 坚持执政为民

以人民为中心要落实到执政全过程中去。2003 年 6 月 18 日，习近平在一篇文章中指出，做人要有人品，当“官”要有“官德”。当干部，不求“官”有多大，但求无愧于民。同时，一个干部的能耐有多大，最终人民群众看得清清楚楚，组织上也明白。是“锥子”总会脱颖而出的。当干部的，要真正在思想上解决“入党为什么，当‘官’做什么，身后留什么”的问题，牢记“两个务必”，真正做到权为民所用、情为民所系、利为民所谋。

2012 年 7 月，习近平在省部级主要领导干部专题研讨班结业仪式上就曾指出，“我们党坚持全心全意为人民服务的根本宗旨，坚持从群众中来、到群众中去的工作路线，坚持党的一切工作体现人民的意志、利益和要求。”当选总书记以后，习近平更是告诫广大党员干部，“党性和人民性从来都是一致的、统一的。我们党是全心全意为人民服务、代表中国最广大人民根本利益、来自人民为了人民的马克思主义政党。”2013 年 12 月 26 日，习近平在纪念毛泽东同志诞辰 120 周年座谈会上强调，“党的一切工作，必须以最广大人民根本利益为最高标准。检验我们一切工作的成效，最终都要看人民是否真正得到了实惠，人民生活是否真正得到了改善，人民权益是否真正得到了保障。”中共十八届六中全会通过的《关于新形势下党内政治生活的若干准则》指出：“党的各级组织、全体党员特别是各级领导机关和领导干部要贯彻党的群众路线，做到一切为了群众，一切依靠群众，从群众中来，到群众中去，为群众办实事、解难事，当好人民公仆。”

二、基本方法是一切从实际出发

1992 年，中共十四大报告首次提出了“判断各方面工作的是非得失，归根结底，要以是否有利于发展社会主义社会的生产力，是否有利于增强社会主义国家的综合国力，是否有利于提高人民的生活水平为标准”。解放思想、实事求是、与时俱进，是马克思主义活的灵魂，是我们党的思想路线的核心内容。

2007 年 3 月 24 日，习近平指出：如果说务实是“决胜千里之外”的实践，那么务虚则是“运筹帷幄之中”的谋划，两者可谓并蒂之花、相辅相成，辩证统一于全部领导活动之中。务实是务虚的出发点和归宿，务虚的目的是更好地务实；而务虚是务实的前提和基础，没有做好务虚，务实就如同无头苍蝇，只能盲目瞎转。

2013 年 12 月 26 日，习近平在纪念毛泽东同志诞辰 120 周年座谈会上的讲话中指出："实事求是，是马克思主义的根本观点，是中国共产党人认识世界、改造世界的根本要求，是我们党的基本思想方法、工作方法、领导方法。不论过去、现在和将来，我们都要坚持一切从实际出发，理论联系实际，在实践中检验真理和发展真理。"中共十八大以后，习近平总书记深刻认识了我国经济发展处于增长速度换挡期、结构调整阵痛期、前期刺激政策消化期"三期叠加"阶段的基本特征，提出了我国经济发展进入新常态的重要论断，强调认识新常态、适应新常态、引领新常态，是当前和今后一个时期我国经济发展的大逻辑。正是根据这一判断，顺应这一大势，党中央提出了创新、协调、绿色、开放、共享五大发展理念，提出了供给侧结构性改革等重大战略举措。

三、主要思路是牵住"牛鼻子"

马克思主义哲学，即辩证唯物主义和历史唯物主义是马克思主义理论大厦的根基。事物的矛盾法则即对立统一规律，是唯物辩证法最根本的法则。社会基本矛盾及其辩证运动规律，是马克思主义关于人类社会发展的基本观点。我们党在革命、建设和改革的各个历史时期，都要牢牢坚持马克思主义基本原理，分析和研究中国的现实国情和社会主要矛盾，明确党在各个历史时期的奋斗目标，确定党所肩负的主要任务，及时实现中心任务的转变，从而切实有效地解决现实中的主要矛盾，取得事业的不断前进。

2015 年 1 月 23 日，习近平主持中央政治局第二十次集体学习时指出，要学习掌握事物矛盾运动的基本原理，不断强化问题意识，积极面对和化解前进中遇到的矛盾。我们强调不能简单以国内生产总值增长率论英雄，提出加快转变经济发展方式、调整经济结构，提出化解产能过剩，提出加强生态文明建设等，都是针对一些牵动面广、耦合性强的深层次矛盾的。面对复杂形势和繁重任务，首先要有全局观，对各种矛盾做到心中有数，同时又要优先解决主要矛盾和矛盾的主要方面，以此带动其他矛盾的解决。我们提出要协调推进全面建成小康社会、全面深化改革、全面依法治国、全面从严治党，是当前党和国家事业发展中必须解决好的主要矛盾。我们既要注重总体谋划，又要注重牵住"牛鼻子"。在任何工作中，我们既要讲两点论，又要讲重点论，没有主次，不加区别，眉毛胡子一把抓，是做不好工作的。

2016 年 1 月 29 日，习近平在中央政治局第三十次集体学习时指出，抓住重点带动面上工作，推动事物发展不断从不平衡到平衡，是唯物辩证法的要求，也是我们党在革命、建设、改革历史进程中一贯倡导和坚持的。要从“五位一体”总体布局、“四个全面”战略布局、新发展理念、五大支柱性政策、补短板防风险来把握发展战略重点。在中央政治局第 38 次集体学习中，他提出推进供给侧结构性改革，要处理好政府和市场、短期和长期、减法和加法、供给和需求等重大关系。

中共十八大以来，以习近平同志为总书记的党中央从中国特色社会主义全局出发，提出和形成了全面建成小康社会、全面深化改革、全面依法治国、全面从严治党的“四个全面”战略布局。这个战略布局，从马克思主义的哲学观点看，就是新形势下党治国理政的主要矛盾和“牛鼻子”。

1988 年 10 月，在接受《经济日报》采访时，习近平提出了“滴水穿石”的理念。重要领域“牵一发而动全身”，关系到改革大局，是改革的重中之重；关键环节“一子落而满盘活”，关系到改革成效，是改革的有力支点。重点是什么，要害在哪里？就是要消除直接影响改革发展的体制机制障碍，就是从事关群众热切期盼的问题入手。具体来说，就是深入推进行政体制、金融体制、财政体制、农村、户籍制度、科技体制、社会体制、教育、医疗、收入分配体制、社会救助制度等这些涉及人民群众最关心的切身利益的改革，以问题倒逼改革，问题在哪里，改革就指向哪里。2015 年 2 月 27 日，习近平在主持召开中央全面深化改革领导小组第十次会议时强调，“要科学统筹各项改革任务，协调抓好党的十八届三中、四中全会改革举措，在法治下推进改革、在改革中完善法治，突出重点，对准焦距，找准穴位，击中要害，推出一批能叫得响、立得住、群众认可的硬招实招”。

毛泽东说：“弹钢琴要十个指头都动作，不能有的动，有的不动。但是，十个指头同时都按下去，那也不成调子。要产生好的音乐，十个指头的动作要有节奏，要互相配合。党委要抓紧中心工作，又要围绕中心工作而同时开展其他方面的工作。我们现在管的方面很多，各地、各军、各部门的工作，都要照顾到，不能只注意一部分问题而把别的丢掉。凡是有问题的地方都要点一下，这个方法我们一定要学会。”习近平也多次指出，我们要学会运用辩证法，善于“弹钢琴”，处理好局部和全局、当前和长远、重点和非重点的关系，在权衡利弊中趋利避害、做出最为有利的战略抉择。从当前我国发展中不平衡、不协调、不可持续的突出问题出发，我们要着力推动区域协调发展、城乡协调发展、物质文明和精神文明协调发展，推动经济建设和国防建设融合发展。

四、重要指向是把握战略机遇

任何事物都是质变与量变的统一，量变引起质变，事物连续的渐变最终会引起质态的飞跃，准确把握事物发展的客观趋势是推动事物沿着正确方向前进的必要前提。恩格斯说：“思维的任务现在就是要透过一切迷乱现象探索这一过程的逐步发展的阶段，并且透过一切表面的偶然性。”一位高明的领导者、战略家要有“月晕而识风，础润而知雨”的眼光，在运筹决策、安排计划之前，要仔细地观察、研究现状，对事物未来的发展变化进行估算和推测，知晓事物发展的规律，利用重大战略机遇，才能卓有成效地开展实践活动。古人云：“不谋万世者，不足谋一时；不谋全局者，不足谋一域。”

2016 年 3 月 13 日，习近平主席在出席十二届全国人大四次会议解放军代表团全体会议时强调，我军必须高度重视战略前沿技术发展，通过自主创新掌握主动，见之于未萌、识之于未发，下好先手棋、打好主动仗。要确定正确的跟进和突破策略，选准主攻方向和突破口，超前布局、超前谋划，加紧在一些重要领域形成独特优势。要抓紧搞好创新性、突破性成果转化运用，把创新成果转化为实实在在的战斗力。在供给侧结构性改革、社会治理、从严治党等方面，习近平总书记都明确提出要下好先手棋。

2016 年 1 月 26 日，习近平在主持召开中央财经领导小组第十二次会议时就推进供给侧结构性改革，做好工作方案提出了要求：一是情况要摸清，搞清楚现状是什么，深入调查研究，搞好基础数据测算，善于解剖麻雀，把实际情况摸准摸透，胸中有数，有的放矢。二是目的要明确，搞清楚方向和目的是什么，把握好手段，防止就事论事甚至本末倒置。三是任务要具体，搞清楚到底要干什么，确定的任务要具体化、可操作。四是责任要落实，搞清楚谁来干，做到可督促、可检查、能问责。五是措施要有力，搞清楚怎么办，用什么政策措施来办，政策措施要符合实际、有效有用、有操作性，让地方和相关部门知道怎么干。这些要求显然是战略谋划的基本要求。

2014年11月，习近平在中央外事工作会议上强调，当今世界是一个变革的世界，是一个新机遇、新挑战层出不穷的世界，是一个国际体系和国际秩序深度调整的世界，是一个国际力量对比深刻变化并朝着有利于和平与发展方向变化的世界。我们看世界，不能被乱花迷眼，也不能被浮云遮眼，而要端起历史规律的望远镜去细心观望。综合判断，我国发展仍然处于可以大有作为的重要战略机遇期。我们最大的机遇就是自身不断发展壮大，同时也要重视各种风险和挑战，善于化危为机、转危为安。

我国发展的重要战略机遇期的重大判断，是中共十六大报告首次做出的，报告指出："综观全局，二十一世纪头二十年，对我国来说，是一个必须紧紧抓住并且可以大有作为的重要战略机遇期。"在同年的军委扩大会议上江泽民同志强调："如果我们错过了这一二十年，就很可能错过了整整一个时代。"胡锦涛同志在中共十七大上进一步强调，"必须从新的历史起点出发，抓住和用好重要战略机遇期，全面建设小康社会、加快推进社会主义现代化，完成时代赋予的崇高使命"。中共十八大报告强调，"我国发展仍处于可以大有作为的重要战略机遇期"。习近平总书记强调指出："'十三五'时期我国发展仍处于可以大有作为的重要战略机遇期，但战略机遇期内涵发生深刻变化。"牢固树立战略机遇意识，努力抢占思想意识、规则制定、技术创新、军事变革等战略制高点，才能在新一轮战略竞争中抢得先机、有所作为。

五、关键要领是系统地认识解决问题

全面的和普遍联系的观点是唯物辩证法的基本观点，它与旧形而上学的根本区别，就在于认为世界存在状态的基本特征是普遍联系和永恒发展的，发展的根本原因在于事物的内部矛盾运动、事物的自我扬弃，事物的存在和发展都是整体的、系统的、辩证的，全面地认识这种内部矛盾运动的规律性是做好工作的必要前提。早在2003年任省委书记时，习近平就在《浙江日报》上发表文章指出："要有世界眼光和战略思维"，"各级党政'一把手'要站在战略的高度，善于从政治上认识和判断形势，观察和处理问题……要努力增强总揽全局的能力，放眼全局谋一域，把握形势谋大事……用战略思维去观察当今时代，洞悉当代中国……”这就说明，习近平一直十分强调总揽全局，善于从整体角度来系统地思考和解决问题。这是一种始终把握事物发展本质和主流的战略思维，主要体现为对事物整体、全局及其内部要素、结构、联系的重视。

2012 年 12 月，在广东考察时习近平同志指出：“我国改革已经进入攻坚期和深水区，进一步深化改革，必须更加注重改革的系统性、整体性、协同性，统筹推进重点领域和关键环节改革。”在中共十八届中央政治局第二次集体学习时习近平同志又指出：“改革开放是个系统工程，必须坚持全面改革，在各项改革协同配合中推进。”2013 年 9 月 17 日，在跟党外人士座谈时习近平同志再次指出：“全面深化改革是一项复杂的系统工程，需要加强顶层设计和整体谋划，加强各项改革关联性、系统性、可行性研究。”习近平同志特别强调全面深化改革必须具有系统思维：“我们要统筹谋划深化改革各个方面、各个层次、各个要素，注重推动各项改革相互促进、良性互动、协同配合。要坚持整体推进，加强不同时期、不同方面改革配套和衔接，注重改革措施整体效果，防止畸重畸轻、单兵突进、顾此失彼。”2014 年 12 月，习近平同志在江苏调研考察时，首次完整提出了全面建成小康社会、全面深化改革、全面依法治国、全面从严治党的问题。2015 年 2 月 2 日，习近平同志在省部级主要领导干部学习贯彻十八届四中全会精神全面推进依法治国专题研讨班的开班仪式上，系统阐述了“四个全面”的战略思想。这“四个全面”共同构成治国理政的总方略，而每一个全面又自成系统，包含丰富的内容。此外，习近平同志提出的国家治理体系和治理能力现代化、经济发展新常态、供给侧结构性改革、五大政策、总体安全观、建构人类命运共同体等新思想都注重从整体上认识和解决问题。

运用这一战略思维时要注意：整体由部分组成。充分照顾部分，调动部分的积极性、创造性，是整体发展的必要前提。整体大于部分之和，整体并不是部分的简单汇总，而是有联系、有秩序地组合，部分的组合能够产生有机结合的扩充效应。部分要上升为整体，部分始终是整体的部分，与整体发展密不可分，从整体上看待问题是十分必要的。

毛泽东同志早就指出：“共产党员必须懂得以局部需要服从全局需要这一个道理。如果某项意见在局部的情形看来是可行的，而在全局的情形看来是不可行的，就应以局部服从全局。反之也是一样，在局部的情形看来是不可行的，而在全局的情形看来是可行的，也应以局部服从全局。这就是照顾全局的观点。”毛泽东也曾经说：“没有全局在胸，是投不下一着好棋的。”

在《邓小平文选》第一卷中，邓小平曾两次引用毛主席的话讲到基层人员关心全局战略形势的问题。第一次是在1954年，他在《地方财政工作要有全局观念》这篇文章中讲到：“毛主席曾经指出，我们党历来是重视战略的，部队的战士、伙夫都重视战略，只要把战略形势讲清楚，问题就好办了。”1962年，他又引用毛主席的话说：“毛泽东同志多次讲过这么一个例子，在红军过草地的时候，伙夫同志一起床，他不问今天有没有米煮，却先问向南走还是向北走。向南走向北走是当时最重要的战略问题。这说明我们军队的战士都是关心战略的。”邓小平同志强调：“个人利益要服从集体利益，局部利益要服从整体利益，暂时利益要服从长远利益，或叫作小局服从大局，小道理服从大道理。”他还特别强调：“治理国家，这是一个大道理，要管许多小道理。那些小道理或许有道理，但是没有这个大道理就不行。”

习近平同志强调，必须牢固树立高度自觉的大局意识，自觉从大局看问题，把工作放到大局中去思考、定位、摆布，做到正确认识大局、自觉服从大局、坚决维护大局。习近平同志指出：“制定各方面决策部署，首先要有正确大局观，站在党和国家大局上想问题、看问题，特别要把所分管方面的工作同党中央重大决策部署衔接起来、统一起来。无论综合性决策还是专项性决策，都要找准在全局中的合理定位，做到科学决策、民主决策、依法决策，在把握客观规律的基础上确定工作目标和举措。要统筹谋划、通盘考虑各方面因素，兼顾各方面利益，协调各方面关系，明确轻重缓急，使各方面资源发挥最大效用。”习近平总书记多次强调：中央委员会的每一位成员，“都要紧密结合工作实际和思想实际，想大事，谋全局”；“担任中央政治局委员，认识大局、把握大局、服从大局是第一位的”；“中央政治局、中央政治局常委会要经常审议关系经济社会发展全局的重大问题”，要“更加注重从全局和战略层面谋划党和国家工作”；“制定各方面决策部署，首先要有正确大局观，站在党和国家大局上想问题、看问题”。

谋全局的思想方法、工作方法也贯穿习近平同志对各级干部的要求和各方面工作的部署之中。例如，他多次强调，“各级党组织和领导干部要牢固树立大局观念和全局意识”；“军队工作千头万绪，对军委来说，要坚持抓大事、谋全局，把主要精力放在抓战略问题、全局指导、宏观决策上”；“中办干部特别是领导干部，必须牢固树立高度自觉的大局意识，自觉从大局看问题，把工作放到大局中去思考、定位、摆布，做到正确认识大局、自觉服从大局、坚决维护大局”；“工人阶级要增强历史使命感和责任感，立足本职、胸怀全局”；“政治家办报，首先要有大局意识，‘不谋全局者，不足谋一域’。要自觉在大局下思考、在大局下行动，在围绕中心、服务大局中找到坐标、找准定位，做到服从服务于党和国家大局不错位、党和人民需要时不缺位”，等等。

事物的本质是一种结构的有效协调，事物的发展是结构的不断优化。从结构上认识和解决问题，能够抓住关键环节，解决深层次问题。例如，我们对于社会主义建设基本内容的认识，经历了从“三位一体”、“四位一体”再到“五位一体”的认识过程，这就是对于结构的认识更加丰富全面。习近平同志指出：“推进结构性改革特别是供给侧结构性改革，是‘十三五’的一个发展战略重点。要在适度扩大总需求的同时，着力推进供给侧结构性改革，重点是去产能、去库存、去杠杆、降成本、补短板，增强供给结构对需求变化的适应性和灵活性，推动我国社会生产力水平实现整体跃升。”在讲到长江经济带建设时，他强调，长江经济带作为流域经济，涉及水、路、港、岸、产、城和生物、湿地、环境等多个方面，是一个整体，必须全面把握、统筹谋划。在讲到治水问题时，他强调，治水也要统筹自然生态的各要素，不能就水论水。要用系统论的思想方法看问题，生态系统是一个有机生命躯体，应该统筹治水和治山、治水和治林、治水和治田、治山和治林等。推进供给侧结构性改革，抓住关键领域和薄弱环节是制胜要诀，而如何制订好方案，是重中之重。在中央财经领导小组会议上，习近平同志就如何做好工作方案给出了具体的思路，提出要“搞清楚”五大方面。习近平强调，做好工作方案，要“搞清楚现状是什么，深入调查研究”；“搞清楚方向和目的是什么，把握好手段，防止就事论事甚至本末倒置”；“搞清楚到底要干什么，确定的任务要具体化、可操作”；“搞清楚谁来干，做到可督促、可检查、能问责”和“搞清楚怎么办，用什么政策措施来办”。

第三节 学习运用战略辩证法的重点

习近平总书记系列重要讲话，立足于中国特色社会主义新形势、新任务，提出了一系列新理念、新思想、新战略，体现了科学系统解决当今中国和世界各种问题的宏大战略思维，体现了马克思主义分析问题、解决问题的基本立场观点和方法。学习习近平同志以马克思主义哲学为基础的战略辩证法，主要是认真读原著、学原文、悟原理，充分把握其中融会贯通的大战略、大思维的精髓要义，坚持全面、系统、联系、发展等唯物辩证法基本观点，并自觉将其转化为推动现实工作的意识、方法和能力。

一、学习和运用马克思主义哲学的智慧

战略思维也是战略哲学，学习运用战略思维要求从哲学高度来总结工作经验、开创工作局面。马克思曾说："任何真正的哲学都是自己时代精神的精华。"① 哲学是理论化系统化的世界观、方法论，是与现实生活密不可分的望远镜和显微镜。前文对于习近平同志战略思维主要内容的五个方面的概述，实质上也是马克思主义哲学一系列基本原理的体现。

学哲学、用哲学是我们党开展工作的一个优秀传统。毛泽东同志在这方面是个典范。斯诺在《西行漫记》中说："毛泽东是个认真研究哲学的人。我有一阵子每天晚上都去见他，向他采访共产党的历史，有一次一个客人带了几本哲学新书来给他，于是毛泽东就要求我们改期再谈。他花了三四夜的时间专门读了这几本书，在这期间，他几乎是什么都不管了。他读书的范围不仅限于马克思主义的哲学家，而且也读过一些古希腊哲学家、斯宾诺莎、康德、歌德、黑格尔、卢梭等人的著作。"毛泽东同志运用马克

① 《马克思恩格斯全集》第1卷，人民出版社2008年版，第121页。

思主义基本原理分析中国现实问题，提出了一整套中国新民主主义革命理论，实现了马克思主义中国化，并且写作了《实践论》、《矛盾论》、《关于正确处理新时期人民内部矛盾的问题》等著作，大大丰富了唯物辩证法的基本原理。

习近平同志非常重视马克思主义哲学的学习运用。在主持中央政治局第十一次集体学习时，习近平同志指出，我们党在中国这样一个有着13亿人口的大国执政，面对着十分复杂的国内外环境，肩负着繁重的执政使命，如果缺乏理论思维的有力支撑，是难以战胜各种风险和困难的，也是难以不断前进的。党的各级领导干部特别是高级干部，要原原本本学习和研读经典著作，努力把马克思主义哲学作为自己的看家本领，坚定理想信念，坚持正确政治方向，提高战略思维能力、综合决策能力、驾驭全局能力，团结带领人民不断书写改革开放历史新篇章①。在主持中央政治局第二十次集体学习时，习近平再次指出，辩证唯物主义是中国共产党人的世界观和方法论，我们党要团结带领人民协调推进全面建成小康社会、全面深化改革、全面依法治国、全面从严治党，实现“两个一百年”奋斗目标、实现中华民族伟大复兴的中国梦，必须不断接受马克思主义哲学智慧的滋养，更加自觉地坚持和运用辩证唯物主义世界观和方法论，增强辩证思维、战略思维能力，努力提高解决我国改革发展基本问题的本领②。1988～1990年，习近平同志在担任福建省宁德地委书记时，大力提倡调查研究，坚持实事求是，写出了一系列充满思辨理性的文章，提出了“四下基层”、“弱鸟先飞”、“滴水穿石”、“经济大合唱”等许多富有创新性的理念、观点和方法，深刻回答了推进闽东地区如何摆脱贫困、加快经济社会发展的重大理论和实践问题③。可以说，习近平同志对于在工作中掌握和运用哲学的重视是一以贯之的。2003年2月至2007年7月，习近平同志在担任浙江省委书记期间，在浙江日报“之江新语”专栏发表了232篇短论。这些短论，观点鲜明，语言通俗活泼，论述有的放矢，催人奋进，及时回答了干部和群众关心的热点难点问题，是坚持党实事求是的思想路线和从群众中来、到群众中去的群众路线的领导方法和工作方法的完美体现；闪烁着善于运

① 参见《人民日报》2013年12月5日。

② 参见《人民日报》2015年1月25日。

③ 习近平：《摆脱贫困》，福建人民出版社2014年版。

用马克思主义哲学去观察、分析和解决问题的理性光辉。

在两次中央政治局哲学集体学习的讲话中，习近平同志系统总结了马克思主义哲学的基本原理。习近平同志的辩证唯物主义思想共分五个部分：一是世界统一于物质、物质决定意识。习近平同志强调要坚持从客观实际出发制定政策、推动工作。中共十八大报告指出，建设中国特色社会主义的总依据是社会主义初级阶段。习近平同志反复强调要时刻牢牢把握初级阶段这个最大的国情，在任何情况下都不能放松；要敬畏客观世界，尊重客观规律；要深入实际调查研究，透过现象看本质，认清事物内部存在的客观的必然的联系，然后再从规律出发制定政策推进改革发展；要坚持从客观实际出发制定政策、推动工作，要看到阶段性新变化和新特点；要把握工作的主动权。二是意识能动地反作用于物质。习近平同志强调意识对物质的反作用有时是十分巨大的。发挥主观能动性要把握“度”，千万注意过犹不及；要始终把思想建设摆在首位，用富有时代气息的中国精神凝聚并形成巨大的精神力量。三是矛盾是事物运动变化发展的根本原因。习近平同志强调要积极面对和化解前进中遇到的矛盾。要直面矛盾认清问题；勇于直面矛盾是我们党的优良传统，直面矛盾需要胆略，也需要智慧；要牢固树立全局观；既要讲两点论又要讲重点论，既要注重总体谋划又要注重牵住“牛鼻子”。四是遵循唯物辩证法的根本方法。习近平同志强调要不断增强辩证思维能力，提高驾驭复杂局面、处理复杂问题的本领。要熟练掌握战略思维、辩证思维、法治思维、历史思维、底线思维等思维方式。五是把握认识和实践的辩证关系。习近平同志强调要不断推进实践基础上的理论创新。实践观点是马克思主义哲学的核心观点，要充分认识到实践出真知，要注重理论必须同实践相统一，要不断增强理论自信和战略定力，做到知行合一；要坚持理论创新与实践创新良性互动。习近平同志的历史唯物主义思想也包括五个方面：一是社会存在决定社会意识。习近平同志强调要从基本国情和发展要求出发提出和实施理论路线方针政策。要让世界了解中国，更要让世界读懂中国。面对经济新常态，发展经济既要讲方法，也要有自信；民主政治强调与基本国情相适宜，因为道路问题直接关系党的事业兴衰成败；文化建设强调反映时代核心价值，意识形态工作极其重要，具有凝聚作用和巩固作用；社会治理强调不断创新；生态文明建设强调要着眼长远，因为保护生态环境就是保护生产力，改善生态环境就是发展生产力；党的建设强调要全面从严，要着力净化政治生态，反腐倡廉建设要解决好“破”与“立”的关系，要把守纪律讲规矩摆在更加重要的位置。二是有效运用社会基本矛盾分析法。习近平同志强调要整体把握生产力与生产关系、经济基础与上层建筑的矛盾运动。不断调整生产关系和完善上层建筑是发展的必然要求；全面深化改革是适应两对矛盾运动变化的需要；改革开放只有进行时没有完成时。三是物质生产是社会生活的基础。习近平同志强调发展仍是解决我国所有问题的关键。要充分认识到上层建筑和经济基础可以反作用于生产力；要增强改革的关联性系统性协同性；要以解放和发展社会生产力牵引改革。四是人民群众是历史的创造者。习近平同志强调要尊重人民主体地位，紧紧依靠人民推进改革。要尊重人民的首创精神，尊重历史发展的连贯性和继承性，让各民族共享发展成果，需要有新举措、新思路、新方法；要依靠人民群众推进改革推动发展。五是实现人的社会价值和个人价值的统一。习近平同志强调生活在我们伟大祖国和伟大时代的中国人民，共同享有人生出彩的机会。伟大的事业需要伟大的精神。实现中华民族伟大复兴的中国梦，是当代中国爱国主义的鲜明主题。

二、学习和坚持彻底鲜明的人格和党性修养

马克思主义哲学具有鲜明的阶级性和党性，是为最广大人民群众谋利益的价值哲学和人生哲学。战略在任何时候都不是价值无涉、价值中立的，战略思维中浸透着人生理想和价值追求。

马克思主义是理性的科学。对于资本主义社会的批判，马克思主义可以说是最彻底的，但应该对此有更全面的认识：一方面，这种批判是一种始终联系现实的批判，主要是对资本主义的否定和批判，对于社会主义的肯定和建设马克思主义当然也是十分理性的；另一方面，这种批判本身也是一种唯物辩证法意义上的扬弃，从来不是绝对化简单化的教条化的，批判是为了建设，特别是对无产阶级执政党而言中心任务当然是建设，对于资本主义的理论基础和历史特点完全可以吸收借鉴，问题在于人家会不会让你轻松平等地借鉴，这就是当今资本主义与社会主义并存时期两者长期复杂竞争合作关系的原因，在这种复杂竞争合作中，我们当然不能怀有敌意、走向极端，但始终不能不有所防范和准备。所以保持定力，增强政治定力和战略定力就是非常重要的。习近平同志提出了“两个半程”的重要

思想，强调在新的历史征程中“革命理想高于天”：“必须坚持坚定正确的政治方向，有坚定的马克思主义信仰、坚定的社会主义和共产主义信念，并为这种理想信念矢志不渝奋斗，无论遇到什么困难和挫折都不动摇或背离理想信念。”他强调：对马克思主义、共产主义的信仰，对社会主义的信念，是共产党人精神上的“钙”。没有理想信念，理想信念不坚定，精神上就会得“软骨病”，就会在风雨面前东摇西摆。全党同志一定要坚守共产党人精神家园，把改造客观世界和改造主观世界结合起来，切实解决好世界观、人生观、价值观问题，练就共产党人的钢筋铁骨，铸牢坚守信仰的铜墙铁壁，矢志不渝地为中国特色社会主义共同理想而奋斗。

中共十八大提出党要增强自我净化、自我革新、自我完善、自我提高的“四自”能力。十八届五中全会又提出了自我革命，“勇于自我革命，是我们党最鲜明的品格，也是我们党最大的优势。”习近平同志指出：“我们党之所以有自我革命的勇气，是因为我们党除了国家、民族、人民的利益，没有任何自己的特殊利益。不谋私利才能谋根本、谋大利，才能从党的性质和根本宗旨出发，从人民根本利益出发，检视自己；才能不掩饰缺点、不回避问题、不文过饰非，有缺点克服缺点，有问题解决问题，有错误承认并纠正错误。”深入学习中共十八大以来党中央治国理政新理念、新思想、新战略，不断提高马克思主义思想觉悟和理论水平，保持对远大理想和奋斗目标的清醒认知和执着追求，才能不断提升党性修养、思想境界、道德水平，做到真学真懂真信真用，在胜利和顺境时不骄傲不急躁，在困难和逆境时不消沉不动摇，牢牢占据推动人类社会进步、实现人类美好理想的道义制高点。

三、学习和实践科学高超的工作方法和工作艺术

毛泽东同志早就说过：“我们不但要提出任务，而且要解决完成任务的方法问题。我们的任务是过河，但是没有桥或没有船就不能过。不解决桥或船的问题，过河就是一句空话。不解决方法问题，任务也只是瞎说一顿。”习近平同志在纪念邓小平同志诞辰110周年座谈会的讲话中说：“我们要学习邓小平同志‘放眼世界，放眼未来，也放眼当前，放眼一切方面’的世界眼光和战略思维，学习他善于抓住关键、纲举目张的思想方法和工作方法，站在时代前沿观察思考问题，把党和人民事业放到历史长河和全

球视野中来谋划，以小见大、见微知著，在解决突出问题中实现战略突破，在把握战略全局中推进各项工作。”

习近平同志在治国理政过程中高度重视方法论问题。他要求全党要“更加自觉地坚持和运用辩证唯物主义世界观和方法论”，“学习掌握唯物辩证法的根本方法，不断增强辩证思维能力，提高驾驭复杂局面、处理复杂问题的本领”。习近平同志曾经说过：“现在的领导干部不少人受过专业训练，不缺乏专门知识，但其中的很多人不懂哲学，不善于辩证思考，很需要在思想方法和工作方法上提高一步。建议大家在学习原著的时候，读一些马克思主义哲学基本著作，掌握科学的世界观和方法论，不断增强工作的原则性、系统性、预见性、创造性。”2013 年，新加坡前总理李光耀出版的一本新著《李光耀观天下》，专门就对习近平的领导风格进行了概括。他说：“习近平是一个很沉稳、很内敛、很大气、很庄重的一位领导人，而且视野很开阔，看问题非常透彻、非常深刻。”他进一步论述，进一步展望说，“习近平将是一个曼德拉级别的领导人物”。习近平提出了牵住“牛鼻子”、钉钉子、逢山开路遇水架桥、统筹兼顾、稳中求进、抓机遇、“观大势、谋大事，牢牢把握工作主动权”、敢啃硬骨头等具有强烈创新精神的思想方法和工作方法，迫切需要结合现实运用到各项实际工作中去。

四、学习和实践敢担当、有作为的工作和精神状态

习近平同志指出：“落实好全面建成小康社会、全面深化改革、全面依法治国、全面从严治党的战略布局，要求全党同志以与时俱进、奋发有为的精神状态，不断推进实践创新和理论创新，继续书写马克思主义中国化、时代化新篇章。”在纪念毛泽东同志诞辰 120 周年座谈会上的讲话中他指出：“实现我们确立的奋斗目标，我们既要有‘乱云飞渡仍从容’的战略定力，又要有‘不到长城非好汉’的进取精神。”2016 年 1 月 29 日，他在中共中央政治局第三十次集体学习时强调，发展战略重点，是“十三五”时期我国发展的“衣领子”、“牛鼻子”。抓准、抓住、抓好战略重点，是保证“十三五”发展开好头、起好步的关键，是保证全面建成小康社会决胜阶段获得全胜的关键。要准确把握“十三五”时期我国发展的战略重点，做到胸中有数、落实有策、行动有策，以奋发有为的精神状态、攻坚克难的拼搏意志、只争朝夕的紧迫劲头，通过抓好发展战略重点带动发展全局，

把“十三五”发展宏伟蓝图一步一步变为现实。中共十八大以来，习近平总书记提出了一系列值得深入全面实施的重大新战略，如协调推进“四个全面”战略布局、京津冀协同发展战略、长三角发展战略、奥港澳发展战略、扶贫攻坚战略、“一带一路”策略、建设雄安新区等，把这些重大战略一项一项落实是推动经济社会发展的内在要求。

五、学习和实践重学习、重理论的理性意识

重视理论学习是党的优良传统。当抗日战争正处在紧张关头的时候，毛泽东已开始考虑未来的新国家和新社会应该是怎样的，写出了《新民主主义论》。2012 年 9 月，习近平同志在中央党校秋季学期开学典礼讲话时指出：“理论修养是干部综合素质的核心，理论上的成熟是政治上成熟的基础。可以这样说，学习和掌握理论的深度，直接影响甚至决定着一个领导干部的政治敏感程度、思维视野广度和思想境界高度。”2013 年 3 月 1 日，习近平同志在中央党校建校 80 周年庆祝大会暨 2013 年春季学期开学典礼上专门就学习问题发表了重要讲话，对于为什么学、学什么、怎样学等做了深刻阐述，强调要在全党大兴学习之风，依靠学习和实践走向未来。

习近平同志在《在哲学社会科学工作座谈会上的讲话》中提出：我们不仅要让世界知道“舌尖上的中国”，还要让世界知道“学术中的中国”、“理论中的中国”、“哲学社会科学中的中国”，让世界知道“发展中的中国”、“开放中的中国”、“为人类文明作贡献的中国”。习近平同志强调：“一个国家的发展水平，既取决于自然科学发展水平，也取决于哲学社会科学发展水平。一个没有发达的自然科学的国家不可能走在世界前列，一个没有繁荣的哲学社会科学的国家也不可能走在世界前列”。习近平同志指出：“哲学社会科学是人们认识世界、改造世界的重要工具，是推动历史发展和社会进步的重要力量，其发展水平反映了一个民族的思维能力、精神品格、文明素质，体现了一个国家的综合国力和国际竞争力”。

1945 年，在党的七大上所做的结论中，毛泽东曾经说：“坐在指挥台上，如果什么也看不见，就不能叫领导。坐在指挥台上，只看见地平线上已经出现的大量的普遍的东西，那是平平常常的，也不能算领导。只有当还没有出现大量的明显的东西的时候，当桅杆顶刚刚露出的时候，就能看

出这是要发展成为大量的普遍的东西，并能掌握住它，这才叫领导。”① 这段话可以说对于领导干部掌握运用战略思维和哲学思维的重要性做出了十分形象的说明。今天，我们强调学习习近平同志战略辩证法，就是要求全党进一步提高思维和工作水平，提高工作的原则性、针对性、实效性、协调性、计划性，明确战略目标、战略规划、战略主体，把马克思主义哲学的战略原则、战略方法、战略设计贯彻到实处，以实实在在的成绩取得坚持和发展中国特色社会主义的战略进展。

① 《毛泽东文集》第3卷，人民出版社1996年版，第394、395页。

第十五章
以发展辩证法推进“四个全面”

中共十八大以来，习近平同志在很多场合发表了一系列重要讲话，提出了许多新理念、新思想、新战略，为实现中华民族伟大复兴中国梦提供了坚实的理论支撑，是需要我们深入系统学习的马克思主义中国化的最新成果。习近平同志十分注重学习运用历史唯物主义基本原理和方法论，从本质和规律的层面来分析解决实际问题。他以高瞻远瞩的理论勇气提出了“四个全面”的重大战略思想，概括了新形势下中国特色社会主义建设的战略布局、战略方向和战略重点，有着深刻的哲学依据，包含着丰富的哲学意蕴。在新的历史条件下，要坚持唯物辩证法的发展观和发展哲学，把握落实“四个全面”体现的战略重点、战略规划和战略举措，理性地实现中华民族伟大复兴的中国梦。

第一节
历史唯物论的当代运用

社会主义初级阶段是我们在任何情况下都要牢牢把握的最大国情、最大实际，是中国特色社会主义的立论依据。在整个社会主义初级阶段，中国社会的主要矛盾只能是人民群众日益增长的物质文化需要与落后的社会生产之间的矛盾。这决定了我国社会主义现代化发展战略、基本路线、基本纲领的设计必须始终以发展为主题，轻易背离主题会有南辕北辙之患。这种发展重心的确定不是偶然的，而是符合历史唯物主义的基本原理、符合人民群众的根本利益的。马克思和恩格斯认为，“第一个历史活动就是生产满足人类需要的资料，即生产物质生活本身”。可贵的是，他们已经看到了利益关系的和谐“是以生产力的巨大增长和高度发展为前提的”。因而，物质生产活动是人类社会历史的前提，社会的经济结构决定政治结构、文化结构，不管是当前社会的存在，还是未来社会的建设，都不能不具有经济的性质。建立社会主义、共产主义，就是要使无产阶级逐步上升为统治阶级，掌握国家政权并运用国家政权来发展经济社会事业。正是由于认识并充分肯定以上基本的历史事实，历史唯物主义以理顺社会存在与社会意识之间的颠倒关系为契机，实现了历史观上的伟大变革。

在“四个全面”战略布局中，全面深化改革是路径，全面依法治国是保障，全面建成小康社会是目标，全面从严治党是保证，四根柱子共同撑起中国新形势下改革发展的滚滚车轮。车轮前进的方向，就是习近平同志当选总书记同中外记者第一次见面时所郑重提出的人民对美好生活的向往。他强调，要聚焦实现社会主义现代化和中华民族伟大复兴的总任务，进一步解放和发展社会生产力，要适应时代变化，推进国家治理体系和治理能力现代化。这是一种具有定力的政治和战略判断，是对坚持和发展中国特色社会主义道路、理论体系和制度的准确定位。在阐述“四个全面”中的每一个全面时，他都对促进生产力的合理发展提出了明确要求，通过坚持和发展中国特色社会主义获取强大物质力量。他从生产力决定生产关系、经济基础决定上层建筑的基本原理出发，强调经济建设仍然是全党的中心工作，经济体制改革对其他方面改革具有重要影响和传导作用。适应国际国内环境变化、辩证分析我国经济发展阶段性特征，他提出要准确把握、主动适应经济发展新常态，推进供给侧结构性改革，这是对生产力发展战略的重识重构，也是当今世界和中国经济发展复杂情势下的必然选择。

第二节 历史价值观的现实体现

提出和强调人民主体、人民本位、以人民为中心，符合唯物史观关于人民群众是历史的创造者的原理，也同时使以社会主义市场经济为取向的改革发展获得了最为牢靠的主体支撑和价值归宿。发展社会主义市场经济的一个重要特征和后果就是市场主体的发育和成熟。随着“人的依赖关系”式的自然经济社会转向“以物的依赖性为基础的人的独立性”式的市场经济社会，人们的正常利益要求得到充分承认，处于狭窄的范围内和孤立的地点上的利益主体也转变为具有普遍的物质变换的利益主体。通过对私人利益的普遍自我意识及社会交往的立体深化，原子式利益主体成了以利益原则为纽带的真正意义上的市场利益主体。在市场经济在物的依赖关系基础上主动构筑人的独立性，在市场交换基础上通过价值规律来实现人们的利益联系。这样，从前起决定作用的血亲、宗族、地域、权力等纽带被弱化消退，人们以市场平等主体的资格谋取各自的利益，每个人利益获得的多少取决于市场贡献而非其他，人们之间的依附关系、人情关系变为竞争关系、规范关系、合作关系。这极大地调动了人的积极性，使人的本质力量得到更充分的发挥，并进而为人的解放和发展创造出更坚实的物质基础。

无论从出发点还是落脚点看，“四个全面”对于人民主体地位的尊重都是显然的。每一个“全面”都与人民群众的切身利益有着密切联系，是为了不断增进人民福祉。全面建成小康是全体人民群众需要集中力量达到的目标，正一步一步实现。全面深化改革是从人民群众需求出发而进行的体制机制变革，在进一步解放思想、进一步解放生产力、进一步解放活力中扩大社会整体利益和个体利益。全面依法治国是为了实现和保护人民群众的正当利益，形成公平稳定的社会秩序和社会观念。全面从严治党是从人民群众利益基础上对执政党的自我净化、自我完善、自我革命、自我提高，使党保持先进性、纯洁性、现代性，始终适应经济社会发展的需要。“四个全面”都涉及人民群众的根本利益和具体利益，都需要人民群众的大力参与和支持。要坚持人民是历史的创造者的原理，一切为了人民，紧紧依靠人民，发挥群众首创精神，使“四个全面”深深扎根于人民群众之中，获得最牢靠的力量源泉。在“蛋糕”做大同时还要分好“蛋糕”，更多满足人民群众对于社会公平正义的诉求。习近平同志在阐述“四个全面”时，对人民主体地位都给予明确肯定，强调靠 13 亿人民的力量才能飞得高、跑得快。在同中央党校县委书记研修班学员座谈时，他针对领导干部提出了“四有”，强调全心全意为人民服务是我们党的根本宗旨，必须心系群众、为民造福、心中有民。要着力解决好人民最关心、最直接、最现实的利益问题，特别是要下大气力解决好人民不满意的问题，多做雪中送炭的事情。他指出，干事创业一定要树立正确政绩观，做到“民之所好好之，民之所恶恶之”，求真务实、真抓实干。在制定“十三五”规划过程中，逐步形成了以人民为中心的发展理念。从为人民服务到以人为本再到以人民为中心，说明党的执政理念经过理论和实践的反思更加科学具体，对人的认识、对人民的认识、对治理机制的认识都更加科学全面。

第三节 历史辩证法的丰富发展

马克思主义认为，发展是事物内部矛盾不断产生、运动和解决的辩证过程。在发展过程中，要全面兼顾系统构成的各个要素，促进事物内外部要素之间的有机协调，使之成为可持续的、有后劲的发展。社会历史的发展同样如此，是前进性与曲折性、单线性与非线性的有机统一。“四个全面”不是把四个方面的理论糅合在一起，而是有点有面、有动有序，充分体现了发展的辩证法。

从总体看，“四个全面”要求着重认识和处理好历史、现实与未来的相通变通，充分发挥现有制度优越性与理顺治理体制等一系列重大问题。从全面深化改革来看，要着重认识和处理好把握正确方向与勇于及时改革，

“摸着石头过河”与加强顶层设计，整体推进与重点突破，社会稳定与改革发展等之间的辩证关系。从全面依法治国看，要着重认识和处理好科学立法、严格执法、公正司法、全民守法之间的关系，党的领导和依法治国之间的关系，法治国家、法治政府、法治社会之间的关系。从全面建成小康社会看，要着重认识和处理好奋斗目标与现实利益、老乡小康与全面小康等之间的关系。从全面从严治党看，要着重认识和处理好改进作风与反腐倡廉，思想建党与制度治党，打“老虎”与拍“苍蝇”等相互关系。

第四节 历史方法论的合理选择

方法论是认识和改造客观世界的有效手段，是与世界观相统一的理论指导。马克思主义的科学方法论是一种历史方法论，总是从社会历史发展的实际状况出发，客观地而不是主观地、发展地而不是静止地、全面地而不是片面地、系统地而不是零散地、普遍联系地而不是孤立地观察事物、分析问题、解决问题。

中国特色社会主义实践是一个长期的过程，这个过程体现了历史性、现实性与理想性的高度统一，其所包含的丰富内容和客观规律吸引着人们不停地去探索实践。“四个全面”体现了以习近平同志为核心的党中央对于中国特色社会主义内在规律的新思考新解答，是科学社会主义理论逻辑和中国社会发展历史逻辑的辩证统一，包含着丰富的方法论意蕴。“四个全面”坚持了实事求是的思想方法和工作方法，是在对中国特色社会主义全局和局部做了充分考量之后而得出的具有“开山斧”作用的战略布局。“四个全面”坚持了群众路线的生命线和根本工作路线，通过这个“传家宝”把党的正确主张变为群众的自觉行动，紧紧依靠人民来打包推进各项工作。“四个全面”还坚持了战略思维、历史思维、辩证思维、创新思维、底线思维，这为我们强化问题意识、牵住和突破工作中的“牛鼻子”提供了“组合箱”式的有力武器。

只要牢牢坚持马克思主义的发展和发展战略的辩证法，就能保证中国经济社会发展面向现实问题、严密科学规划、全力系统实施，在发现新机遇、解决新问题中不断前进。“四个全面”涉及当代中国经济社会发展全局，涵盖发展主体、发展目的、发展理念、发展思路、发展手段、发展规范、发展环境等，落实“四个全面”与落实发展辩证法具有高度一致性。推进“四个全面”是一个辩证的连续的过程，需要以长远的、系统的、开放的眼光来持之以恒地一步一个脚印地不断努力。

参考文献

[1]《马克思恩格斯选集》第 1–4 卷，人民出版社 2012 年版。

[2]《列宁选集》第 1–4 卷，人民出版社 2012 年版。

[3]《马克思恩格斯全集》第 1 卷，人民出版社 2008 年版。

[4]《马克思恩格斯全集》第 2 卷，人民出版社 2005 年版。

[5]《马克思恩格斯全集》第 4 卷，人民出版社 1958 年版。

[6]《马克思恩格斯全集》第 25 卷，人民出版社 1974 年版。

[7]《马克思恩格斯全集》第 42 卷，人民出版社 1979 年版。

[8]《毛泽东选集》第 1–4 卷，人民出版社 1991 年版。

[9]《毛泽东文集》第 3 卷，人民出版社 1996 年版。

[10]《刘少奇选集》下卷，人民出版社 1985 年版。

[11]《邓小平文选》第 3 卷，人民出版社 1994 年版。

[12] 江泽民：《论“三个代表”》，中央文献出版社 2001 年版。

[13]《胡锦涛文选》第 1–3 卷，人民出版社 2016 年版。

[14]《习近平谈治国理政》，外文出版社 2015 年版。

[15]《习近平论全面深化改革论述摘编》，中央文献出版社 2014 年版。

[16]《习近平总书记系列重要讲话学习读本》，学习出版社、人民出版社 2016 年版。

[17]《马克思关于人的概念》，《西方学者论〈1844 年经济学哲学手稿〉》，复旦大学出版社 1983 年版。

[18] 郑也夫：《代价论》，三联书店 1995 年版。

[19] 李炳炎：《中国企改新谭》，民主与建设出版社 2005 年版。

[20] 刘永佶：《中国经济矛盾论》，中国经济出版社 2004 年版。

[21] 罗辉：《国有企业制度与管理革命——基于人力资本与 EVA 的制度安排和价值管理》，中国财政经济出版社 2005 年版。

[22] 陈先达：《哲学与文化》，中国人民大学出版社 2016 年版。

[23] 贺善侃：《发展哲学论纲》，上海三联书店 2005 年版。

[24] 丰子义：《马克思主义社会发展理论研究》，北京师范大学出版社 2012 年版。

[25] [意] 维科：《新科学》下册，商务印书馆 1989 年版。

[26] [德] 康德：《历史理性批判文集》，商务印书馆 1990 年版。

[27]《西方哲学原著选集》下册，商务印书馆 1981 年版。

[28] [德] 黑格尔：《哲学史讲演录》第 4 卷，商务印书馆 1978 年版。

[29] 北京大学哲学系外国哲学考古室：《十六—十八世纪欧洲各国哲学》，商务印书馆 1975 年版。

[30] [德] 哈贝马斯：《现代性的哲学话语》，译林出版社 2008 年版。

[31] [德] 弗洛姆：《占有或存在》，国际文化出版公司 1989 年版。

[32] [德]哈贝马斯：《公共领域的结构转型》，学林出版社 1999 年版。

[33] [美] 丹尼斯·米都斯等：《增长的极限》，吉林人民出版社 1997 年版。

[34] [美] 帕森斯：《现代社会的结构与过程》，光明日报出版社 1988 年版。

[35] [美] 阿瑟·奥肯：《平等与效率》，华夏出版社 1999 年版。

[36] [美] 约瑟夫·E. 斯蒂格里茨：《社会主义向何处去》，吉林人民出版社 1998 年版。

[37] [德] 克劳塞维茨：《战争论》第 1 卷，商务印书馆 1978 年版。

[38] [瑞士] A. H. 若米尼：《战争艺术概论》，解放军出版社 1986 年版。

[39] [波] 格泽戈尔兹·W. 科勒德克：《从休克到治疗》，上海远东出版社 2000 年版。

[40] [意] 佩西：《人类的素质》，中国展望出版社 1988 年版。

[41] [法] 圣西门：《圣西门选集》下卷，商务印书馆 1962 年版。

[42] [法] 费尔南·布罗代尔：《文明史纲》，广西师范大学出版社 2003 年版。

[43] [美] 罗伯特·布伦纳：《马克思社会发展理论新解》，张秀琴等

译，中国人民大学出版社 2016 年版。

[44] E. Fama, Agency Problem and the Theory of the Firm, Journal of Political Economy, 1980.

[45] Frederkk Betz, Strategic Thinking, Emerald Group Publishing Limited, 2016.

[46] Diana M. Dinillo, David H. Johnson, Social Welfare, Pearson Education Inc., 2016.

后　记

对于发展理论的关注，最早源于 20 世纪 90 年代初考博期间，那时笔者着心于谭崇台发展经济学、罗斯托经济起飞理论、哈罗德—多马模式、刘易斯经济增长阶段理论依附理论、国家体系理论、发展社会学、可持续发展理论等，奢望能为求解发展的当代方程式、发展的历史之谜做点贡献。以后 20 多年，笔者就发展问题发表了一些文章，并承担了中央党校马克思主义哲学专业硕士生的发展哲学专业讲题。在学习研究中，笔者逐渐体悟到，当代社会发展的复杂性、综合性、整体性，越来越需要对发展问题进行专门的思考研究。对发展规律性的揭示，是探究发展本原、建构科学的发展理论、推动现实发展的重要基础。以科学的思想理论为指导，中国人民一定能在 21 世纪正确判断形势、作出决策、不断创新，经受住各种可以预料和难以预料的、来自国内和国外的风险变幻的考验，早日顺利完成既定发展目标，创造出中华民族伟大复兴所必需的各种条件。在这样一个时代，理论思维的作用绝不是可有可无的。而理论和理论工作者自身，也只有主动面向当代中国这一亘古未有的发展伟业，才能以其彻底性找准历史的定位。发展理论是中国理论的重要内容，尤其值得我们下功夫去总结提炼。

本书主要以笔者近年来的讲稿和论文为基础，选取发展的若干重大角度，汇集反映一位理论工作者在当代中国社会发展研究方面的一些成果。这些成果凝聚了笔者的一些创新性思索，期待对于我们的民族和国家抓住机遇、迎接挑战、加快发展，具有一定的启示价值。当然，这些研究毕竟也只是探讨性的，有待进一步深入和拓展。其所得出来的一些结论，也还需在当代中国社会发展的具体实践中加以检验和不断完善。期望本书的出版能够对当代中国社会发展理论研究和当代中国社会发展实践的推进略襄助益。衷心感谢经济管理出版社宋娜主任和其他同人的大力支持！衷心感谢中央党校各位领导、老师、同事的大力支持！